아이스크림 어린이신문 ①

초등학생을 위한 달콤한 신문 읽기 프로젝트

아이스크림 어린이신문 ①

손지연(너닮나담 대표) 지음

아이스크림북스

 머리말

미래 문해력을 길러 세상과 소통해요

　세상은 빠르게 변해 가고 있습니다. 기술은 우리가 접하는 속도보다 수천 배 빠르게 발전하고, 의학 기술도 나날이 발전해 새로운 병을 찾아 힘든 수술도 뚝딱 해내고 있죠. 하지만 의학 기술이 좋아졌다고 해서 모든 병이 사라졌을까요? 우리나라가 빠른 경제 성장을 이루고 살기 좋은 환경으로 바뀌었다고 해서 모두가 행복해졌을까요?

　빠르게 변해 가는 가운데 변하지 않는 것이 있습니다. 그것을 '본질'과 '가치'라고 하죠. 사람은 기계처럼 빠르게 학습하거나 쉽게 변할 수 없지만, 각자 고유성을 지녔어요. 고유성을 키우려면 많은 것을 경험하고 체험해 봐야하고요. 하지만 시간적·공간적 한계 때문에 모든 것을 다 체험할 수는 없기에 우리는 독서를 합니다. 그리고 미래를 볼 수 있는 신문을 읽지요.
　신문에는 모든 분야가 포함되어 있어요. 우리 사회 곳곳에서 일어난 소식을 접할 수 있고 심지어 지구 반대편에서 어제 일어난 일도 알 수 있어요. 신문으로 세상 돌아가는 현상을 이해하고, 그 속에서 나는 어떤 존재가 되어야 하는지를 생각할 수 있지요. 그러면서 우리는 고유성을 찾아갑니다.

그런데 지난 팬데믹 동안 우리는 직접 경험하고 체험해 보는 활동을 멈출 수밖에 없었어요. 그 대신 신문을 통해 간접적으로 세상을 경험할 수 있었지요. 그 기간에 저 역시 신문과 함께하며 소중한 시간을 보냈습니다. 현장에서 신문의 중요성과 필요성을 전하며 제가 느낀 소중함을 아이들에게도 알려 주고 싶은 마음으로 이 책을 썼습니다.

혹시 '미래 문해력'이라는 말을 들어 본 적 있나요? 글을 제대로 읽고 쓰는 능력인 '문해력(literacy)'이 있어야 올바른 소통과 생활을 할 수 있듯이 미래를 읽고 쓸 줄 아는 '미래 문해력(futures literacy)'을 갖춰야 미래에 적응할 수 있어요. 교육과정은 매번 바뀌지만 우리는 바뀌지 않는 공부를 합니다. 미래를 읽으며 나를 성장하게 하는 공부, 스스로 질문하고 답을 찾는 과정, 세상을 읽고 융합적 사고를 하는 힘을 키우는 것이지요. 저는 그것이 '미래 문해력'이라고 생각합니다.

우리 아이들이 신문을 읽으며 세상을 보는 눈을 키우고, 미래를 읽고 쓸 줄 아는 미래 문해력까지 갖추길 바라는 마음을 이 책에 담았어요. 경제, 세계, 사회문화, 과학, 환경 분야를 중심으로, 미래를 읽고 스스로를 발견하는 경험을 할 수 있는 기사들로 책을 구성했습니다. 기사 100개를 읽고 사고하며, 여러분들이 스스로 어떤 사람으로 기억될 것인가, 어떤 사람으로 살아갈 것인가를 찾아가기를 바랍니다.

손지연(주비쌤)

아이스크림 어린이신문

이렇게 활용하세요!

신문 기사
아이들의 눈높이에 맞춰 쉽고 재미있게 쓴 다양한 주제의 기사들을 읽으며 긴 글 읽기를 시작해 보세요.

OX 퀴즈
간단한 OX 퀴즈를 풀면서 기사의 내용을 제대로 파악했는지 확인해 보세요.

낱말 고르기
기사 속 문장에 사용된 알맞은 낱말을 골라 보면서 문해력과 어휘력을 확인할 수 있습니다.

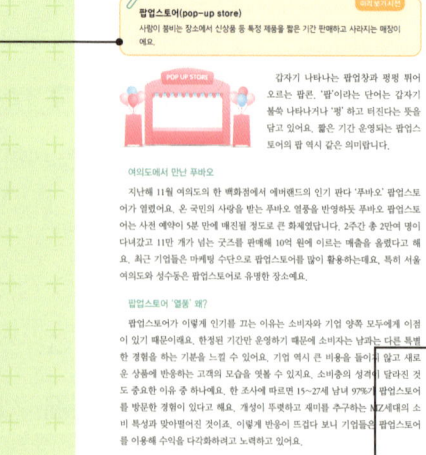

미리 보기 사전
본격적으로 기사를 읽기 전에 준비 운동부터 해야겠죠? 기사를 이해하도록 도와주는 핵심 키워드를 먼저 제시했습니다.

어휘 체크
기사에 사용된 다양한 어휘의 정확한 뜻을 알아보세요. 기사의 앞뒤 문맥을 파악해 그 의미를 짐작하고 확인하면서 어휘력을 키울 수 있습니다.

생각 쑥쑥
기사와 관련된 생각할 거리를 함께 고민하고 토론해 보세요. 기사를 읽은 아이들이 직접 자기 생각을 풀어 보면서 사고력을 키우고 세상을 바라보는 다양한 시선을 함양할 수 있습니다.

한 줄 정리
기사 전체 내용을 갈무리하며 긴 글을 요약하고 핵심을 파악하는 능력을 기를 수 있습니다.

어린이신문 속 5개 분야

빠르게 변화하는 세상을 이해하는 데 필수적인 경제, 세계, 사회문화, 과학, 환경 5개 분야에서 100개의 기사를 엄선했습니다. 기사를 읽을수록 세상을 더 넓고 깊게 바라보는 시선과 미래를 읽고 쓸 수 있는 미래 문해력을 키울 수 있습니다.

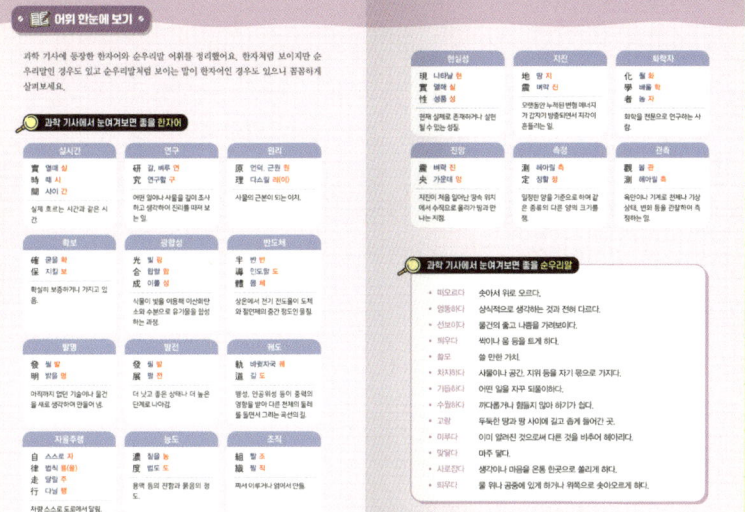

어휘 한눈에 보기

독후 활동 '어휘 체크'에서 다 담지 못한 어휘들을 한자어와 순우리말로 구분하여 정리해 보세요. 어휘를 잘 이해할수록 신문 읽기가 쉬워집니다!

차례

- 미래 문해력을 길러 세상과 소통해요   4
- 아이스크림 어린이신문 이렇게 활용하세요!   6

경제

- 여의도에 푸바오가 '팝' 하고 나타났어요   16
- 21만 원에 판 가면이 알고 보니 60억 원?   18
- 할마·할빠의 가사 노동이 크게 늘었어요!   20
- 어라, 과자가 왜 이렇게 가볍지?   22
- 불황이라는데 금값은 왜 오를까?   24
- 40년 된 슬리퍼가 3억 원이라고요?   26
- 투자의 달인 씨, 한 종목만 추천해 주세요!   28
- 골딜록스 경제가 무슨 말이야?   30
- 은행이 망하면 내 용돈은 안전할까?   32
- 가짜 뉴스에 주식시장이 출렁   34
- 펫코노미 시장이 돈이 된다고?   36
- 은행 지점이 꼭 필요할까?   38
- 세계가 K라면의 매운맛에 빠졌어요   40
- 기후 변화와 설탕 가격의 관계는?   42
- 한국이 석유 수출국이라고?   44
- 2023 세계 최고 부자 1위는 일론 머스크   46
- 엔화, 쌀 때 일단 사 두자!   48
- 누구나 '돌봄'을 받을 수 있는 시대   50

✎ 어휘 한눈에 보기   52

세계

- 올해의 단어는 '리즈(rizz)'랍니다 … 56
- 미키 마우스, 마음껏 사용하세요 … 58
- 2024년은 지구촌 선거의 해! … 60
- 'airport' 말고 'aeroport'로 바꿔! … 62
- 분수에 던진 동전만 23억 원이래요 … 64
- 푸바오, 우리랑 계속 살면 안 돼? … 66
- AI 창작물, 저작권 인정 못 해! … 68
- 만리장성이 싹둑 잘려 나갔어요 … 70
- '한강의 기적'이 왜 우크라이나에서 나와? … 72
- 세상에! 핑크 악어가 태어났다고? … 74
- 옥스퍼드가 K문화를 업데이트했어요 … 76
- 엄마, 나도 프로게이머가 될래요! … 78
- 내가 주운 돌이 다이아몬드라니! … 80
- 하마스는 왜 미사일을 쏜 걸까요? … 82
- 우리 공항으로 놀러 오세요! … 84
- "저는 18세 검사 피터 박입니다." … 86
- 부자들이 존경하는 부자, 피니는 누구? … 88
- '조찬 할머니' 그동안 감사했어요! … 90
- 가자지구에 스타링크 지원한다? … 92
- 열다섯 살이 된 찌아찌아족 한글 … 94

✏️ 어휘 한눈에 보기 … 96

사회문화

- 2024년은 왜 청룡의 해일까? — 100
- 위험한 장난감 '당근칼'의 등장 — 102
- "급식에서 배스킨라빈스는 빼 주세요" — 104
- 탕후루가 국회에 간 이유는? — 106
- '심심한 사과'가 대체 무슨 말이야? — 108
- 한국이 사라질 수도 있다? — 110
- "관심받고 싶어서 낙서했어요" — 112
- 우리 아빠가 청년이래요 — 114
- 영화 〈서울의 봄〉 북미에서도 흥행 성공! — 116
- 식물이 아프면 '나무 의사'를 불러요 — 118
- 나랑 마라탕 먹으러 갈래? — 120
- 광화문 월대가 100년 만에 복원됐어요! — 122
- 경주 명물 '십원빵' 사라질까? — 124
- 2024년엔 '빨간 날'이 며칠일까요? — 126
- '식집사'라는 말을 들어 본 적 있나요? — 128
- 첫 번째 '더 기빙 플레지' 회원은 누구? — 130
- 서울시에 '쌍둥이 눈'이 생겨요 — 132
- 직지심체요절 빨리 돌려주세요! — 134
- 세상에서 가장 늦은 졸업식 — 136
- 착하고 윤리적인 스마트폰이 있다고요? — 138
- 우리 가족은 펫팸족이에요 — 140
- 서울 지하철 노선도 40년 만에 변신! — 142

✎ 어휘 한눈에 보기 — 144

과학

- 성층권으로 수학여행 가기　　　　　　　　148
- 프로야구에 '로봇 심판' 등장!　　　　　　　150
- 이그노벨상, 엉뚱해서 드립니다　　　　　　152
- 가짜 잡는 기술 등장 "너 딱 걸렸어!"　　　　154
- 산타가 우는 아이에게 선물을 안 주는 이유?　156
- 이 식물의 원산지는 '달'입니다!　　　　　　158
- 인공지능이 희토류를 찾았다!　　　　　　　160
- 미래의 에디슨은 나예요!　　　　　　　　　162
- 서울 하늘에 자동차가 떴다!　　　　　　　　164
- 우리는 다시 달로 떠난다!　　　　　　　　　166
- 딩동~ "로봇이 책 배달 왔어요!"　　　　　　168
- 미래 농업은 어떤 모습일까요?　　　　　　　170
- 연어인 듯 연어 아닌 연어 같은 너　　　　　172
- 3D 프린터로 달에 집 짓기　　　　　　　　　174
- 한 달 만에 또다시 화산이 펑!　　　　　　　176
- AI 화학자 덕분에 화성에 산소가 생길지도!　178
- 내핵 안에 또 다른 핵이 있다　　　　　　　　180
- 2024 CES 주인공은 '투명 TV'　　　　　　　182
- 물건만 집으면 자동 계산된다고요?　　　　　184
- 차세대 소형 2호, 국내 기술 성능 이상 무!　 186
- 달의 흙은 제게 맡겨 주세요!　　　　　　　　188

✎ 어휘 한눈에 보기　　　　　　　　　　　　190

환경

- 빈대 잡는 '빈대 공주'가 나타났어요! — **194**
- 아보카도가 숲을 파괴한다고? — **196**
- 진짜 트리 vs 인조 트리, 나의 선택은? — **198**
- 북극 바다에 얼음 구멍이 뻥! — **200**
- 똥 굴리는 소똥구리가 돌아왔다! — **202**
- 우리가 만든 옷을 사지 마세요! — **204**
- 꿀벌 씨, 백신 맞으세요! — **206**
- 일회용 컵, 사용해? 말아? — **208**
- 특산품 지도가 바뀌고 있어요! — **210**
- 동해안에서 오징어가 사라졌다? — **212**
- 소똥으로 로켓을 날려 볼까? — **214**
- 바다 콧물이 뭐예요? — **216**
- 극심한 가뭄 속 뜻밖의 발견 — **218**
- 흑두루미 돌아오자 도시가 살아났어요 — **220**
- 스팸 메일 삭제하고 지구 지키자 — **222**
- 고기를 적게 먹으면 환경이 좋아질까? — **224**
- 잠들었던 '고대 바이러스'가 깨어난다면? — **226**
- 보도블록으로 변신한 '굴 껍데기' — **228**
- 탄소를 꿀꺽 삼키는 블루카본에 주목해 — **230**
- ✏️ 어휘 한눈에 보기 — **232**

부록

- 정답 — **234**
- 신문 어휘 찾아보기 — **242**

일러두기

- 이 책에 나온 기사는 2023년부터 2024년 1월까지 각종 언론사에서 다룬 신문 기사와 뉴스를 참고하여 어린이의 눈높이에 맞게 재구성했습니다.
- 이 책에 소개된 어휘의 뜻풀이와 외래어, 지명 등은 국립국어원의 표준국어대사전과 고려대 한국어대사전을 참고했습니다.
- 이 책에 삽입된 사진 및 삽화 이미지는 셔터스톡에서 구매했으며 저작권상 문제가 없습니다.

여의도에 푸바오가 '팝' 하고 나타났어요

미리 보기 사전

팝업스토어 (pop-up store)
사람이 붐비는 장소에서 신상품 등 특정 제품을 짧은 기간 판매하고 사라지는 매장이에요.

갑자기 나타나는 팝업창과 펑펑 튀어 오르는 팝콘. '팝'이라는 단어는 갑자기 불쑥 나타나거나 '펑' 하고 터진다는 뜻을 담고 있어요. 짧은 기간 운영되는 팝업스토어의 팝 역시 같은 의미랍니다.

여의도에서 만난 푸바오

지난해 11월 여의도의 한 백화점에서 에버랜드의 인기 판다 '푸바오' 팝업스토어가 열렸어요. 온 국민의 사랑을 받는 푸바오 열풍을 반영하듯 푸바오 팝업스토어는 사전 예약이 5분 만에 매진될 정도로 큰 화제였답니다. 2주간 총 2만여 명이 다녀갔고 11만 개가 넘는 굿즈를 판매해 10억 원에 이르는 매출을 올렸다고 해요. 최근 기업들은 마케팅 수단으로 팝업스토어를 많이 활용하는데요, 특히 서울 여의도와 성수동은 팝업스토어로 유명한 장소예요.

팝업스토어 '열풍' 왜?

팝업스토어가 이렇게 인기를 끄는 이유는 소비자와 기업 양쪽 모두에게 이점이 있기 때문이래요. 한정된 기간만 운영하기 때문에 소비자는 남과는 다른 특별한 경험을 하는 기분을 느낄 수 있어요. 기업 역시 큰 비용을 들이지 않고 새로운 상품에 반응하는 고객의 모습을 엿볼 수 있지요. 소비층의 성격이 달라진 것도 중요한 이유 중 하나예요. 한 조사에 따르면 15~27세 남녀 97%가 팝업스토어를 방문한 경험이 있다고 해요. 개성이 뚜렷하고 재미를 추구하는 MZ세대의 소비 특성과 맞아떨어진 것이죠. 이렇게 반응이 뜨겁다 보니 기업들은 팝업스토어를 이용해 수익을 다각화하려고 노력하고 있어요.

OX 퀴즈 기사를 읽고 설명이 맞으면 O, 틀리면 X 표시를 해 보세요.

- 팝업스토어는 짧은 기간 운영하는 매장을 뜻해요. (　　)
- 15~27세 남녀는 팝업스토어를 거의 이용하지 않아요. (　　)

낱말 고르기 기사를 읽고 다음 괄호 안에 들어갈 알맞은 말을 골라 보세요.

팝업스토어가 이렇게 인기를 끄는 이유는 (　노동자　,　소비자　)와 기업 양쪽 모두에게 이점이 있기 때문이래요. 한정된 기간만 운영하기 때문에 소비자는 남과는 다른 특별한 경험을 하는 (　착각　,　기분　)을 느낄 수 있어요.

어휘 체크 기사의 문맥을 파악해 어휘와 뜻을 알맞게 연결해 보세요.

어휘	뜻
열풍	밀레니얼 세대와 Z세대를 아울러 이르는 말.
MZ세대	매우 세차게 일어나는 기운이나 기세를 비유적으로 이르는 말.
수단	여러 방면이나 부문에 걸치도록 함.
다각화	어떤 목적을 이루려는 방법.

한 줄 정리 괄호 안에 알맞은 말을 넣어 기사를 한 줄로 요약해 보세요.

팝업스토어는 (　　　　　　　　) 운영하는 매장이며, 소비자와 기업 모두에게 (　　　　　　)이 있어 최근 마케팅 수단으로 많이 활용되고 있어요.

생각 쑥쑥 기사를 읽고 다음 질문에 대한 나의 생각을 써 보세요.

반짝 나타났다가 사라지는 팝업스토어를 운영하느라 목재와 플라스틱 등을 지나치게 많이 사용한다는 우려도 있어요. 이를 해결할 방법이 있을지 적어 보세요.

21만 원에 판 가면이 알고 보니 60억 원?

미리 보기 사전

은길(Ngil) 가면
19세기 아프리카 가봉의 팡족이 만든 나무 가면이에요. 스타일이 매우 독특해서 피카소 등 유명 화가들에게 많은 영감을 줬다고 알려졌어요.

지난해 말 프랑스에서는 한 나무 가면을 두고 치열한 법정 공방이 벌어졌어요. 이 가면을 판 노부부가 사기를 당했다며 돌려 달라고 주장하는가 하면, 아프리카 가봉 정부는 도난 당한 가면이라며 반환을 요구했어요. 어떤 복잡한 사연이 있는지 알아볼까요?

알고 보니 초희귀템

2021년 프랑스의 80대 노부부는 알레스 남부 마을에 있는 별장을 팔기로 마음 먹었어요. 별장을 정리하다가 다락방에서 나무 가면 하나를 발견했고, 이 가면을 중고상에게 21만 원에 팔았답니다. 그리고 6개월 뒤 노부부는 신문을 보고 큰 충격에 빠졌어요. 자신들이 판 가면이 경매에서 약 60억 원에 낙찰됐다는 소식을 알게 된 거예요. 알고 보니 그 가면이 세상에 12개밖에 없는 '은길 가면'이었던 거예요!

마스크 주인은 나야, 나!

이 사실을 안 노부부는 즉시 법원에 자신들이 속았고 마스크 판매는 무효라며 소송을 제기했어요. 노부부는 "희귀한 가면이라는 걸 알았다면 절대 팔지 않았을 것"이라며 사기를 당한 거라고 주장했어요. 하지만 처음 마스크를 산 중고상은 자신도 이 가면의 가치를 몰랐다고 반박했어요. 여기에 가봉 정부까지 가세했어요. 은길 가면은 가봉이 프랑스 식민지 시절에 도난당한 물건이기 때문에 반환해야 한다는 것이었죠. 마스크는 하나인데, 주인이라고 주장하는 사람은 여러 명이었지만 법원은 가봉 정부의 주장을 기각했고, 가면의 가치를 파악하지 못했다며 노부부에게 패소 판결을 내렸답니다.

OX 퀴즈 기사를 읽고 설명이 맞으면 O, 틀리면 X 표시를 해 보세요.

- 노부부는 은길 가면을 약 60억 원에 팔았어요. (   )
- 은길 가면은 전 세계에 12개밖에 없을 정도로 희귀한 가면이에요. (   )

낱말 고르기 기사를 읽고 다음 괄호 안에 들어갈 알맞은 말을 골라 보세요.

은길 가면은 19세기 아프리카 가봉의 팡족이 만든 나무 (갑옷 , 가면)이에요. 스타일이 매우 독특해서 피카소 등 유명 (정치인 , 화가)들에게 많은 영감을 줬다고 알려졌어요.

어휘 체크 기사의 문맥을 파악해 어휘와 뜻을 알맞게 연결해 보세요.

영감	•	•	법률상의 판결을 법원에 요구함. 또는 그런 절차.
소송	•	•	창조적인 일의 계기가 되는 기발한 착상이나 자극.
무효	•	•	서로 공격하고 방어함.
공방	•	•	법률적으로 효과가 없음.

한 줄 정리 괄호 안에 알맞은 말을 넣어 기사를 한 줄로 요약해 보세요.

프랑스의 한 노부부가 중고상에게 21만 원을 받고 판 은길 가면이 (   )에서 60억 원에 낙찰되면서 법정 공방이 벌어졌고, 노부부는 이 마스크를 다시 돌려받으려고 법원에 (   )을 제기했지만, 패소했어요.

생각 쑥쑥 기사를 읽고 다음 질문에 대한 나의 생각을 써 보세요.

여러분이 법관이 되었다고 생각하고 이 마스크의 주인을 가려 보고, 그렇게 생각하는 이유를 적어 보세요.

할마·할빠의 가사 노동이 크게 늘었어요!

> **미리 보기 사전**
>
> **노년층**
> 사회 구성원 가운데 노년기에 있는 사람을 통틀어 이르는 말이에요.

노년층이 요리와 빨래, 청소, 육아 등 집안일에 쏟은 시간을 금액으로 환산해 보니 20년 사이에 무려 6.7배나 늘어난 것으로 나타났어요. 노년층 인구가 증가한 것은 물론, 맞벌이하는 자녀 부부 대신 손주를 돌보는 노인이 늘어났기 때문이에요.

할마·할빠가 뭐예요?

할마(할머니+엄마)와 할빠(할아버지+아빠)라는 말을 들어 본 적 있나요? 맞벌이하는 자녀 부부를 대신해 손주를 돌보는 할머니와 할아버지가 늘어나면서 생긴 신조어예요. 이들은 엄마와 아빠를 대신해 손주들의 등하교를 돕고 식사를 챙겨 주기도 해요. 이런 할머니·할아버지의 노동 시간을 돈으로 환산하면 얼마나 될까요?

노년층의 가사 노동이 늘었어요

지난해 통계청이 발표한 자료에 따르면 2019년을 기준으로 했을 때 65세 이상 노년층의 가사 노동 가치는 80조 8,740억 원이었다고 해요. 이는 1999년의 12조 1,320억 원과 비교하면 6.7배나 늘어난 수치예요. 전체 가사 노동에서 노년층이 차지하는 비중도 1999년 8.4%에서 2019년 16.5%로 2배가 됐어요. 노년층이 빨래, 청소, 요리, 육아 등 집안일에 쏟는 시간이 그만큼 늘어났다는 의미예요. 과거에는 노인들이 자녀에게 돌봄을 받았는데, 이제는 은퇴 이후에도 손주들을 돌보는 상황이 된 거예요. 그중에서도 여성은 80대 중반까지 가사 노동에 참여하는 비중이 높게 나타났어요. 할머니들의 부담이 그만큼 크다는 뜻이에요.

OX 퀴즈 기사를 읽고 설명이 맞으면 O, 틀리면 X 표시를 해 보세요.

- 노년층이 집안일에 쏟은 시간을 금액으로 환산해 보니 20년 전에 비해 줄었어요. (   )
- 맞벌이하는 자녀 부부를 대신해 손주를 돌보는 할머니와 할아버지를 할마, 할빠라고 해요. (   )

낱말 고르기 기사를 읽고 다음 괄호 안에 들어갈 알맞은 말을 골라 보세요.

지난해 (통계청 , 기상청)이 발표한 자료에 따르면 2019년을 기준으로 했을 때 65세 이상 (노년층 , 청년층)의 가사 노동 가치는 80조 8,740억 원이었다고 해요. 이는 1999년의 12조 1,320억 원과 비교하면 6.7배나 늘어난 수치예요.

어휘 체크 기사의 문맥을 파악해 어휘와 뜻을 알맞게 연결해 보세요.

어휘	뜻
통계	손자와 손녀를 아울러 이르는 말.
손주	어떤 현상을 한눈에 알아보기 쉽게 일정한 체계에 따라 숫자로 나타냄.
환산	어떤 단위로 표시된 수량을 다른 단위로 고침.
가사 노동	가정생활을 유지하고 살림을 꾸리는 데 들이는 노력과 일.

한 줄 정리 괄호 안에 알맞은 말을 넣어 기사를 한 줄로 요약해 보세요.

노년층의 (   ) 가치가 지난 20년 사이에 6.7배나 증가한 것은 노년층 인구가 증가한 것과 더불어 (   )하는 자녀 부부 대신 손주를 돌보는 노인이 늘어났기 때문이에요.

생각 쑥쑥 기사를 읽고 다음 질문에 대한 나의 생각을 써 보세요.

여러분이 생각하는 가사 노동의 가치는 어느 정도 된다고 생각하나요? 그 이유도 함께 적어 보세요.

_____

_____

어라, 과자가 왜 이렇게 가볍지?

> **미리 보기 사전**
>
> **슈링크플레이션(shrinkflation)**
> '줄어들다(Shrink)'와 '인플레이션(Inflation)'을 합친 말이에요. 제품의 가격은 그대로 두면서 크기와 중량을 줄여 가격을 올리는 효과를 보는 판매 방식을 뜻해요.

과자는 물론이고 아이스크림과 핫도그, 호떡과 붕어빵까지…. 언제부터인가 우리가 자주 사 먹는 음식의 크기나 개수가 줄어든 것 같지 않나요? 그렇게 느낀다면 그건 사실이에요!

가격은 그대로인데 크기가 줄었다?

빵빵한 과자 봉지를 열어 보니 과자는 절반도 담겨 있지 않고, 바 종류 아이스크림은 예전보다 크기가 작아졌어요. 최근에는 붕어빵과 핫도그, 조미김 등 다양한 제품에서 크기나 수량을 줄이는 현상이 두드러지고 있어요. 경기가 좋지 않아 가격을 올려야 하는데, 그러면 소비자가 싫어하니 슬그머니 양을 줄여 원가를 낮추려는 식품 업체들의 '꼼수'랍니다. 식품 업체들은 더 교묘한 방법으로 원가를 낮추고 있어요. 오렌지주스의 과즙 함량을 100%에서 80%로 낮추거나, 닭고기를 튀길 때 사용하는 올리브기름을 저렴한 식용유로 바꾸는 식이에요.

소비자에게 정직하게 알려야 해요

이처럼 기업들이 상품의 크기를 줄이거나 품질을 낮춰 원가를 절감하여 간접적으로 가격 인상 효과를 얻는 판매 전략을 '슈링크플레이션'이라고 해요. 음식뿐만 아니라 서비스에서도 이런 현상이 나타나고 있어요. 예를 들어 호텔에서 객실 청소 서비스를 투숙객이 요청할 때만 하는 거예요. 문제는 소비자가 제품의 품질이나 양이 줄었는지 모르고 구매를 결정하는 경우가 많다는 점이에요. 이에 정부는 지난 5월 3일 용량을 줄이고도 그 사실을 소비자에게 알리지 않은 기업에 과태료를 부과할 수 있는 법적 제재를 마련했어요.

OX 퀴즈 기사를 읽고 설명이 맞으면 O, 틀리면 X 표시를 해 보세요.

- 슈링크는 '줄어들다.'라는 뜻이에요. (   )
- 슈링크플레이션은 식품 분야에서만 나타나는 현상이에요. (   )

낱말 고르기 기사를 읽고 다음 괄호 안에 들어갈 알맞은 말을 골라 보세요.

기업들이 상품의 크기를 줄이거나 품질을 (높여 , 낮춰) 원가를 절감하여 간접적으로 가격 (인상 , 인하) 효과를 얻는 판매 전략을 '슈링크플레이션'이라고 해요.

어휘 체크 기사의 문맥을 파악해 어휘와 뜻을 알맞게 연결해 보세요.

원가	•	•	솜씨나 재주 등이 재치 있게 약삭빠르고 묘함.
교묘	•	•	아껴서 줄임.
품질	•	•	물건을 만드는 데 들어간 재료비, 인건비 등을 단위에 따라 계산한 가격.
절감	•	•	물품의 성질.

한 줄 정리 괄호 안에 알맞은 말을 넣어 기사를 한 줄로 요약해 보세요.

상품의 크기를 줄이거나 품질을 낮춰 (   )으로 가격 인상 효과를 노리는 식품 업체들의 전략이 점점 더 교묘해지자 정부는 (   )을 규제하는 방안을 마련했어요.

생각 쑥쑥 기사를 읽고 다음 질문에 대한 나의 생각을 써 보세요.

가격은 같지만 크기나 양이 줄어든 상품을 경험한 적이 있나요? 어떤 제품이었고, 어떤 기분이었는지 적어 보세요.

불황이라는데 금값은 왜 오를까?

미리 보기 사전

희소성
인간의 욕구에 비해 자원의 양이 부족한 상태를 말해요. 자원의 절대적인 양을 말하는 것이 아니라 인간이 필요로 하는 양에 비해 상대적으로 적다는 의미예요.

'금을 가진 자가 세상을 지배한다.'는 말을 들어 본 적이 있나요? 예로부터 사람들은 금을 차지하려고 전쟁과 약탈을 일삼기도 했어요. 왜 그랬을까요?

금을 찾아 떠나는 '골드러시(gold rush)'

모든 금속은 고유한 빛을 가지고 있어요. 대부분 시간이 지나면서 녹이 슬어 고유한 빛을 잃게 마련인데, 금만 유일하게 녹슬지 않고 영원히 반짝여요. 사람들은 이런 금을 가지려고 금이 많이 나온다는 곳이라면 어디든 달려갔어요. 아시아, 아메리카, 아프리카 등 아주 먼 곳이라도 말이에요. 이러한 현상을 '골드러시'라고 해요. 하지만 갖고 싶다고 해서 모두가 금을 가질 수는 없어요. 양이 적어 귀할 뿐만 아니라 갖고 싶어 하는 사람도 많기 때문이에요. 이런 희소성 덕분에 아주 오래전부터 오늘날까지 금의 가치는 계속 높아지고 있어요.

도대체 금값은 왜 오르는 걸까?

금은 안전한 투자 수단이기도 해요. 그 나라의 경제 상황에 따라 화폐는 가치가 달라지지만 금은 항상 안정적인 가치를 유지하거든요. 예를 들어 전쟁이 나서 전쟁 국가의 화폐 가치가 큰 폭으로 하락하면 사람들은 금처럼 가치가 변하지 않는 안전 자산을 찾게 돼요. 실제로 2021년 우크라이나-러시아 전쟁 직후 금 가격이 큰 폭으로 올랐어요. 이스라엘-하마스 전쟁 이후에도 마찬가지예요. 연이어 전쟁이 일어나면서 세계 경제가 불안정해지자 중국, 싱가포르 등은 금 보유량을 늘리고 있어요. 이처럼 경기가 어려울 때는 너도나도 안전하다고 인식되는 금을 찾기 때문에 금 가격이 오른답니다.

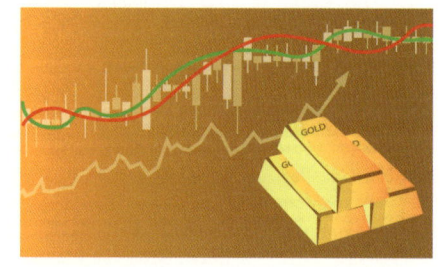

OX 퀴즈 기사를 읽고 설명이 맞으면 O, 틀리면 X 표시를 해 보세요.

- 금은 녹슬지 않아요. (   )
- 전쟁이 일어나거나 경제 상황이 좋지 않으면 금 가격은 하락해요. (   )

낱말 고르기 기사를 읽고 다음 괄호 안에 들어갈 알맞은 말을 골라 보세요.

(희소성   ,   보편성   ) 덕분에 아주 오래전부터 오늘날까지 금의 가치는 계속 높아지고 있어요.

어휘 체크 기사의 문맥을 파악해 어휘와 뜻을 알맞게 연결해 보세요.

지배	금을 가지려고 많은 사람이 모이는 현상.
골드러시	어떤 사람이나 집단, 조직, 사물 등을 자기의 의사대로 복종하게 하여 다스림.
약탈	호황, 불황 등의 경제 활동 상태.
경기	폭력을 써서 남의 것을 억지로 빼앗음.

한 줄 정리 괄호 안에 알맞은 말을 넣어 기사를 한 줄로 요약해 보세요.

경제 상황에 따라 (   ) 의 가치는 달라지지만 금은 안정적인 가치를 유지하기 때문에 경기가 어려울 때는 (   ) 하다고 인식되는 금의 가격이 오르게 된답니다.

생각 쑥쑥 기사를 읽고 다음 질문에 대한 나의 생각을 써 보세요.

"시간은 금이다."처럼 금과 관련된 속담이나 명언을 찾아 적어 보세요. 그리고 그런 표현이 생긴 이유도 한번 생각해 보세요.

_____
_____
_____
_____

40년 된 슬리퍼가 3억 원이라고요?

> **미리 보기 사전**
>
> **경매**
> 물건을 사려는 사람이 여럿일 때 값을 가장 높이 부르는 사람에게 물건을 파는 판매 방법을 말해요.

2022년 12월 미국과 한국에서 세상에 단 하나뿐인 상품이 각각 거래되었어요. 하나는 40년 된 낡은 슬리퍼이고, 다른 하나는 중고 자동차예요. 두 물건은 구매했던 가격보다 몇 배 비싸게 판매됐는데, 왜 그런 일이 일어났을까요?

슬리퍼를 왜 3억 원 주고 샀지?

애플의 공동 창업자였던 스티브 잡스가 생전에 신었던 슬리퍼 한 켤레가 경매에서 약 2억 9,000만 원에 팔렸어요. 경매 예상가는 약 8,000만 원이었는데 무려 세 배가 넘는 가격에 팔린 거예요. 이 슬리퍼는 잡스가 1970~1980년대에 즐겨 신었다고 알려졌어요. 한편 한국의 한 경매 사이트에서는 BTS 정국이 타던 자동차가 무려 12억 원에 낙찰됐어요. 세계적인 스타가 탔던 차로 알려지면서 신차보다 5배나 비싼 가격에 팔린 거예요.

중고가 새 상품보다 비싼 이유

일반적으로 우리가 사는 물건에는 가격이 정해져 있어요. 하지만 모든 물건이 정해진 값에 거래되는 건 아니에요. 공급량은 적은데 사려는 사람이 많으면 가격은 자연스럽게 올라가요. '스티브 잡스가 신던 슬리퍼'나 '정국이 타던 자동차'처럼 세상에 단 하나뿐인 물건이라면 '부르는 게 값'이 되기도 한답니다. 그 물건을 얻으려고 사람들이 서로 가격 경쟁을 하거든요. 경매에서 가격 경쟁을 하면 가격이 계속 오르다가 가장 높은 값을 부르는 사람에게 낙찰돼요. 바로 이런 이유로 중고 가격이 새 상품보다 훨씬 높은 가격에 팔리는 거예요.

OX 퀴즈 기사를 읽고 설명이 맞으면 O, 틀리면 X 표시를 해 보세요.

- 스티브 잡스는 애플의 공동 창업자예요. (   )
- 물건의 공급량은 적은데 사려는 사람이 많으면 가격이 내려가요. (   )

낱말 고르기 기사를 읽고 다음 괄호 안에 들어갈 알맞은 말을 골라 보세요.

경매에서 사람들은 물건을 얻으려고 가격 (경쟁 , 할인)을 해요. 가격 경쟁을 하면 가격이 계속 오르다가 가장 높은 값을 부르는 사람에게 (낙찰 , 중지)돼요.

어휘 체크 기사의 문맥을 파악해 어휘와 뜻을 알맞게 연결해 보세요.

거래	•	•	주고받거나 사고파는 일.
중고	•	•	필요에 따라 물건이나 서비스 등을 제공함.
공급	•	•	이미 사용했거나 오래된 물건.
낙찰	•	•	경매 등에서 물건이나 일이 어떤 사람이나 업체에 돌아가도록 결정하는 일.

한 줄 정리 괄호 안에 알맞은 말을 넣어 기사를 한 줄로 요약해 보세요.

스티브 잡스가 신던 슬리퍼와 BTS 정국이 타던 자동차가 (   )에서 높은 가격에 거래됐어요. (   )은 적은데 사려는 사람이 많으면 가격이 올라가요.

생각 쑥쑥 기사를 읽고 다음 질문에 대한 나의 생각을 써 보세요.

경매와 일반적인 물건 거래의 차이점은 뭘까요? 사람들은 어떤 상황에서 경매를 선호할까요?

투자의 달인 씨, 한 종목만 추천해 주세요!

미리 보기 사전

워런 버핏(Warren Buffett)
미국의 투자회사 버크셔 해서웨이의 회장을 맡고 있는 기업가이자 투자가예요. 투자의 달인으로 잘 알려져 있어요.

버크셔 해서웨이의 주주총회는 매년 화제가 되는데요, '투자의 달인' 워런 버핏의 발언을 직접 듣고 질문할 기회를 얻을 수 있기 때문이에요. 그런데 지난해 주주총회에서는 13세 소녀 데프니의 질문이 큰 화제가 되었답니다. 무려 7세 때부터 주주총회에 참석한 데프니는 무슨 질문을 했을까요?

종목 하나만 골라 주세요!

"워런 버핏 회장님은 과거에 계속해서 물가가 오르는 시기에도 최고의 투자 결정을 내리셨는데요, 지금 주식을 딱 하나만 골라 모든 돈을 투자해야 한다면 어떤 종목을 고르시겠어요?" 데프니는 최근 극심한 물가 상승 상황에서 주식으로 수익을 보려면 어디에 투자해야 하는지를 투자의 달인에게 직접 물어봤어요. 버핏이 과거에 시장 상황이 안 좋을 때도 최고의 투자를 했으니 답을 알고 있을 거라고 생각한 것이지요. 데프니의 날카로운 질문에 버핏은 뭐라고 답변했을까요?

능력을 키우는 것이 최고의 투자

"특정한 종목에 관한 얘기보다 더 나은 답변을 드리죠. 학생에게 최고의 투자란 어떤 일을 특출하게 잘하는 겁니다. 동네에서 최고의 의사가 되든지, 최고의 야구 선수가 되든지, 뭐든 최고가 될 수 있다면 사람들은 엄청난 돈을 학생에게 지불할 겁니다." 그러니까 버핏은 데프니에게 한 분야에서 최고가 되는 것이 곧 최고의 투자라고 조언한 거예요. 그런 능력은 시간이 지나도 절대 사라지지 않으니까요. 스스로를 성장하게 만드는 것이 가장 현명한 투자라는 버핏의 답변, 정말 근사하죠?

OX 퀴즈 기사를 읽고 설명이 맞으면 O, 틀리면 X 표시를 해 보세요.

- 워런 버핏은 절약의 달인으로 잘 알려져 있어요. (　　　)
- 13세 소녀 데프니는 버크셔 해서웨이 주주총회에 처음으로 참석했어요. (　　　)

낱말 고르기 기사를 읽고 다음 괄호 안에 들어갈 알맞은 말을 골라 보세요.

버크셔 해서웨이의 주주총회는 매년 화제가 되는데요, '(　저축　,　투자　)의 달인' 워런 버핏의 발언을 직접 듣고 (　질문　,　식사　)할 기회를 얻을 수 있기 때문이에요.

어휘 체크 기사의 문맥을 파악해 어휘와 뜻을 알맞게 연결해 보세요.

주주총회	•	•	주식을 가진 사람들이 모여 회사의 중요한 의사를 결정하는 기관.
투자	•	•	증권 시장에서 거래 대상이 되는 증권의 이름.
종목	•	•	이익을 얻으려고 돈을 대거나 시간이나 정성을 쏟는 것.
물가	•	•	여러 상품이나 서비스의 가치를 종합적이고 평균적으로 본 물건의 값.

한 줄 정리 괄호 안에 알맞은 말을 넣어 기사를 한 줄로 요약해 보세요.

워런 버핏은 (　　　　　　　)에서 13세 소녀 데프니의 질문에 가장 현명한 투자는 스스로를 (　　　　　)하게 만드는 것이라고 조언했어요.

생각 쑥쑥 기사를 읽고 다음 질문에 대한 나의 생각을 써 보세요.

주식을 산다는 것은 내가 산 주식의 양만큼 그 기업의 주인이 된다는 의미예요. 어떤 기업의 주식을 사고 싶은지 생각해 보세요.

골딜록스 경제가 무슨 말이야?

> **미리 보기 사전**
>
> **골딜록스**(goldilocks)
> 너무 뜨겁지도 너무 차갑지도 않은, 딱 적당한 상태를 의미해요. 영국의 전래 동화 『골딜록스와 곰 세 마리』에서 유래한 표현이에요.

지난해 9월 "미국 경제가 골딜록스 국면에 접어들었다."라는 이야기가 나왔어요. 골딜록스는 영국의 전래 동화『골딜록스와 곰 세 마리』에 나오는 주인공 소녀의 이름이에요. 동화의 주인공과 경제는 어떤 관계가 있을까요?

『골딜록스와 곰 세 마리』는 무슨 내용?

먼저『골딜록스와 곰 세 마리』의 내용부터 살펴볼까요? 숲속 어느 집에 곰 세 마리가 살았어요. 이들이 각자 먹을 수프를 식탁에 차려 놓고 외출한 사이에 금발 머리 소녀 골딜록스가 이 집에 왔다가 수프를 발견했어요. 그런데 첫 번째 수프는 너무 뜨거웠고, 두 번째 수프는 식어서 너무 차가웠어요. 세 번째 수프는 뜨겁지도 않고 차갑지도 않은, 먹기에 적당한 수프였죠. 골딜록스는 이 중에서 세 번째 수프를 맛있게 먹어 치웠답니다.

미국 경제가 안정되고 있어요

골딜록스 경제란, 동화 주인공 골딜록스가 선택한 수프처럼 '뜨겁지도 차갑지도 않은 이상적인 경제 상황'을 가리키는 말이에요. 그러니까 경기가 좋아져 경제 성장은 계속되지만, 물가는 크게 상승하지 않는 딱 좋은 경제 상황을 '골딜록스 경제'라고 표현하는 것이지요. 2023년 9월 미국 경제가 딱 그런 상황이었어요. 물가가 서서히 안정되면서 여러 경제 지표도 안정세로 돌아섰거든요. 전문가들이 이런 상황을 가리켜 "미국 경제가 골딜록스 국면에 접어들었다."라고 평가한 거예요.

OX 퀴즈 기사를 읽고 설명이 맞으면 O, 틀리면 X 표시를 해 보세요.

- 『골딜록스와 곰 세 마리』에서 골딜록스는 뜨거운 수프를 먹었어요. (   )
- 경제가 '골딜록스 국면에 접어들었다.'는 말은 경제가 불안정하다는 뜻이에요. (   )

낱말 고르기 기사를 읽고 다음 괄호 안에 들어갈 알맞은 말을 골라 보세요.

골딜록스 경제란 (동화   ,   영화   ) 주인공 골딜록스가 선택한 수프처럼 '뜨겁지도 차갑지도 않은 (이상적인   ,   불안한   ) 경제 상황'을 가리키는 말이에요.

어휘 체크 기사의 문맥을 파악해 어휘와 뜻을 알맞게 연결해 보세요.

유래	•	•	사물이나 일이 생겨남.
국면	•	•	바뀌어 달라지지 않고 일정한 상태를 유지한 세력.
이상적	•	•	생각할 수 있는 범위 안에서 가장 좋다고 여겨지는 것.
안정세	•	•	어떤 일이 되어 가는 형세나 벌어진 상황.

한 줄 정리 괄호 안에 알맞은 말을 넣어 기사를 한 줄로 요약해 보세요.

"미국 경제가 (   ) 국면에 접어들었다."라는 표현은 동화 주인공 골딜록스가 선택한 수프처럼 미국의 경제가 '뜨겁지도 차갑지도 않은 (   ) 상황으로 접어들고 있다.'는 말이에요.

생각 쑥쑥 기사를 읽고 다음 질문에 대한 나의 생각을 써 보세요.

'골딜록스'라는 표현을 써서 문장을 한번 만들어 보세요. 어떤 상황에서 쓸 수 있을까요?

은행이 망하면 내 용돈은 안전할까?

> **미리 보기 사전**
>
> **뱅크런(bank run)**
> 은행에 예금한 고객이 한꺼번에 예금을 인출하는 현상을 말해요.

은행은 돈과 관련해 다양한 역할을 하는 곳이에요. 사람들이 돈을 저축하고, 집을 사는 데 필요한 돈을 빌리거나 기업에서 물건을 생산하는 데 드는 돈을 빌리기도 해요. 또 우리의 돈을 안전하게 보호해 주는 역할도 하지요. 그런데 은행이 경영을 잘못해서 망하면 은행에 예금해 둔 내 용돈은 어떻게 되는 걸까요?

14시간 만에 파산한 미국 은행

2023년 3월 미국에 있는 실리콘밸리은행(SVB)은 고객이 맡긴 돈으로 더 많은 돈을 벌려고 채권에 투자했다가 큰 손해를 입었어요. 같은 해 7월 우리나라의 새마을금고도 대출 연체율이 크게 치솟아 위기를 맞았어요. 내 돈을 맡긴 은행이 위험에 처했다는 소식이 전해지면 많은 고객이 맡겨 둔 돈을 찾으려고 은행으로 달려가요. 이런 현상을 '뱅크런'이라고 해요. 실리콘밸리은행은 뱅크런 현상 때문에 불과 14시간 만에 파산하고 말았어요.

은행이 망해도 돈을 돌려받을 수 있어요

은행이 망한다고 해서 은행에 맡긴 돈이 전부 사라지는 건 아니에요. 우리나라에는 은행이 파산하더라도 고객의 돈을 일정 금액까지 보호해 주는 제도가 있거든요. 은행은 위험에 대비해 제3의 기관인 예금보험공사에 보험료를 쌓아 두는데, 만약 은행이 파산하면 예금보험공사에서 은행을 대신해 돈을 지급하는 거예요. 이를 '예금자 보호 제도'라고 해요. 물론 은행에 맡긴 돈을 전부 돌려받을 수 있는 건 아니에요. 우리나라에서는 원금과 이자를 합쳐 1인당 최대 5,000만 원까지 보상받을 수 있어요.

OX 퀴즈 기사를 읽고 설명이 맞으면 O, 틀리면 X 표시를 해 보세요.

- 은행은 돈을 예금하고 돈을 빌려주는 역할만 해요. (   )
- 은행도 경영을 잘못하면 망할 수 있어요. (   )

낱말 고르기 기사를 읽고 다음 괄호 안에 들어갈 알맞은 말을 골라 보세요.

내 돈을 맡긴 은행이 위험한 상황에 처했다는 소식이 전해지면 고객은 맡긴 돈을 찾으려고 은행으로 달려가요. 이런 현상을 (스쿨런   ,   뱅크런   )이라고 해요.

어휘 체크 기사의 문맥을 파악해 어휘와 뜻을 알맞게 연결해 보세요.

인출	•	•	재산을 모두 잃고 망함.
파산	•	•	남에게 돈을 빌려 쓴 대가로 치르는 일정한 비율의 돈.
연체	•	•	정한 기한에 약속을 지키지 못하고 지체함.
이자	•	•	예금을 찾음.

한 줄 정리 괄호 안에 알맞은 말을 넣어 기사를 한 줄로 요약해 보세요.

(   )은 돈을 안전하게 보호하고 빌려주는 역할을 하는데, 은행이 파산하더라도 (   )가 있어 1인당 최대 5,000만 원까지 보상받을 수 있어요.

생각 쑥쑥 기사를 읽고 다음 질문에 대한 나의 생각을 써 보세요.

미국의 예금자 보호 금액은 3억 원이 넘는데, 우리나라는 5,000만 원이에요. 이는 20년도 더 전에 정한 금액이라서 우리나라가 성장한 만큼 보호 금액을 높여야 한다는 목소리가 많아요. 여러분은 찬성과 반대 중 어느 쪽인가요? 그 이유를 함께 적어 보세요.

가짜 뉴스에 주식시장이 출렁

> **미리 보기 사전**
>
> **딥페이크(deepfake)**
> 인공지능 기술을 활용한 이미지 합성 기술을 의미해요. 특정 인물의 얼굴이나 신체 부위를 합성하여 가짜 영상을 만드는 경우도 많아 논란이 되고 있어요.

지난해 5월 한 트위터 계정에 "미국 국방부(펜타곤) 근처에서 큰 폭발이 발생했다."라는 글과 함께 사진이 올라왔어요. 이 사진은 SNS를 타고 빠르게 퍼졌고, 그날 미국의 주가지수는 큰 폭으로 하락했어요.

미국 국방부 근처에서 폭발이?

이 사진은 오전 8시 42분경 트위터 유료 계정에 처음 게시됐어요. 얼마 후 러시아의 한 트위터 계정에도 "펜타곤 근처에서 폭발이 있었다."라는 게시물이 올라왔고, 여러 뉴스 사이트와 방송사도 이 사진을 공유했어요. 이 사진이 언론에 보도되자 사람들은 이 소식을 당연히 사실이라고 믿었어요. 그런데 알고 보니 이 사진은 딥페이크를 사용해 만든 가짜 사진이었어요. 가짜 뉴스가 순식간에 전 세계로 퍼진 거예요!

가짜 뉴스 때문에 주가지수 하락

한바탕 큰 소동이 일자 경찰과 소방 당국은 펜타곤 근처에서 폭발이 일어나지 않았고 아무런 위험도 없다고 발표했어요. 하지만 소동이 벌어지는 동안 미국 주식시장은 크게 출렁거렸어요. 미국의 대표적 주가지수인 다우존스30은 약 80포인트 하락했고 다른 지수들도 마찬가지였어요. 투자자들 사이에 '미국에 테러가 발생한 것이 아니냐.'는 불안감이 번지면서 증시에 큰 영향을 미친 것이죠. 진짜와 가짜를 구별하는 것이 점점 어려워지고 있는 만큼, AI를 이용해 만들어 내는 가짜 뉴스는 이제 큰 골칫거리가 되었어요.

OX 퀴즈 기사를 읽고 설명이 맞으면 O, 틀리면 X 표시를 해 보세요.

- 미국 국방부 근처에서 큰 폭발이 발생했다는 소식은 가짜 뉴스였어요. (   )
- 딥페이크로 만든 사진이 퍼지자 미국의 주가지수가 큰 폭으로 올랐어요. (   )

낱말 고르기 기사를 읽고 다음 괄호 안에 들어갈 알맞은 말을 골라 보세요.

여러 뉴스 사이트와 방송사도 트위터에 올라온 이 사진을 공유했어요. 이 사진이 언론에 보도되자 사람들은 이 소식을 당연히 (사실   ,   거짓   )이라고 믿었어요.

어휘 체크 기사의 문맥을 파악해 어휘와 뜻을 알맞게 연결해 보세요.

주가지수	'증권 시장'을 줄여 이르는 말.
증시	매체로 어떤 사실을 밝혀 알리거나 여론을 형성하는 활동.
언론	대중 전달 매체로 일반 사람들에게 새로운 소식을 알림.
보도	주가의 변동을 나타내는 지수.

한 줄 정리 괄호 안에 알맞은 말을 넣어 기사를 한 줄로 요약해 보세요.

지난해 5월 한 트위터 계정에 "미국 국방부 근처에서 큰 폭발이 발생했다."라고 올라온 (   )를 사용해 만든 가짜 뉴스 때문에 미국의 (   )가 큰 폭으로 하락했어요.

생각 쑥쑥 기사를 읽고 다음 질문에 대한 나의 생각을 써 보세요.

가짜 뉴스가 퍼지는 것을 막으려면 어떻게 해야 할까요? 좋은 아이디어가 있으면 적어 보세요.

펫코노미 시장이 돈이 된다고?

> **미리 보기 사전**
>
> **펫코노미(petconomy)**
> 반려동물을 뜻하는 '펫(pet)'과 '경제(economy)'를 결합한 용어로, 반려동물 관련 시장이나 산업을 일컫는 신조어예요.

반려동물을 키우는 사람이 늘면서 '펫코노미'의 성장세가 두드러지고 있어요. 사료와 용품, 의료, 미용 등 반려동물을 키우는 데 필요한 기본 산업이 활발해졌고 전문 훈련소, 택시, 유치원 같은 서비스 상품까지 등장했어요.

펫코노미, 어디까지 성장할까?

반려동물과 관련된 시장은 날이 갈수록 커지고 있어요. 1~2인 가구가 증가하고 생활방식이 변화하면서 반려동물을 기르는 사람만 1,400만 명이 넘었어요. 2022년 농림축산식품부의 발표에 따르면 펫코노미 규모는 무려 8조 원에 달한다고 해요. 특히 지난해 우리나라의 펫푸드 시장 규모는 1조 원을 넘어섰어요. 유기농 재료로 만든 사료, 반려동물 전용 과일 아이스크림, 소화가 잘 되는 우유, 기름기와 짠맛을 제거한 반려동물 전용 치킨도 판매한답니다.

반려동물도 유치원 간다

또 어떤 제품과 서비스가 있는지 살펴볼까요? 사료를 정해진 시간마다 주는 자동 급식기, 반려동물의 활동량을 높여 주는 인공지능 로봇, 반려동물의 안전을 확인할 수 있는 CCTV 등 반려동물 전용 가전제품도 등장했어요. 주인이 출근하고 등교하면 오랜 시간 혼자 있어야 하는 반려동물을 위한 '반려동물 유치원'도 큰 인기를 끌고 있답니다. 반려동물에게 돈을 아끼지 않고 투자하는 사람이 많아지면서 기업들도 반려동물 시장에 적극적으로 뛰어들고 있어요. 정부에서도 펫푸드, 펫헬스케어, 펫서비스, 펫테크 등을 4대 주력 산업으로 선정하고 육성한다는 계획을 밝혔답니다.

OX 퀴즈 기사를 읽고 설명이 맞으면 O, 틀리면 X 표시를 해 보세요.

- 펫코노미는 반려동물을 뜻하는 '펫(pet)'과 '경제(economy)'를 결합한 신조어예요. (   )
- 우리나라 펫푸드 시장 규모는 점점 줄어들고 있어요. (   )

낱말 고르기 기사를 읽고 다음 괄호 안에 들어갈 알맞은 말을 골라 보세요.

반려동물에게 돈을 아끼지 않고 (투자 , 절약)하는 사람이 많아지면서 기업들도 반려동물 시장에 적극적으로 뛰어들고 있어요. 정부에서도 펫푸드, 펫헬스케어, 펫서비스, 펫테크 등을 4대 주력 산업으로 선정하고 (육성 , 견제)한다는 계획을 밝혔답니다.

어휘 체크 기사의 문맥을 파악해 어휘와 뜻을 알맞게 연결해 보세요.

사료	•	•	길러 자라게 함.
주력	•	•	대상을 향한 태도가 긍정적이고 능동적인 것.
육성	•	•	중심이 되어 주요한 역할을 하는 세력.
적극적	•	•	가축에게 주는 먹을거리.

한 줄 정리 괄호 안에 알맞은 말을 넣어 기사를 한 줄로 요약해 보세요.

반려동물을 키우는 사람이 점점 늘어나면서 (   )가 급성장하고 있어요.

생각 쑥쑥 기사를 읽고 다음 질문에 대한 나의 생각을 써 보세요.

반려동물과 관련된 사업 아이디어가 있으면 적어 보세요. 어떤 서비스가 있으면 좋을까요?

은행 지점이 꼭 필요할까?

> **미리 보기 사전**
>
> **핀테크(fintech)**
> '금융(financial)'과 '기술(technology)'의 합성어이고, 컴퓨터와 인터넷을 활용해 돈과 관련된 다양한 일을 편리하고 빠르게 처리하는 기술을 말해요.

아직도 저축하러 통장을 들고 은행에 직접 가나요? 이젠 은행에 가지 않고도 모든 은행 업무를 볼 수 있어요!

지점 없는 은행이 있다

토스뱅크, 카카오뱅크, 케이뱅크 등의 공통점은 무엇일까요? 바로 지점이 없는 인터넷 전문은행이라는 점이에요. 시중 은행도 앱만 있으면 계좌를 만들 때도, 돈을 이체할 때도, 심지어 대출을 받을 때도 은행에 가지 않고 인터넷으로 모든 은행 업무를 처리할 수 있어요. 쉽고 편리해서 초등학생도 은행 앱에서 용돈을 받는대요. 용돈을  어디서 어떻게 사용했는지 직접 확인할 수 있어 만족도가 높다고 해요. 인터넷으로 은행을 이용하는 사람이 점점 많아지다 보니 당연히 시중 은행은 지점을 축소하고 있어요. 비싼 임대료와 직원 임금 등 비용을 절감할 수 있으니까요.

은행을 없애면 안 돼요!

하지만 은행 지점을 없애는 게 마냥 좋은 일은 아니에요. 나이 많은 어르신 가운데 스마트폰을 사용하지 않거나 잘 다루지 못하는 분들도 있거든요. 이처럼 핀테크는 젊은 세대에게는 유용한 도구이지만, 나이 많은 어르신에게는 어려운 숙제와도 같아요. 또 은행 지점이 사라지면서 지방 소도시에 사는 사람들이 은행에 가려면 몇 시간씩 이동해야 하는 일도 있어요. 은행 지점을 무작정 없애기보다는 소외계층을 배려해야겠지요. 한 지점을 여러 은행이 공유할 수도 있고, 어르신을 대상으로 디지털 교육 프로그램을 운영할 수도 있어요.

OX 퀴즈 기사를 읽고 설명이 맞으면 O, 틀리면 X 표시를 해 보세요.

- 인터넷으로 계좌 개설, 입금, 이체를 할 수 있는 은행이 있어요. (   )
- 핀테크가 발달했으니 은행 지점은 없어져도 괜찮아요. (   )

낱말 고르기 기사를 읽고 다음 괄호 안에 들어갈 알맞은 말을 골라 보세요.

인터넷으로 은행을 이용하는 사람이 점점 (많아지다 , 줄어들다) 보니 당연히 시중 은행은 지점을 (확대 , 축소)하고 있어요.

어휘 체크 기사의 문맥을 파악해 어휘와 뜻을 알맞게 연결해 보세요.

계좌	•	•	본점에서 갈라져 나온 점포.
이체	•	•	근로자가 노동을 제공한 대가로 사용자에게 받는 돈.
임금	•	•	계좌에 있는 돈을 다른 계좌로 옮김.
지점	•	•	금융 기관에 예금하려고 설정한 번호.

한 줄 정리 괄호 안에 알맞은 말을 넣어 기사를 한 줄로 요약해 보세요.

(   )는 젊은 세대에게는 유용한 도구이지만 나이 많은 어르신에게는 어려운 숙제와도 같으므로, 은행 지점을 무작정 없애기보다는 (   )을 배려해야 해요.

생각 쑥쑥 기사를 읽고 다음 질문에 대한 나의 생각을 써 보세요.

은행 지점이 없어진다면 어떤 방법으로 소외계층을 도울 수 있을까요? 다양한 아이디어를 떠올려 보고 왜 그런 생각을 했는지 적어 보세요.

_____

_____

_____

세계가 K라면의 매운맛에 빠졌어요

> **미리 보기 사전**
>
> **K-**
> 한국산, 한국적, 한국형을 뜻하며, 한국 문화와 관련된 명사를 만들 때 쓰는 접두사예요.

"우리의 식생활은 해결됐다!" 60년 전 처음 등장한 라면 신문 광고 문구예요. 라면은 먹을거리가 넉넉지 않았던 시절, 허기를 채우려고 만든 식품이에요. 하지만 60년이 지난 지금 라면의 위상은 과거와는 완전히 달라졌어요!

라면 수출액 1조 원 돌파

유튜브에는 외국인 유튜버들이 눈물 콧물을 쏟아 가면서 시뻘건 한국 라면을 먹는 영상이 아주 많이 올라와요. 특히 한 미국 유튜버가 올린 라면 15개에 도전하는 '먹방(먹는 방송)' 영상은 조회수가 무려 1억 4,000만 건이 넘었어요. BTS 멤버가 라면을 먹는 영상이 화제가 되면서 라면 챌린지 영상이 유행하기 시작한 거예요. 이처럼 해외에서 인기가 치솟으면서 2023년 라면 수출액이 처음으로 1조 원을 돌파했어요.

전 세계인이 사랑하는 'K라면'

"아줌마, 짜파구리 할 줄 아시죠?" 2020년 미국 아카데미 시상식을 휩쓴 영화 〈기생충〉에 나오는 이 대사는 지금도 한국 라면을 전 세계에 알린 명장면으로 꼽히고 있어요. 본격적으로 K라면 열풍이 분 건 해외 SNS를 중심으로 짜파구리 조리법이 빠르게 퍼지면서부터예요. 현재 한국 라면은 중국과 미국, 일본을 비롯해 120개 나라로 수출되고 있어요. 최근 서울 마포구 홍대 근처에는 라면 도서관이라는 콘셉트로 국내외 인기 봉지 라면 200여 종을 경험할 수 있는 'K라면 특화 편의점'도 생겼답니다. 라면은 이제 단순한 먹거리가 아니라 전 세계인이 사랑하는 K문화의 일부가 되었어요.

OX 퀴즈 기사를 읽고 설명이 맞으면 O, 틀리면 X 표시를 해 보세요.

- 우리나라에는 '라면 특화 편의점'이 있어요. (   )
- 2023년 라면 수출액이 1조 원을 돌파했어요. (   )

낱말 고르기 기사를 읽고 다음 괄호 안에 들어갈 알맞은 말을 골라 보세요.

"우리의 (식생활 , 여가생활)은 해결됐다!" 60년 전 처음 등장한 라면 신문 광고 문구예요. 라면은 먹을거리가 넉넉지 않았던 시절, (허기 , 재미)를 채우려고 만든 식품이에요.

어휘 체크 기사의 문맥을 파악해 어휘와 뜻을 알맞게 연결해 보세요.

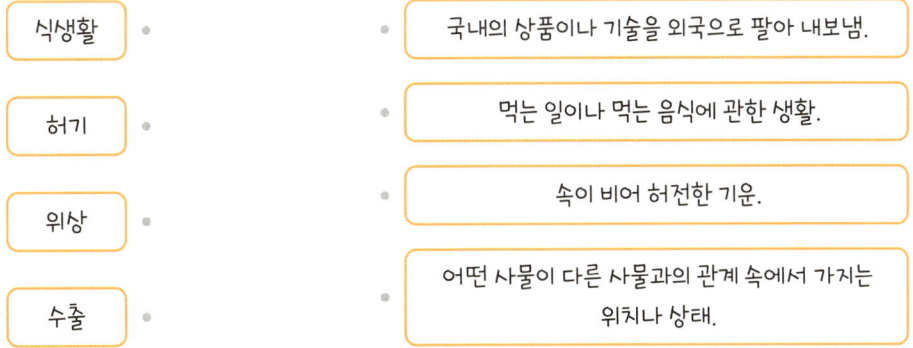

- 식생활 • • 국내의 상품이나 기술을 외국으로 팔아 내보냄.
- 허기 • • 먹는 일이나 먹는 음식에 관한 생활.
- 위상 • • 속이 비어 허전한 기운.
- 수출 • • 어떤 사물이 다른 사물과의 관계 속에서 가지는 위치나 상태.

한 줄 정리 괄호 안에 알맞은 말을 넣어 기사를 한 줄로 요약해 보세요.

유튜버들의 먹방 챌린지, BTS 먹방, 영화 <기생충> 등의 영향으로 수출액 1조 원을 돌파한 (   )은 이제 단순한 먹을거리가 아니라 (   )의 일부가 되었어요.

생각 쑥쑥 기사를 읽고 다음 질문에 대한 나의 생각을 써 보세요.

가장 좋아하는 라면은 무엇인가요? 그 라면을 가장 맛있게 먹을 수 있는 나만의 조리법을 소개해 주세요.

기후 변화와 설탕 가격의 관계는?

미리 보기 사전

기후 변화
특정 장소의 기후가 시간이 지나면서 점차 변화하는 것을 말해요. 지구 온난화 현상이 대표적이에요.

지난해 안토니우 구테흐스 유엔 사무총장은 "지구 온난화 시대가 끝나고 지구가 끓어오르는 열대화 시대가 시작됐다."라고 말했어요. 그 정도로 기후 변화 속도가 빨라지고 있다는 것이지요. 이제 기후 변화는 경제 전반에 큰 영향을 미치고 있어요.

지구가 들끓고 있어요

지난 7월 26일 미국 피닉스의 낮 최고 기온은 48°C를 기록했어요. 반면 인도 북부와 일본 남부에서는 폭우로 물난리가 났어요. 전문가들은 기후 변화가 지속되면 물가가 높아지고 경제 성장은 둔화할 거라고 경고했어요. 세계 1위 자동차 기업인 도요타는 지난 7월 일본 규슈 지역에 내린 폭우 때문에 공장 세 곳의 가동을 중단했어요. 파나마는 극심한 가뭄 때문에 파나마 운하를 지나는 배의 크기를 제한하기도 했어요. 운하의 깊이가 얕아져 큰 배가 지나다닐 수 없게 됐거든요.

기후 변화로 설탕값이 올랐어요

이처럼 전 세계적으로 나타나는 이상 기후 현상 탓에 경제 불확실성이 높아지고 있어요. 최근 국제 설탕 가격은 1년 전보다 무려 35%나 올랐는데, 설탕 수출 세계 2위인 인도 중서부에 가뭄이 들면서 생산량이 줄어든 것이 주요 원인이래요. 쌀 가격도 비상이에요. 쌀 수출 세계 1~3위인 인도와 태국, 베트남에서 폭염과 폭우 등으로 쌀 생산량이 급감했거든요. 이처럼 기후 변화로 물가가 오르는 현상을 '기후플레이션'이라고 해요. 기후 변화는 우리 생활에도 직접적인 영향을 미쳐요.

OX 퀴즈 기사를 읽고 설명이 맞으면 O, 틀리면 X 표시를 해 보세요.

- 미국 피닉스의 낮 최고 기온이 48℃를 기록한 적이 있어요. (　　)
- 설탕 가격과 기후 변화는 아무런 상관이 없어요. (　　)

낱말 고르기 기사를 읽고 다음 괄호 안에 들어갈 알맞은 말을 골라 보세요.

파나마는 극심한 가뭄 탓에 파나마 운하를 지나는 배의 (크기 , 종류)를 제한하기도 했어요. 운하의 깊이가 (깊어져 , 얕아져) 큰 배가 지나다닐 수 없게 됐거든요.

어휘 체크 기사의 문맥을 파악해 어휘와 뜻을 알맞게 연결해 보세요.

열대	•	•	느리고 무디어짐.
폭우	•	•	갑자기 세차게 쏟아지는 비.
둔화	•	•	선박 항행 등을 목적으로 육지를 파서 만든 인공 물길.
운하	•	•	일 년 평균 기온이 20℃ 이상인 지대.

한 줄 정리 괄호 안에 알맞은 말을 넣어 기사를 한 줄로 요약해 보세요.

인도에서 발생한 가뭄은 설탕 가격 (　　　　　)의 원인이 됐고, 폭염과 폭우 등으로 쌀 값도 비상이 걸리는 등 기후 변화로 물가가 오르는 (　　　　　　　　) 현상이 나타나고 있어요.

생각 쑥쑥 기사를 읽고 다음 질문에 대한 나의 생각을 써 보세요.

설탕값 상승 외에 기후 변화가 우리 생활에 미치는 영향에는 무엇이 있을까요?

한국이 석유 수출국이라고?

미리 보기 사전

산유국
자국의 영토와 영해에서 원유를 생산하는 나라를 말해요.

'우리나라는 기름 한 방울 나지 않는 나라'라는 말을 들어 봤을 거예요. 하지만 우리나라도 석유를 수출하고 있다는데, 그게 무슨 말일까요?

우리나라는 세계 95번째 '산유국'

한국은 석유와 가스를 15년간 생산한 산유국이에요. 1998년 울산 동쪽 대륙붕에서 시추를 시작해 2004년에 처음으로 석유를 생산했어요. 그리고 세계 95번째 산유국으로 이름을 올렸지요. 비록 우리나라가 필요로 하는 양의 2%에 불과한 아주 적은 양이지만, 우리 기술로 시추선을 만드는 능력을 확보했다는 것과 해외 원유 개발 사업의 발판이 되었다는 점에서 큰 의미가 있어요. 우리나라는 원유 매장량과 생산량이 너무 적어 세계 최대 글로벌 에너지 기업 BP의 보고서에는 산유국으로 따로 언급되어 있지는 않아요. 하지만 석유 제품 수출 순위는 세계 6위를 차지하고 있어요.

어떻게 석유 '수출국'이 되었나요?

우리나라는 세계적인 수준의 정유 시설을 갖추었어요. 값싼 원유를 수입한 뒤 이런 시설에서 값비싼 고급유로 만들어 수출하고 있어요. 한국의 석유 수출량은 2010년 기준 월평균 2,800만 배럴이에요. 중국과 동남아, 일본, 미국 등 50여 개국으로 수출하고 있지요. 특히 등유와 경유, 벙커시유 등 석유 제품 수출은 해마다 증가하고 있어요. 또 오일 정제 능력 순위는 미국, 중국, 러시아, 일본 다음으로 5위를 달리며 석유 수출 대국으로 자리 잡았죠. 원유는 거의 나지 않는데 수출을 많이 한다는 건 그만큼 한국의 정유 기술이 세계적 수준이라는 뜻이겠죠?

OX 퀴즈 기사를 읽고 설명이 맞으면 O, 틀리면 X 표시를 해 보세요.

- 한국은 세계 95번째 산유국으로 이름을 올렸어요. (   )
- 우리나라의 정유 시설은 다른 나라와 비교하면 미흡한 편이에요. (   )

낱말 고르기 기사를 읽고 다음 괄호 안에 들어갈 알맞은 말을 골라 보세요.

비록 우리나라가 필요로 하는 양의 2%에 불과한 아주 (많은   ,   적은   ) 양이지만, 우리 기술로 (시추선   ,   여객선   )을 만드는 능력을 확보했다는 것과 해외 원유 개발 사업의 발판이 되었다는 점에서 큰 의미가 있어요.

어휘 체크 기사의 문맥을 파악해 어휘와 뜻을 알맞게 연결해 보세요.

원유	땅속에서 뽑아낸, 정제하지 않은 그대로의 기름.
시추	석유나 동물 지방 등을 정제하는 일.
정유	지하자원 등을 탐사하려고 땅속 깊이 구멍을 파는 일.
배럴	영국과 미국에서 쓰는 부피의 단위. 1배럴은 163.5리터.

한 줄 정리 괄호 안에 알맞은 말을 넣어 기사를 한 줄로 요약해 보세요.

원유 매장량은 매우 적지만, 세계적인 수준의 정유 시설을 갖춘 한국은 15년째 석유를 생산하는 (   )이면서 수입한 원유를 정제하여 수출하는 세계 6위 석유 (   )이에요.

생각 쑥쑥 기사를 읽고 다음 질문에 대한 나의 생각을 써 보세요.

우리나라에 원유 매장량이 많았다면 얼마나 더 큰 강대국이 되었을까요? 상상해서 써 보세요.

2023 세계 최고 부자 1위는 일론 머스크

> **미리 보기 사전**
>
> **억만장자(billionaire)**
> 순자산이 10억 달러(약 1조 3,000억 원) 이상인 엄청난 부자를 가리키는 용어예요.

미국 경제지 〈블룸버그〉는 매일 실시간으로 전 세계 부자의 자산을 집계해 '억만장자 지수'를 공개하는데요, 2023년 세계 최고의 부자는 바로 일론 머스크였어요.

1년 만에 117조 원이 늘어났다고?

지난해 12월 11일 기준으로 일론 머스크 테슬라 최고경영자의 자산은 총 2,260억 달러로, 우리 돈으로는 297조 원이 넘는다고 해요. 머스크의 자산은 그가 운영하는 회사인 테슬라 주가에 따라 영향을 받아요. 그가 보유한 자산 가운데 3분의 2가 테슬라 지분이기 때문이지요. 테슬라 주가가 지난해 초 101달러까지 떨어졌다가 12월에 239달러까지 큰 폭으로 오르면서 머스크의 자산도 덩달아 늘어났죠. 2022년 말과 비교해 117조 원이나 늘어난 거예요!

세계 부자 TOP 5를 공개합니다

2위는 프랑스 명품 그룹 루이뷔통모에헤네시(LVMH)의 베르나르 아르노 회장이 차지했어요. 아르노 회장은 지난해 초 1위 자리를 두고 머스크와 엎치락뒤치락하기도 했지만, 명품 산업이 둔화하면서 순위가 떨어졌죠. 아르노 회장의 자산은 약 230조 원으로 추정돼요. 3위는 아마존 창업자 제프 베이조스(약 226조 원), 4위는 마이크로소프트 창업자 빌 게이츠(약 177조 원), 5위는 마이크로소프트 전 최고경영자 스티브 발머(약 169조 원)로 집계되었답니다. 보통 세계 부자 순위를 집계할 때 독재자나 왕실 구성원 등의 자산은 제외하고 있어요. 부자들의 자산 규모가 정말 '억!' 소리 나죠?

OX 퀴즈 기사를 읽고 설명이 맞으면 O, 틀리면 X 표시를 해 보세요.

- 부자들의 자산은 주가의 변화에 영향을 받지 않아요. (   )
- 세계 부자 순위를 집계할 때 독재자나 왕실 구성원은 제외하고 있어요. (   )

낱말 고르기 기사를 읽고 다음 괄호 안에 들어갈 알맞은 말을 골라 보세요.

테슬라 주가가 지난해 초 101달러까지 떨어졌다가 12월에 239달러까지 큰 폭으로 (떨어지면서 , 오르면서) 머스크의 자산도 덩달아 (줄어들었죠 , 늘어났죠).

어휘 체크 기사의 문맥을 파악해 어휘와 뜻을 알맞게 연결해 보세요.

자산	•	•	모아서 계산함.
집계	•	•	공유물이나 공유 재산을 공유자가 소유하는 몫.
추정	•	•	추측해서 판정함.
지분	•	•	개인이나 법인이 소유하는 경제적 가치가 있는 유형, 무형의 재산.

한 줄 정리 괄호 안에 알맞은 말을 넣어 기사를 한 줄로 요약해 보세요.

2023년 세계 최고의 부자 1위는 일론 머스크 테슬라 최고경영자로, 지난해 테슬라의 (   )가 크게 오르면서 머스크의 (   )도 덩달아 늘어났어요. 그의 자산은 총 2,260억 달러로 추정돼요.

생각 쑥쑥 기사를 읽고 다음 질문에 대한 나의 생각을 써 보세요.

여러분이 억만장자라면 돈을 어디에 사용하고 싶나요? 계획을 한번 세워 보세요.

엔화, 쌀 때 일단 사 두자!

> **미리 보기 사전**
>
> **엔저(¥低)**
> 일본 화폐인 엔화의 가치가 떨어지는 현상을 말해요.

지난해 역대급 '엔저' 현상이 이어지면서 엔화 예금이 11년 만에 최대폭으로 증가한 것으로 나타났어요. 엔화 환율이 떨어졌을 때 엔화를 사 두려는 사람들이 늘어났기 때문이에요. 사람들은 왜 엔화를 사 두려고 하는 것일까요?

쌀 때 사서 비쌀 때 팔자

지난해 11월 기준으로 엔화 예금은 1조 2,000억 엔에 육박했어요. 6,000억 엔에도 미치지 못했던 지난 4월과 비교하면 두 배 넘게 불어난 거예요. 엔화 예금이 급증한 가장 큰 원인은 엔화의 가치가 급격하게 떨어졌기 때문이에요. 원·엔 환율은 지난해 4월 100엔당 990원 정도였는데, 11월에는 약 856원까지 하락했거든요. 엔화 가치가 15년 10개월 만에 가장 낮은 수준으로 떨어지자 사람들은 엔화를 사려고 몰려들었어요. 나중에 엔화 가치가 올라가면 환차익으로 수익을 올릴 수 있기 때문이에요. 쉽게 말해 쌀 때 사 뒀다가 비쌀 때 팔겠다는 것이지요.

일본으로 여행을 가 볼까?

엔화 가치가 떨어지면서 우리나라 관광객의 일본 여행 수요가 늘었다는 점도 엔화 예금이 급증한 원인으로 꼽혀요. 일본 정부의 발표에 따르면 지난 10월 일본을 방문한 한국인 관광객은 코로나19 사태가 발생하기 직전보다 3배 이상 늘었어요. 일본을 방문한 외국인 중에서 한국인이 차지하는 비중이 1위였지요. 원·엔 환율이 떨어졌을 때 일본 여행을 가면 같은 돈으로 엔화를 더 많이 바꿀 수 있기 때문이에요. 이런 이유로 지난해 엔화 예금이 폭증한 거예요.

OX 퀴즈 기사를 읽고 설명이 맞으면 O, 틀리면 X 표시를 해 보세요.

- 엔화 예금이 11년 만에 최대폭으로 증가했어요. (   )
- 엔화 가치가 떨어지자 일본으로 여행 가는 사람이 줄어들었어요. (   )

낱말 고르기 기사를 읽고 다음 괄호 안에 들어갈 알맞은 말을 골라 보세요.

엔화 가치가 15년 10개월 만에 가장 낮은 수준으로 떨어지자 사람들은 엔화를 (팔려고   ,   사려고   ) 몰려들었어요. 나중에 엔화 가치가 (떨어지면   ,   올라가면   ) 수익을 올릴 수 있기 때문이에요.

어휘 체크 기사의 문맥을 파악해 어휘와 뜻을 알맞게 연결해 보세요.

엔화	•	•	은행에 돈을 맡기는 일.
예금	•	•	자기 나라 돈과 다른 나라 돈을 교환할 때 적용하는 비율.
환차익	•	•	엔을 화폐 단위로 하는 돈.
환율	•	•	환율이 변동하면서 발생하는 이익.

한 줄 정리 괄호 안에 알맞은 말을 넣어 기사를 한 줄로 요약해 보세요.

지난해 (   ) 현상이 이어지면서 엔화 예금이 11년 만에 최대폭으로 증가했고, 엔화 가치가 떨어지면서 우리나라 관광객의 일본 여행 수요도 늘어났어요.

생각 쑥쑥 기사를 읽고 다음 질문에 대한 나의 생각을 써 보세요.

반대로 엔화의 가치가 올라가면 상황은 어떻게 바뀔까요?

_____

_____

_____

누구나 '돌봄'을 받을 수 있는 시대

> **미리 보기 사전**
>
> **돌봄**
> 건강 여부와 별개로 건강한 생활을 유지하거나 증진하고, 건강 회복을 돕는 행위를 말해요.

 광주광역시의 대표적인 복지 정책이자 히트 상품인 '통합돌봄' 정책이 지난해 12월 중국 광저우에서 열린 '제6회 광저우 국제도시혁신상' 시상식에서 최고상을 받아 국제적으로 주목받고 있어요.

돌봄의 범위가 넓어졌어요

 보통 '돌봄'이라고 하면 사회적 약자나 어린이 혹은 고령자 등을 배려하고 경제적으로 지원하는 것을 말해요. 그런데 최근에는 스트레스성 우울증 등 마음 돌봄이 필요한 현대인이 많아지면서 그 범위가 넓어졌어요. 겉으로 건강해 보이는 성인도 마음을 들여다보면 상처 입고 정서적으로 괴로움을 호소하는 이가 많아졌기 때문이에요. 이렇듯 돌봄의 개념이 확장되면서 사회적으로 중요한 키워드가 됐어요.

'보편적 돌봄 시대'를 개척한 광주광역시

 이런 점에서 '이웃, 누구나, 관계, 협업'이라는 키워드로 운영한 광주광역시의 통합돌봄 정책은 매우 성공적이라는 평가를 받고 있어요. 광주시의 통합돌봄은 '제6회 광저우 국제도시혁신상' 시상식에서 전 세계 54개국 193개 도시의 우수 정책 330개 중 5개에 포함되며 최고상을 받은 데 이어, 광주시민이 선택한 2023년 최고의 정책으로도 뽑혔어요. 특정 대상자만 지원하고 스스로 신청한 사람에게만 지원하는 기존 돌봄 제도의 한계를 극복하고자 노력한 결과죠. 시민 누구나 돌봄이 필요한 정도에 따라 서비스를 받을 수 있는 '보편적 돌봄 시대'를 개척한 거예요.

OX 퀴즈 기사를 읽고 설명이 맞으면 O, 틀리면 X 표시를 해 보세요.

- 광주광역시의 통합돌봄 정책이 세계적으로 주목받고 있어요. (   )
- 최근에는 돌봄의 개념이 축소되고 있어요. (   )

낱말 고르기 기사를 읽고 다음 괄호 안에 들어갈 알맞은 말을 골라 보세요.

보통 '돌봄'이라고 하면 사회적 (약자 , 강자)나 어린이 혹은 고령자 등을 배려하고 경제적으로 지원하는 것을 말해요. 최근에는 스트레스성 우울증 등 마음 돌봄이 필요한 현대인이 (많아지면서 , 줄어들면서) 범위가 넓어졌어요.

어휘 체크 기사의 문맥을 파악해 어휘와 뜻을 알맞게 연결해 보세요.

호소	•	•	억울하거나 딱한 사정을 남에게 하소연함.
한계	•	•	새로운 영역 등을 처음으로 열어 나감.
보편적	•	•	사물이나 능력, 책임 등이 실제 작용할 수 있는 범위.
개척	•	•	모든 것에 두루 미치거나 통하는 것.

한 줄 정리 괄호 안에 알맞은 말을 넣어 기사를 한 줄로 요약해 보세요.

국제적으로 주목받은 광주광역시의 통합(   ) 정책은 특정 대상자만 지원하는 등 기존 돌봄 제도의 한계를 극복하고 '(   ) 돌봄 시대'를 개척한 모범 사례로 평가받고 있어요.

생각 쑥쑥 기사를 읽고 다음 질문에 대한 나의 생각을 써 보세요.

보편적 돌봄이 필요해진 이유를 적어 보세요.

_____
_____
_____

어휘 한눈에 보기

경제 기사에 등장한 한자어와 순우리말 어휘를 정리했어요. 한자처럼 보이지만 순우리말인 경우도 있고 순우리말처럼 보이는 말이 한자어인 경우도 있으니 꼼꼼하게 살펴보세요.

 경제 기사에서 눈여겨보면 좋을 한자어

운영
- 運 옮길 운
- 營 경영할 영

조직이나 기구, 사업체 등을 운용하고 경영함.

요구
- 要 요긴할, 허리 요
- 求 구할 구

받아야 할 것을 달라고 청함.

전략
- 戰 싸움 전
- 略 간략할, 다스릴 략(약)

경제 등 사회적 활동을 하는 데 필요한 일을 꾸미고 이루어 나가는 방법.

예상가
- 豫 미리 예
- 想 생각 상
- 價 값 가

미리 짐작한 가격.

경쟁
- 競 다툴 경
- 爭 다툴 쟁

같은 목적을 두고 이기거나 앞서려고 서로 겨룸.

극심
- 極 지극할 극
- 甚 심할 심

매우 심함.

지표
- 指 가리킬 지
- 標 표할 표

방향이나 목적, 기준 등을 나타내는 표지.

원금
- 元 으뜸 원
- 金 쇠 금

'본전'을 전문적으로 이르는 말.

보험료
- 保 지킬 보
- 險 험할 험
- 料 헤아릴 료(요)

보험에 가입한 사람이 보험자에게 내는 일정한 돈.

규모
- 規 법 규
- 模 본뜰, 모호할 모

사물이나 현상의 크기나 범위.

시중
- 市 시장 시
- 中 가운데 중

사람들이 생활하는 공개된 공간을 비유적으로 이르는 말.

공유
- 共 함께 공
- 有 있을 유

두 사람 이상이 한 물건을 공동으로 소유함.

가동
- 稼 심을 **가**
- 動 움직일 **동**

사람이나 기계 등이 움직여 일함.

급감
- 急 급할 **급**
- 減 덜 **감**

급작스럽게 줄어듦.

육박
- 肉 고기 **육**
- 薄 얇을 **박**

바싹 가까이 다가붙음.

증가
- 增 더할 **증**
- 加 더할 **가**

양이나 수치가 늘어남.

정책
- 政 정사, 칠 **정**
- 策 꾀, 채찍 **책**

정치적 목적을 실현하려는 방책.

확장
- 擴 넓힐 **확**
- 張 베풀 **장**

범위, 규모, 세력 등을 늘려서 넓힘.

경제 기사에서 눈여겨보면 좋을 순우리말

- **맞벌이** 부부가 모두 직업을 가지고 돈을 벎.
- **늘어나다** 본디보다 더 넉넉해지다.
- **집안일** 살림을 꾸려 나가면서 해야 하는 여러 가지 일.
- **꼼수** 쩨쩨한 수단이나 방법.
- **일삼다** 주로 좋지 않은 일을 계속해서 하다.
- **늘리다** 본디보다 커지거나 많아지게 하다.
- **접어들다** 일정한 때나 기간에 이르다.
- **빌리다** 남의 물건이나 돈을 도로 돌려주기로 약속하고 얼마 동안 쓰다.
- **치솟다** 위쪽으로 힘차게 솟다.
- **퍼지다** 어떤 물질이나 현상 등이 넓은 범위에 미치다.
- **골칫거리** 성가시거나 처리하기 어려운 일.
- **마냥** 언제까지나 줄곧.

올해의 단어는 '리즈(rizz)'랍니다

옥스퍼드 영어 사전   미리 보기 사전
영국 옥스퍼드대학교 출판부에서 출간하는 대표적인 영어 사전이에요.

옥스퍼드 영어 사전에서는 해마다 12월이면 '올해의 단어'를 선정하는데요, 2023년 올해의 단어는 바로 '리즈(rizz)'였어요. 영어권 기사 등에서 수집한 약 220억 개 단어를 분석한 결과라고 해요. 리즈는 대체 무슨 뜻일까요?

rizz가 무슨 뜻이에요?

'사람을 끌어당기는 매력'을 의미하는 리즈는 지난해 미국과 영국의 10~20대 사이에서 유행했어요. '카리스마'에서 파생된 신조어이며, 겉으로 드러나는 외모뿐만 아니라 숨은 매력을 갖고 있다는 뜻도 있어요. 이 단어는 미국의 인터넷 방송인 카이 세나트가 2021년 처음 사용한 것으로 알려져 있어요. 이 단어가 본격적으로 유행한 건 영화 〈스파이더맨〉에 출연한 배우 톰 홀랜드가 인터뷰에서 "나는 리즈가 전혀 없다."라고 말하면서부터예요. 이 인터뷰 영상은 그 후 젊은 세대 사이에 급속도로 퍼져 나갔고, 단어 사용량은 15배 가까이 늘었다고 해요.

언어의 유행과 변화 속도가 빨라졌다

2022년까지는 거의 사용되지 않던 단어가 갑자기 폭발적인 인기를 끈 이유는 SNS의 영향도 컸어요. 소셜 미디어가 발달하면서 언어의 유행과 변화 속도가 이전보다 더욱 빨라졌거든요. 캐스퍼 그래스월 옥스퍼드 영어 사전 대표는 "이 단어 자체에 사람을 끄는 매력(rizz)이 있다."라고 말하기도 했어요. 단어를 혀로 뱉을 때 생겨나는 즐거움이 있기 때문에 이렇게 많은 사람이 사용하는 유행어가 되었다는 것이죠. 리즈를 한번 발음해 보세요. 어때요? 즐거움이 느껴지나요?

OX 퀴즈 기사를 읽고 설명이 맞으면 O, 틀리면 X 표시를 해 보세요.

- 옥스퍼드 영어 사전에서는 해마다 12월이면 '올해의 단어'를 선정해요. (　　)
- '리즈'는 사람을 끌어당기는 매력을 뜻하는 신조어예요. (　　)

낱말 고르기 기사를 읽고 다음 괄호 안에 들어갈 알맞은 말을 골라 보세요.

2022년까지는 거의 사용되지 않던 단어가 갑자기 폭발적인 인기를 끈 이유는 SNS의 영향도 컸어요. 소셜 미디어가 발달하면서 (　언어　,　영화　)의 유행과 변화 속도가 이전보다 더욱 (　느려졌거든요　,　빨라졌거든요　).

어휘 체크 기사의 문맥을 파악해 어휘와 뜻을 알맞게 연결해 보세요.

선정	•	•	여럿 가운데서 가려서 정함.
수집	•	•	어떤 행동이나 생각, 물건 등이 많은 사람의 관심을 받아서 널리 퍼짐.
매력	•	•	사람의 마음을 사로잡아 끄는 힘.
유행	•	•	취미나 연구를 위하여 여러 가지 물건이나 재료를 모음.

한 줄 정리 괄호 안에 알맞은 말을 넣어 기사를 한 줄로 요약해 보세요.

옥스퍼드 영어 사전이 선정한 올해의 단어 '(　　　)'는 사람을 끌어당기는 매력을 뜻하며, 소셜 미디어의 영향으로 (　　　)의 유행과 변화 속도가 빨라지고 있어요.

생각 쑥쑥 기사를 읽고 다음 질문에 대한 나의 생각을 써 보세요.

내가 선정한 올해의 단어는 무엇인가요? 친구나 가족과 함께 상의해 보고 그 이유를 써 보세요.

미키 마우스, 마음껏 사용하세요

미리 보기 사전

퍼블릭 도메인
'자유 이용 저작물'이라는 뜻으로, 저작권이 만료되어 누구나 자유롭게 사용할 수 있게 된 저작물을 가리켜요.

월트디즈니의 대표 캐릭터인 미키 마우스 초기 버전의 저작권이 올해 새해 첫날 만료됐어요. 퍼블릭 도메인으로 전환되자마자 이 캐릭터를 활용한 공포영화의 예고편이 공개됐어요.

95년간 보호받은 미키 마우스

올해 1월 1일부로 미키 마우스 초기 버전인 〈증기선 윌리〉의 저작권이 만료되면서 누구나 이를 자유롭게 공유, 재사용, 각색할 수 있게 됐어요. 미국의 저작권법에 따르면 △개인 저작자가 사망한 지 70년 이후 △법인 저작물은 최초 발행 연도부터 95년 △저작물 창작 후 120년 중에서 가장 빨리 오는 시점에 저작권이 사라져요. 〈증기선 윌리〉(1928년)가 처음 나온 이후 95년이 지나면서 올해 저작권이 만료된 거예요. 하지만 이후 만들어진 다양한 미키 캐릭터는 여전히 디즈니에 저작권이 있어요.

미키 마우스를 활용한 공포영화의 탄생

〈증기선 윌리〉의 저작권이 풀리자마자 미키 마우스를 활용한 공포영화 〈미키스 마우스 트랩〉의 예고편이 공개됐어요. 〈증기선 윌리〉의 몇몇 장면이 삽입됐고, 가면을 쓴 미키 마우스가 기괴하게 비틀린 형상으로 등장해 큰 화제가 됐어요. 이에 앞서 저작권이 만료된 〈곰돌이 푸〉 역시 〈곰돌이 푸: 피와 꿀〉이라는 공포영화에 활용됐지만, 원작을 존중하지 않고 만든 B급 영화라는 비판을 받았어요. 원작 캐릭터 팬들은 "동심 파괴로만 주목받지 말고 독특한 재해석으로 재미도 잡는 작품이 많이 나오기를 바란다."라는 의견을 냈어요.

OX 퀴즈 기사를 읽고 설명이 맞으면 O, 틀리면 X 표시를 해 보세요.

- 퍼블릭 도메인은 누구나 사용할 수 있는 저작물을 말해요. (   )
- <증기선 윌리>는 70년간 저작권을 보호받았어요. (   )

낱말 고르기 기사를 읽고 다음 괄호 안에 들어갈 알맞은 말을 골라 보세요.

<증기선 윌리>(1928년)가 처음 나온 이후 (70년 , 95년)이 지나면서 올해 저작권이 만료됐어요. 하지만 이후 만들어진 다양한 미키 캐릭터는 여전히 디즈니에 (저작권 , 투표권)이 있어요.

어휘 체크 기사의 문맥을 파악해 어휘와 뜻을 알맞게 연결해 보세요.

만료	•	•	다른 방향이나 상태로 바뀌거나 바꿈.
전환	•	•	기한이 다 차서 끝남.
기괴하다	•	•	영화나 TV 프로그램 등을 홍보하려고 그 내용의 일부를 뽑아 모은 것.
예고편	•	•	외관이나 분위기가 괴상하고 기이하다.

한 줄 정리 괄호 안에 알맞은 말을 넣어 기사를 한 줄로 요약해 보세요.

올해 미키 마우스의 초기 버전 <증기선 윌리>의 저작권이 만료되어 (   )으로 전환됐고, 그 직후 <증기선 윌리>를 활용한 공포영화 <미키스 마우스 트랩>의 예고편이 공개됐어요.

생각 쑥쑥 기사를 읽고 다음 질문에 대한 나의 생각을 써 보세요.

저작권 보호 기간은 나라마다 달라요. 우리나라는 저작자 사망 후 70년까지 보호받는데, 이 기간이 적당하다고 생각하나요?

2024년은 지구촌 선거의 해!

미리 보기 사전

폴리코노미(policonomy)
정치가 경제를 휘두르는 현상을 의미해요. 정치를 의미하는 폴리틱스(politics)와 경제를 뜻하는 이코노미(economy)의 합성어예요.

올해는 전 세계 곳곳에서 무려 80회가 넘는 선거가 예정된 '지구촌 선거의 해'라고 할 수 있어요. 어떤 선거가 있는지 살펴볼까요?

40억 명이 투표소로 향해요

지난 1월에 치러진 대만 총통 선거를 시작으로 2월에는 인도네시아 대통령 선거와 총선, 3월에는 전쟁 중인 러시아와 우크라이나의 대선, 4월에는 우리나라의 제22대 국회의원 총선이 치러졌어요. 6월에는 유럽 연합(EU) 의회 선거, 9월에는 일본 자민당 총재 선거, 11월에는 세계 경제와 국제 질서에 큰 영향을 미치는 미국 대선도 실시될 예정이에요. 이 밖에도 멕시코, 방글라데시, 튀니지 등 세계 여러 나라에서 지방 선거와 전국 단위 선거가 줄을 잇고 있어요. 선거에 참여하는 유권자 수만 40억 명에 달할 것으로 보여요.

표심을 잡기 위한 공약은 NO

한편 여러 나라에서 선거를 치르면서 가짜 뉴스가 확산하는 등 사회 불안감이 커지고, 경제가 정치에 휘둘리는 폴리코노미 현상이 일어날 수도 있어서 주의가 필요해요. 실제로 2016년과 2020년 미국 대선에서는 SNS로 가짜 뉴스가 확산하면서 선거 결과에 영향을 미치기도 했어요. 또 선거를 치르는 주요 국가에서 국민의 표를 얻으려고 선심성 정책을 과도하게 내놓는다면 나라의 경제 성장은 물론, 세계 경제에도 부정적인 영향을 끼칠 수 있다고 우려하는 목소리도 나오고 있어요.

OX 퀴즈 기사를 읽고 설명이 맞으면 O, 틀리면 X 표시를 해 보세요.

- 우리나라의 제22대 국회의원 총선은 4월에 치러졌어요. (   )
- 올해 전 세계에서 선거에 참여하는 유권자 수는 40억 명 정도예요. (   )

낱말 고르기 기사를 읽고 다음 괄호 안에 들어갈 알맞은 말을 골라 보세요.

여러 나라에서 선거를 치르면서 가짜 뉴스가 확산하는 등 사회 (안정감 , 불안감)이 커지고, (경제 , 문화)가 정치에 휘둘리는 폴리코노미 현상이 일어날 수도 있어서 주의가 필요해요.

어휘 체크 기사의 문맥을 파악해 어휘와 뜻을 알맞게 연결해 보세요.

선거	•	•	대표자나 임원을 뽑는 일.
총선	•	•	국회 의원 전부를 한꺼번에 선출하는 선거.
유권자	•	•	선거할 권리를 가진 사람.
과도하다	•	•	정도에 지나치다.

한 줄 정리 괄호 안에 알맞은 말을 넣어 기사를 한 줄로 요약해 보세요.

2024년은 세계적으로 80회가 넘는 (   )가 예정된 '지구촌 선거의 해'인 만큼 선거 과정에서 가짜 뉴스가 확산하고 경제가 정치에 휘둘리는 (   ) 현상이 일어나는 등 사회 불안이 커질 것에 대비가 필요해요.

생각 쑥쑥 기사를 읽고 다음 질문에 대한 나의 생각을 써 보세요.

여러분이 학생회장 선거에 출마한다고 생각해 보세요. 어떤 공약을 내세우고 싶은가요?

_____

_____

_____

'airport' 말고 'aeroport'로 바꿔!

미리 보기 사전

투봉법(loi Toubon)
모국어에 자부심이 강한 프랑스가 1994년 공식 문서 등에 프랑스어만 사용해야 한다며 만든 자국어 보호법이에요. 당시 문화부 장관이었던 '자크 투봉(Jacques Toubon)'의 이름을 따 '투봉법'으로 불려요.

지난해 프랑스의 로렌 공항은 공항 표기를 'airport'에서 프랑스어 단어인 'aeroport'로 바꾸라는 법원 판결을 받았어요.

프랑스어 수호자들이 있는 한 'aeroport'로!

법원은 로렌 공항이 정부의 공식 문서나 광고, 상업 계약 등에서 프랑스어를 사용해야 한다고 규정한 '투봉법'을 어겼다고 판결했어요. 지방의 작은 공항인 로렌 공항은 공항을 영어로 표기하는 것이 사람들에게 더 익숙하

다고 판단해 2015년 'airport'로 바꿨지만 프랑스어 사용을 지지하는 '프랑스어 미래 협회'는 공항이 투봉법을 어겼다며 영어식 표기를 폐지해 달라고 소송을 제기했고, 이번 판결로 승소했어요.

영어 모르면 주문 못 하는 한국 카페

한편 서울 종로구 익선동의 한 카페는 메뉴판에 영어로만 적어서 누리꾼에게 큰 비난을 받았어요. 또 다른 카페는 미숫가루를 'M.S.G.R'로 표기했고요. 이에 무분별한 영어 사용이 사람들에게 혼란과 불편함을 준다는 지적이 나왔어요. 하지만 글로벌 시대에 영어를 사용하는 것은 문제없다는 의견도 있어요. 물론 한국어와 함께 사용한다면 말이에요. 지구상에 존재하는 6,000여 개 언어 중 2주에 하나씩 소멸한다고 해요. 이 추세라면 2100년 이전에 절반 이상이 사라질 거예요. 글로벌 시대에 발을 맞추는 동시에 모국어가 사라지지 않도록 노력하는 것도 중요한 일이에요.

OX 퀴즈 기사를 읽고 설명이 맞으면 O, 틀리면 X 표시를 해 보세요.

- '투봉법'은 공식 문서 등에 프랑스어만 사용해야 한다며 1994년에 만든 법이에요. (   )
- 프랑스 카페에서 미숫가루를 'M.S.G.R'로 표기했어요. (   )

낱말 고르기 기사를 읽고 다음 괄호 안에 들어갈 알맞은 말을 골라 보세요.

서울 종로구 익선동의 한 카페는 메뉴판에 (한국어 , 영어)로만 적어서 누리꾼에게 큰 (비난 , 환영)을 받았어요. 또 다른 카페는 미숫가루를 'M.S.G.R'로 표기했고요.

어휘 체크 기사의 문맥을 파악해 어휘와 뜻을 알맞게 연결해 보세요.

규정	•	•	실시해 오던 제도나 법규, 일 등을 없애거나 그만둠.
폐지	•	•	규칙으로 정함.
모국어	•	•	분별이 없음.
무분별	•	•	자기 나라의 말.

한 줄 정리 괄호 안에 알맞은 말을 넣어 기사를 한 줄로 요약해 보세요.

프랑스는 '(   )'을 어겼다며 로렌 공항에 'airport'를 프랑스어 '(   )'로 변경하라는 판결을 낸 반면, 서울 종로구 익선동의 한 카페는 메뉴판에 영어로만 적어서 큰 비난을 받았어요.

생각 쑥쑥 기사를 읽고 다음 질문에 대한 나의 생각을 써 보세요.

영어로만 적힌 카페나 식당의 메뉴판 등을 보면 여러분은 어떤 생각이 드나요?

분수에 던진 동전만 23억 원이래요

미리 보기 사전

트레비 분수
이탈리아 로마의 폴리 궁전 앞에 있는 분수인데, 세 갈래 길(Trevia)이 합류한다고 해서 붙여진 이름이에요.

이탈리아 로마를 대표하는 관광 명소인 '트레비 분수'에서 지난해 수거한 동전이 자그마치 '23억 원'에 달하는 것으로 나타났어요.

소원이 이루어진대요

트레비 분수 앞에 가면 전 세계에서 몰려든 관광객이 분수에 동전을 던지는 모습을 쉽게 볼 수 있어요. 그 이유는 트레비 분수를 등지고 서서 오른손으로 동전을 왼쪽 어깨 너머로 던지면 다시 로마에 올 수 있다는 속설 때문이에요. 동전을 두 번 던지면 연인과의 소원이 이루어지고, 세 번 던지면 힘든 소원도 이루어진다고 하니 솔깃하죠? 이 속설은 영화 〈로마의 휴일〉에서 주인공 오드리 헵번이 트레비 분수에 동전을 던지는 장면 덕분에 전 세계 사람들에게 알려졌답니다.

동전은 모두 자선 단체에 기부해요

이탈리아의 한 일간지에 따르면 트레비 분수에서 지난해 수거한 동전만 160만 유로(약 23억 원)에 달한다고 해요. 이는 2022년 최대치를 기록한 20억 원을 훌쩍 뛰어넘는 금액이에요. 로마시는 매주 3회 이 동전을 수거해 세척하고 분류해 가톨릭 자선 단체 카리타스에 기부한답니다. 카리타스는 약 6%에 해당하는 운영비를 제외하고 나머지 금액을 빈곤 가정과 알츠하이머 환자를 돕는 데 사용해요. 그리고 트레비 분수 바닥에는 동전 외에도 다양한 물건이 발견되는데요, 그중 가장 자주 발견되는 건 팔찌라고 해요. 동전을 던지다가 팔찌가 풀려서 분수에 빠지는 경우가 많기 때문이라니, 조심해야겠죠?

OX 퀴즈 기사를 읽고 설명이 맞으면 O, 틀리면 X 표시를 해 보세요.

- 트레비 분수는 두 갈래 길이 합류한다고 해서 붙여진 이름이에요. (　　)
- 트레비 분수에서 지난해 수거한 동전만 23억 원에 달해요. (　　)

낱말 고르기 기사를 읽고 다음 괄호 안에 들어갈 알맞은 말을 골라 보세요.

트레비 분수 앞에 가면 전 세계에서 몰려든 관광객이 분수에 (　동전　,　팔찌　)을/를 던지는 모습을 쉽게 볼 수 있어요. 그 이유는 트레비 분수를 등지고 서서 오른손으로 동전을 왼쪽 어깨 너머로 던지면 다시 로마에 올 수 있다는 (　속설　,　기사　) 때문이에요.

어휘 체크 기사의 문맥을 파악해 어휘와 뜻을 알맞게 연결해 보세요.

어휘	뜻
속설	세간에 전하여 내려오는 설이나 견해.
빈곤	거두어 감.
수거	가난하여 살기가 어려움.
알츠하이머	뇌 위축으로 기억력과 판단력이 감퇴하는 병.

한 줄 정리 괄호 안에 알맞은 말을 넣어 기사를 한 줄로 요약해 보세요.

로마의 (　　　　　　　　)에서 지난 한 해 동안 수거된 동전은 총 23억 원으로, 이 돈은 가톨릭 자선 단체 카리타스에 (　　　　　)되어 빈곤 가정과 알츠하이머 환자를 위해 쓰이고 있어요.

생각 쑥쑥 기사를 읽고 다음 질문에 대한 나의 생각을 써 보세요.

트레비 분수에 동전을 던진다면 몇 번 던지고 싶나요? 그 이유도 같이 써 보세요.

_____
_____
_____

푸바오, 우리랑 계속 살면 안 돼?

> **미리 보기 사전**
>
> **판다 외교**
> 중국이 다른 나라와 관계 발전을 위해 상대국에 판다를 보내는 외교 활동을 말해요. 1941년부터 시작됐어요.

전 국민의 사랑을 듬뿍 받던 판다 푸바오가 중국으로 돌아갔어요. 에버랜드의 마스코트라고 할 수 있는 푸바오는 왜 중국으로 돌아가야 했을까요?

푸바오 가족을 소개합니다!

2014년 중국의 '판다 외교' 정책으로 러바오와 아이바오가 한국에 왔어요. 그리고 2020년 그 둘 사이에서 푸바오가 태어났지요. 푸바오는 대한민국 최초로 자연 번식으로 태어난 판다예요. 지난해엔 쌍둥이 판다 자매 루이바오와 후이바오까지 태어나면서 대가족이 됐어요. 푸바오가 국민에게 엄청난 사랑을 받기 시작한 것은 '푸바오 할아버지'로 불리는 강철원 사육사와 함께 지내는 다양한 영상이 공개되면서부터였어요.

번식 활동을 위해 돌아간 푸바오

그런데 푸바오가 중국으로 돌아갔어요. 판다 외교로 각국에 임대된 판다와 그 새끼는 번식 활동을 위해 만 4세가 되기 전에 중국으로 반환해야 하거든요. 다른 나라의 경우도 마찬가지예요. 영국의 톈톈과 양광, 일본의 샹샹과 프랑스의 위안멍 등 지난해에만 판다 13마리가 중국으로 돌아갔다고 해요. 올해 초 푸바오와 이별을 앞둔 강철원 사육사는 이런 내용으로 편지를 써서 많은 국민을 울리기도 했어요. "네가 열 살, 스무 살이 돼도 넌 할아버지의 영원한 아기 판다라는 걸 잊지 말길." 푸바오는 떠났지만 여전히 많은 국민들이 푸바오를 그리워하고 있어요.

OX 퀴즈 기사를 읽고 설명이 맞으면 O, 틀리면 X 표시를 해 보세요.

- 푸바오는 중국에서 태어나 우리나라로 온 판다예요. (   )
- 에버랜드에 있는 판다는 모두 5마리예요. (   )

낱말 고르기 기사를 읽고 다음 괄호 안에 들어갈 알맞은 말을 골라 보세요.

2014년 (중국   ,   미국   )의 '판다 외교' 정책으로 러바오와 아이바오가 한국에 왔어요. 그리고 2020년 그 둘 사이에서 푸바오가 태어났어요. 푸바오는 대한민국 최초로 (자연   ,   인공   ) 번식으로 태어난 판다예요.

어휘 체크 기사의 문맥을 파악해 어휘와 뜻을 알맞게 연결해 보세요.

외교	•	•	다른 나라와 정치적·경제적·문화적 관계를 맺는 일.
번식	•	•	붇고 늘어서 많이 퍼짐.
반환	•	•	서로 떨어짐.
이별	•	•	빌리거나 차지했던 것을 되돌려줌.

한 줄 정리 괄호 안에 알맞은 말을 넣어 기사를 한 줄로 요약해 보세요.

(   )로 각국에 임대된 판다와 그 새끼는 (   ) 활동을 위해 만 4세가 되기 전에 중국으로 돌아가야 하기 때문에 한국에서 태어난 푸바오도 중국으로 돌아갔어요.

생각 쑥쑥 기사를 읽고 다음 질문에 대한 나의 생각을 써 보세요.

중국으로 돌아간 푸바오에게 마음을 담은 편지를 써 보세요.

_____
_____
_____

AI 창작물, 저작권 인정 못 해!

> **미리 보기 사전**
>
> **저작권**
> 글, 그림, 영화, 음악, 사진 등 창작물을 만든 사람이 가지는 권리를 말해요.

2022년 9월 미국 작가가 인공지능(AI)으로 만든 만화 『새벽의 자랴(Zarya of the Dawn)』가 저작권을 인정받으며 큰 화제가 된 적이 있어요. 그런데 미 저작권청은 불과 5개월 만에 입장을 바꿔 AI가 그린 작품은 저작권을 보호받을 수 없다고 판단했어요. 이유가 뭘까요?

저작권은 인간에게만 적용돼요

『새벽의 자랴』는 황폐해진 지구에서 갑자기 깨어난 여성의 이야기를 다룬 작품인데, 미국 작가 크리스티나 카슈타노바가 글을 쓰고 AI가 그림을 그린 만화예요. 그러니까 인간과 AI가 함께 만든 창작물이지요. 미 저작권청은 처음에는 이 작품의 저작권을 인정했다가, 5개월 후에 작품의 저작권은 인간 작가에게만 적용된다는 판단을 내렸어요. AI가 그린 그림 자체에는 저작권이 없다고 판단한 거예요.

우리나라도 미국과 마찬가지예요

우리나라도 미국과 마찬가지로 지난해 말 저작권 등록 관련 규정을 개정하면서 인공지능이 만든 창작물은 저작권 등록을 할 수 없다는 내용을 명시했어요. 단, 인간과 AI가 함께 작업한 경우 인간 행위의 결과라는 점이 명확한 부분에만 제한적으로 저작권을 인정하겠다고 밝혔어요. 하지만 AI를 이용한 이미지 생성 프로그램으로 작업하는 사람이 많아지면서 이런 창작물도 보호받을 장치가 필요하다는 의견도 있어요. AI 프로그램을 사용하더라도 어떤 명령어를 넣느냐에 따라 완전히 다른 결과가 나오기 때문이에요. 과연 AI 창작물의 저작권이 인정받는 날이 올까요?

OX 퀴즈 기사를 읽고 설명이 맞으면 O, 틀리면 X 표시를 해 보세요.

- 『새벽의 자랴』는 인간 작가가 혼자 그린 만화예요. (   )
- AI가 만든 창작물은 모두 저작권을 인정받게 됐어요. (   )

낱말 고르기 기사를 읽고 다음 괄호 안에 들어갈 알맞은 말을 골라 보세요.

미 저작권청은 처음에는 『새벽의 자랴』의 (저작권 , 예술성)을 인정했다가, 5개월 후에 작품의 저작권은 (인간 , AI) 작가에게만 적용된다는 판단을 내렸어요.

어휘 체크 기사의 문맥을 파악해 어휘와 뜻을 알맞게 연결해 보세요.

판단	•	•	다른 사람에게 당연히 요구할 수 있는 힘이나 자격.
적용	•	•	어떤 논리나 기준에 따라 판정을 내림.
생성	•	•	알맞게 이용하거나 맞추어 씀.
권리	•	•	사물이 생겨남.

한 줄 정리 괄호 안에 알맞은 말을 넣어 기사를 한 줄로 요약해 보세요.

미 저작권청은 미국 작가와 AI가 함께 만든 만화 『새벽의 자랴』의 (   )에 관해 인간 작가에게만 적용된다는 판단을 내렸어요.

생각 쑥쑥 기사를 읽고 다음 질문에 대한 나의 생각을 써 보세요.

AI가 만든 창작물의 저작권을 인정하거나 반대한다면 그 이유는 무엇인가요?

만리장성이 싹둑 잘려 나갔어요

미리 보기 사전

문화유산
조상의 문화 중에서 후손에게 물려줄 만한 가치가 있는 것을 말해요. 문화유산을 살펴보면 조상의 생활 방식이나 생각 등을 알 수 있어요.

지난해 중국에서는 만리장성이 차량 두 대가 지나갈 수 있는 너비로 끊기는 일이 발생했어요. 또 1,400년 된 고대 불상이 페인트로 뒤덮이는 일도 있었어요. 도대체 누가, 왜 이런 짓을 벌였을까요?

공사를 편하게 하려고 만리장성을 싹둑

만리장성은 중국의 역대 왕조가 이민족의 침입을 막으려고 쌓은 성이에요. 길이가 2,700km나 되는, 중국의 대표적인 문화유산이지요. 그런데 최근 중국 만리장성의 중간 부분에 해당하는 서북부 산시성 구간이 대형 굴착기로 훼손되었어요. 만리장성을 훼손한 이는 근처 공사장 인부들이었어요. 공사장까지 차량을 쉽게 이동하느라 만리장성을 부수고 지름길을 낸 거예요. 또 현지 주민들은 성벽에서 돌을 빼내 건축자재로 쓰거나 판매하기도 한대요.

문화유산 훼손 범죄가 잇따르고 있어요

한편 중국 쓰촨성의 한 마을에 있는 1,400년 된 고대 불상은 최근 그 모습이 완전히 바뀌었어요. 누군가 이 불상에 페인트를 칠해 알록달록한 옷을 입히고, 세월의 흔적으로 사라졌던 표정까지 그려 넣은 거예요. 중국 남서부 지역에 불교가 들어왔음을 나타내는 역사적 가치를 지닌 문화유산에 페인트칠을 한 사람은 다름 아닌 마을 주민들이었어요. 이들은 불상이 소원을 들어줘 감사한 마음을 표현하려고 페인트를 칠했다고 밝혔어요. 최근 중국에서는 이와 같은 문화재 훼손 범죄가 잇따르면서 이를 막고자 홍보 영상을 제작하는 등 대응책을 마련하느라 분주한 모습이에요.

OX 퀴즈 기사를 읽고 설명이 맞으면 O, 틀리면 X 표시를 해 보세요.

- 만리장성은 이민족의 침입을 막으려고 쌓은 성이에요. (   )
- 만리장성은 한 번도 훼손된 적이 없어요. (   )

낱말 고르기 기사를 읽고 다음 괄호 안에 들어갈 알맞은 말을 골라 보세요.

만리장성은 중국의 역대 왕조가 이민족의 침입을 막으려고 쌓은 성이에요. 길이가 2,700km나 되는, 중국의 대표적인 (문화유산   ,   고층 건물   )이지요.

어휘 체크 기사의 문맥을 파악해 어휘와 뜻을 알맞게 연결해 보세요.

조상 •	• 헐거나 깨뜨려 못 쓰게 만듦.
후손 •	• 한 세대에서 여러 세대가 지난 뒤의 자녀를 통틀어 이르는 말.
이민족 •	• 언어, 풍습 등이 다른 민족.
훼손 •	• 자기 세대 이전의 모든 세대.

한 줄 정리 괄호 안에 알맞은 말을 넣어 기사를 한 줄로 요약해 보세요.

최근 중국에서 지름길을 내려고 만리장성을 부수고, 고마움을 표현한다면서 1,400년 된 고대 불상에 페인트를 칠하는 등 (   ) 훼손 범죄가 자주 발생하고 있어요.

생각 쑥쑥 기사를 읽고 다음 질문에 대한 나의 생각을 써 보세요.

문화재 보존 홍보 영상물을 만들려고 해요. 어떤 내용이 담기면 좋을지 생각해 보세요.

_____

_____

_____

'한강의 기적'이 왜 우크라이나에서 나와?

> **미리 보기 사전**
>
> **한강의 기적**
> 6·25전쟁 이후 불과 30년 만에 이루어 낸 대한민국의 경제 성장을 가리키는 말이에요.

러시아와 전쟁 이후 국가 재건을 꿈꾸는 우크라이나가 한국의 발전상을 담은 세계 지리 교과서 4종을 발간했어요. 우크라이나의 교과서에 한국에 관한 내용이 포함된 건 이번이 처음이라고 하는데, 어떤 내용이 담겼는지 살펴볼까요?

교과서에 무슨 내용이 실렸을까?

지난해 5월 우크라이나에서 발간한 세계 지리 10학년(한국의 고등학교 2학년에 해당) 교과서에는 한국을 6~9쪽 분량으로 따로 소개하고 있어요. 2022년 우크라이나 교육과학부가 교과과정에 한국의 발전상을 포함하도록 한 지침을 반영한 거예요. 교과서에는 한국의 위치와 크기, 주요 도시, 남북 관계, 저출산 문제는 물론, 한국의 전례 없는 빠른 경제 성장에 관한 내용도 자세하게 기술되어 있답니다.

우크라이나가 주목한 '한강의 기적'

과거 우리나라는 지금의 우크라이나와 비슷한 상황이었어요. 6·25전쟁 이후 미국의 원조를 받아 겨우 나라의 경제를 유지하던 우리나라는 경제 성장을 위해 1962년부터 '경제 개발 5개년 계획'을 추진했어요. 그사이 수출을 늘리고 정유와 조선, 자동차 산업 등을 차근차근 성장시켰죠. 국민은 독일과 중동 지역으로 가서 외화를 벌어들이기도 했고요. 이렇게 정부와 국민이 함께 노력한 끝에 우리나라는 눈부신 경제 성장을 이루어 냈답니다. 전쟁으로 큰 아픔을 겪는 우크라이나가 '한강의 기적'에 주목한 건 어찌 보면 당연한 일이겠죠?

OX 퀴즈 기사를 읽고 설명이 맞으면 O, 틀리면 X 표시를 해 보세요.

- 우크라이나의 교과서에 한국에 관한 내용이 포함된 것은 이번이 두 번째예요. (   )
- '한강의 기적'은 6·25전쟁 이후 대한민국의 경제 성장을 가리키는 말이에요. (   )

낱말 고르기 기사를 읽고 다음 괄호 안에 들어갈 알맞은 말을 골라 보세요.

우리나라는 경제 성장을 위해 1962년부터 '경제 개발 5개년 계획'을 (추진 , 중단) 했어요. 그 사이 (수입 , 수출)을 늘리고 정유와 조선, 자동차 산업 등을 차근차근 성장시켰죠.

어휘 체크 기사의 문맥을 파악해 어휘와 뜻을 알맞게 연결해 보세요.

발간	•	•	책, 신문, 잡지 등을 만들어 냄.
기술	•	•	허물어진 건물이나 나라 등을 다시 일으켜 세움.
전례	•	•	특정한 일이나 사건이 이전에 일어난 예.
재건	•	•	어떤 내용을 있는 그대로 기록함.

한 줄 정리 괄호 안에 알맞은 말을 넣어 기사를 한 줄로 요약해 보세요.

지난해 5월 우크라이나에서 발간한 세계 지리 교과서에는 '한강의 (   )'이라 불리는 한국의 전례 없는 빠른 경제 성장에 관한 내용이 자세하게 기술되었어요.

생각 쑥쑥 기사를 읽고 다음 질문에 대한 나의 생각을 써 보세요.

'우크라이나의 기적'을 이뤄내기 위한 방법은 어떤 것이 있을까요?

73

세상에! 핑크 악어가 태어났다고?

미리보기 사전

백변종
선천적으로 색소 세포가 부족해 동물의 피부나 털, 눈 등이 흰색이나 우윳빛 등으로 나타나는 돌연변이 증상을 말해요.

미국 플로리다주에 있는 악어 공원 '게이터랜드'에서 피부가 분홍색인 악어가 태어났어요. 이 악어가 분홍색인 이유는 몸에 색소가 없기 때문이라고 해요. 이 희귀 악어에 관해 좀 더 자세히 알아볼까요?

백변종이 뭐예요?

지난해 12월 게이터랜드에서 태어난 이 악어는 무게 96g, 길이 48.7cm이며, 백변종을 가지고 있어요. 백변종은 일반적으로 알비노라고 알려진 백색증과는 좀 달라요. 백색증은 신체에서 색소가 완전히 사라져 눈까지 붉은색으로 나타나지만, 백변종은 눈의 색소나 몸의 무늬는 남아 있어 눈이 원래 색을 유지하거나 파란색을 띠지요. 이번에 태어난 백변종 악어는 알비노 악어보다 희귀한 종인데, 전 세계에 7마리밖에 보고되지 않았다고 하네요.

36년 만에 태어난 분홍 악어

백변종 악어가 태어난 건 미국 루이지애나 늪지대에서 백변종 악어 둥지가 발견된 이후 36년 만이라고 해요. 사육 환경에서 태어난 건 이번이 처음이고요. 백변종 악어는 햇볕에 매우 민감해서 아직 대중에게는 공개되지 않았어요. 악어의 건강 상태와 발육 과정을 세밀히 지켜본 뒤 공개할 계획이라고 해요. 게이터랜드 측은 "앞으로도 이런 희귀한 악어의 개체를 유지하도록 잘 보존하고 번식에도 힘쓸 것"이라고 밝혔어요. 한편 게이터랜드는 악어의 탄생을 축하하려고 분홍 악어의 이름을 공모했고, '미스틱'으로 정해졌다고 해요.

OX 퀴즈 기사를 읽고 설명이 맞으면 O, 틀리면 X 표시를 해 보세요.

- 악어가 분홍색인 이유는 몸에 색소가 없기 때문이에요. (   )
- 백변종 악어는 36년 만에 태어났어요. (   )

낱말 고르기 기사를 읽고 다음 괄호 안에 들어갈 알맞은 말을 골라 보세요.

백색종은 신체에서 색소가 완전히 사라져 눈까지 (푸른색 , 붉은색)으로 나타나지만, 백변종은 (눈 , 털)의 색소나 몸의 무늬는 남아 있어 눈이 원래 색을 유지하거나 파란색을 띠지요.

어휘 체크 기사의 문맥을 파악해 어휘와 뜻을 알맞게 연결해 보세요.

선천적	어버이의 계통에 없던 새로운 형질이 나타나는 유전 특성.
색소	물체의 색깔이 나타나도록 해 주는 성분.
희귀	드물어서 특이하거나 매우 귀함.
돌연변이	태어날 때부터 지니고 있는 것.

한 줄 정리 괄호 안에 알맞은 말을 넣어 기사를 한 줄로 요약해 보세요.

지난해 미국 플로리다주 악어 공원에서 태어난 분홍색 악어는 선천적으로 색소 세포가 부족해 몸이 분홍색으로 보이는 (   )을 가지고 있어요.

생각 쑥쑥 기사를 읽고 다음 질문에 대한 나의 생각을 써 보세요.

여러분은 귀여운 분홍 악어에게 어떤 별명을 지어 주고 싶은가요?

75

옥스퍼드가 K문화를 업데이트했어요

표제어
사전의 표제 항목에 넣어 알기 쉽게 풀이해 놓은 말이에요.

미리 보기 사전

오빠, 언니, 삼겹살, 치맥, 대박 등 한국어에서 나온 새 영어 표제어가 영국 옥스퍼드 영어 사전에 새로 올랐어요. 이제 "오빠(oppa), 김밥(kimbap), 대박(daebak)!"이라고 말하면 영어권 사람들도 그 뜻을 이해할 수 있을 거예요.

"오빠(oppa), 김밥(kimbap), 대박(daebak)!"

2013년까지만 해도 옥스퍼드 영어 사전의 21만 8,600여 개 표제어 중 한국어 유래 단어는 '한글(hangeul)과 태권도(taekwondo), 김치(kimchi)' 등 10여 개에 불과했어요. 그런데 2021년에만 한국어 26개가 새로 등재되었답니다. 2021년 추가된 단어 중에는 반찬, 불고기, 치맥, 동치미, 갈비, 잡채, 김밥, 삼겹살 등 음식과 관련된 단어가 많아요. 이 외에도 애교, 대박, 한류, K드라마, 오빠, 언니 등이 등재되었어요.

한류가 영어 어휘에 영향을 미치고 있어요

이 중에서 단어 몇 개만 살펴볼까요? 대박(daebak)은 '영어에서 판타스틱, 어메이징과 같이 열정적인 긍정을 표현하는 감탄사'로 소개됐고, 김밥(kimbap)은 '밥과 다른 재료가 김 한 장에 싸여서 먹기 좋은 크기로 썰어 놓은 한국 음식'이라고 설명했어요. 옥스퍼드 출판부는 "1990년대 동아시아와 동남아시아에서 시작된 한류가 현재 세계적으로 큰 인기를 끌면서 한국어가 현대 영어 어휘에 영향을 미치고 있다."라며 한국어 단어가 사전에 올라간 배경을 밝혔어요. 영화 〈기생충〉과 드라마 〈오징어 게임〉, 가수 BTS 등 한류 문화의 영향으로 한국어가 전 세계 영어 사용자에게 많이 노출되며 나타난 현상인 셈이에요.

OX 퀴즈 기사를 읽고 설명이 맞으면 O, 틀리면 X 표시를 해 보세요.
- 대박(daebak)은 2013년에 옥스퍼드 영어 사전에 등재되었어요. (   )
- 한국 문화가 세계적으로 인기를 끌면서 한국어 유래 단어가 늘어나고 있어요. (   )

낱말 고르기 기사를 읽고 다음 괄호 안에 들어갈 알맞은 말을 골라 보세요.

옥스퍼드 출판부는 "1990년대 동아시아와 동남아시아에서 시작된 한류가 (현재 , 과거) 세계적으로 큰 인기를 끌면서 한국어가 현대 영어 (어휘 , 발음)에 영향을 미치고 있다."라며 한국어 단어가 사전에 올라간 배경을 밝혔어요.

어휘 체크 기사의 문맥을 파악해 어휘와 뜻을 알맞게 연결해 보세요.

업데이트	•	•	정보를 최신 것으로 바꾸는 일.
등재	•	•	일정한 범위 안에서 쓰이는 단어의 수효.
추가	•	•	나중에 더 보탬.
어휘	•	•	서적이나 잡지 등에 실음.

한 줄 정리 괄호 안에 알맞은 말을 넣어 기사를 한 줄로 요약해 보세요.

음악과 영화, 음식 등 전 세계로 퍼져 나가는 (   ) 문화의 영향으로 한국어가 현대 영어 어휘에 영향을 미치고 있어요.

생각 쑥쑥 기사를 읽고 다음 질문에 대한 나의 생각을 써 보세요.

외국인에게 알려 주고 싶은 한국어가 있나요? 있다면 이유도 함께 적어 보세요.

_____
_____
_____
_____

엄마, 나도 프로게이머가 될래요!

> **미리 보기 사전**
> **리그 오브 레전드(league of legend)**
> 전 세계에서 엄청난 인기를 끌고 있는 온라인 배틀 게임이에요. 인터넷상에서는 주로 '롤(LOL)'이라고 불려요.

매년 개최하는 세계 최대 규모의 e스포츠 대회인 '리그 오브 레전드 월드 챔피언십'은 젊은 세대에게 월드컵만큼 인기가 높아서 '롤드컵'이라고도 불려요. 이 대회 결승전이 5년 만에 서울의 고척스카이돔에서 열렸어요.

2023 롤드컵 우승 팀은 한국의 T1

결승전에서는 한국의 유명 선수 '페이커'가 있는 T1과 중국의 웨이보 게이밍 팀이 맞붙었어요. 이 경기를 보려고 전 세계 팬들이 몰렸고, 예매 시작 10분 만에 1만 8,000석이 매진되었답니다. 경기장뿐만 아니라 영화관, 광화문광장 등에서도 응원전이 펼쳐졌고, 유튜브 생중계 동시 접속자 수는 1억 명을 돌파했어요. 엄청난 열기 속에서 치러진 이번 결승전에서 한국 팀이 중국 팀을 3:0으로 꺾고 우승을 차지했답니다.

프로게이머의 연봉은 얼마?

롤드컵을 제패한 T1의 '페이커' 이상혁은 이미 2013년과 2015년, 2016년 롤드컵에서 우승컵을 들어 올렸어요. 이번 우승까지 합하면 네 번이나 챔피언 자리에 오른 거예요. 결승전 최우수선수에는 '제우스' 최우제가 선정됐어요. 이제 게임도 어엿한 스포츠로 인정받고 있어요. 지난 항저우 아시안게임 때는 '리그 오브 레전드'뿐만 아니라 다양한 게임이 정식 종목으로 채택되기도 했죠. 프로게이머가 받는 연봉도 엄청나답니다. 정확한 금액이 공개된 적은 없지만, 최우제 선수의 연봉은 5억 원, 수차례 우승한 이상혁 선수는 75억 원으로 알려져 있어요. 정말 입이 떡 벌어지죠?

OX 퀴즈 기사를 읽고 설명이 맞으면 O, 틀리면 X 표시를 해 보세요.

- 지난해 리그 오브 레전드 월드 챔피언십에서 한국 팀이 우승했어요. (   )
- 리그 오브 레전드는 항저우 아시안게임에서 정식 종목으로 채택되었어요. (   )

낱말 고르기 기사를 읽고 다음 괄호 안에 들어갈 알맞은 말을 골라 보세요.

이제 게임도 어엿한 스포츠로 (인정   ,   무시   )받고 있어요. 지난 항저우 아시안게임 때는 '리그 오브 레전드'뿐만 아니라 다양한 게임이 (정식   ,   시범   ) 종목으로 채택되기도 했죠.

어휘 체크 기사의 문맥을 파악해 어휘와 뜻을 알맞게 연결해 보세요.

매진	•	•	경기에서 우승함.
제패	•	•	하나도 남지 아니하고 모두 다 팔려 동이 남.
연봉	•	•	일 년 동안 받는 봉급의 총액.
채택	•	•	어떤 작품이나 의견, 제도 등을 골라서 뽑아 씀.

한 줄 정리 괄호 안에 알맞은 말을 넣어 기사를 한 줄로 요약해 보세요.

세계 최대 e스포츠 대회인 '리그 오브 레전드 월드 챔피언십'에서 한국의 T1 팀이 우승을 차지했어요. 이제 (   )도 어엿한 스포츠로 인정받고 있어요.

생각 쑥쑥 기사를 읽고 다음 질문에 대한 나의 생각을 써 보세요.

여러분이 프로게이머가 된다면 어떤 게임의 선수로 활동하고 싶은지 적어 보세요.

내가 주운 돌이 다이아몬드라니!

> **미리 보기 사전**
>
> **다이아몬드**
> 탄소 하나만으로 이루어진 원소 광물이에요. 다이아몬드의 어원은 '길들일 수 없는, 무적의'라는 뜻을 지닌 그리스어 아다만티움(Adamantium)에서 유래했어요.

지난해 12월 미국 아칸소주 '다이아몬드 분화구 주립공원'에서 한 남성이 작고 반짝이는 돌을 하나 주웠는데, 알고 보니 그게 다이아몬드였대요!

이게 다이아몬드라고요?

아칸소 레판토 주민인 제리 에번스는 지난봄 친구와 함께 다이아몬드 분화구 주립공원을 처음으로 방문했어요. 그는 공원에서 작고 투명한 돌 조각을 발견해 주웠고, 다른 돌과 함께 주머니에 넣고 집에 돌아갔어요. 이후 그는 이 반짝이는 돌 조각이 어쩌면 보석일 수 있겠다고 생각해 이 돌을 보석 연구소로 보냈어요. 감정 결과 이 돌은 4.87캐럿짜리 진짜 다이아몬드였어요. 행운의 주인공이 된 그는 다시 주립공원을 방문해 이곳에서 발견한 다이아몬드를 공식 등록했다고 해요.

주운 사람이 임자

공원 측의 설명에 따르면 지난해 이곳을 방문한 사람이 발견한 다이아몬드만 해도 총 798개, 125캐럿이 넘는다고 해요. 에번스가 주운 다이아몬드는 2020년 이후 이 공원에서 발견된 다이아몬드 중에서 가장 크다고 하네요. 1972년 주립공원으로 지정된 이 지역은 세계에서 여덟째로 큰 다이아몬드 화산 분화구예요. 독특한 지질학적 특성 때문에 다이아몬드 외에도 자수정과 석류석 등 보석이 발견되고 있죠. 입장료를 내고 들어온 방문객이라면 누구나 공원에서 주운 보석을 가져갈 수 있어요.

OX 퀴즈 기사를 읽고 설명이 맞으면 O, 틀리면 X 표시를 해 보세요.

- 제리 에번스는 주립공원에서 다이아몬드를 주웠어요. (   )
- 다이아몬드 분화구 주립공원에서 주운 보석은 다시 돌려줘야 해요. (   )

낱말 고르기 기사를 읽고 다음 괄호 안에 들어갈 알맞은 말을 골라 보세요.

공원 측의 설명에 따르면 지난해 이곳을 방문한 사람이 발견한 (다이아몬드 , 황금) 만 해도 총 798개, 125캐럿이 넘는다고 해요. 에번스가 주운 다이아몬드는 2020년 이후 이 공원에서 발견된 다이아몬드 중에서 가장 (크다고 , 작다고) 하네요.

어휘 체크 기사의 문맥을 파악해 어휘와 뜻을 알맞게 연결해 보세요.

어원	용암과 화산 가스 등을 땅 위로 내뿜는 구멍.
분화구	어떤 말이 생겨난 근원.
감정	무게의 단위. 보석의 무게를 잴 때 쓴다.
캐럿	사물의 특성이나 참과 거짓, 좋고 나쁨을 감별하여 결정함.

한 줄 정리 괄호 안에 알맞은 말을 넣어 기사를 한 줄로 요약해 보세요.

미국 아칸소주의 다이아몬드 (   ) 주립공원에서 한 남성이 4.87(   ) 짜리 다이아몬드를 발견했어요. 입장료를 내고 들어온 방문객은 누구나 이 공원에서 주운 보석을 가져갈 수 있다고 해요.

생각 쑥쑥 기사를 읽고 다음 질문에 대한 나의 생각을 써 보세요.

여러분이 이 공원에 방문해 다이아몬드를 발견한다면, 그 다이아몬드를 어떻게 활용할 건가요?

하마스는 왜 미사일을 쏜 걸까요?

> **미리 보기 사전**
>
> **하마스**
> 1987년에 설립된 팔레스타인의 대표적인 무장 단체예요. 이스라엘에 지속적으로 테러 활동을 해서 국제 사회에서 강한 비판을 받고 있어요.

지난해 10월 7일 하마스는 이스라엘을 기습 공격했어요. 이에 이스라엘은 보복으로 팔레스타인 가자지구를 무차별 폭격했어요. 이 전쟁으로 수많은 민간인이 목숨을 잃었어요.

이스라엘과 팔레스타인은 왜 싸울까

이스라엘과 팔레스타인의 갈등은 75년 전으로 거슬러 올라가요. 원래 이 지역은 영국이 점령하고 있었는데, 제1차 세계대전을 치르는 과정에서 영국은 이스라엘과 팔레스타인 모두에게 독립을 약속하는 선언을 했어요. 하지만 전쟁 후 영국은 이를 정리하지 않은 채 쏙 빠져나갔고, 이스라엘과 팔레스타인은 같은 땅을 두고 서로 대립했어요. 결국 1948년 제1차 중동 전쟁이 발발했고, 이 전쟁에서 승리한 이스라엘은 독립 국가로 인정받았지만, 그렇지 못한 팔레스타인과의 분쟁은 지금까지 이어지고 있어요.

하마스는 왜 미사일을 먼저 쏘았을까요?

그러다 최근 하마스가 이스라엘을 기습 공격하면서 전쟁이 다시 시작된 거예요. 하마스는 왜 이스라엘을 먼저 공격했을까요? 우선 사우디아라비아와 이스라엘의 수교를 방해하려는 의도라는 분석이 있어요. 다른 중동 국가들이 이스라엘과 친하게 지내면 팔레스타인이 고립될 수도 있다는 생각 때문이죠. 한편으로는 이스라엘이 팔레스타인을 탄압했기 때문이라는 주장도 있어요. 이유가 무엇이건 민간인을 공격하는 행동은 용납할 수 없어요. 이제는 제발 전쟁을 멈춰 주세요!

OX 퀴즈 기사를 읽고 설명이 맞으면 O, 틀리면 X 표시를 해 보세요.

- 팔레스타인은 제1차 중동전쟁에서 승리했어요. (   )
- 이스라엘과 팔레스타인의 분쟁은 여전히 진행 중이에요. (   )

낱말 고르기 기사를 읽고 다음 괄호 안에 들어갈 알맞은 말을 골라 보세요.

1948년 제1차 중동전쟁이 발발했고, 이 전쟁에서 (승리   ,   패배   )한 이스라엘은 독립 국가로 인정받았지만, 그렇지 못한 팔레스타인과의 (독립   ,   분쟁   )은 지금까지 이어지고 있어요.

어휘 체크 기사의 문맥을 파악해 어휘와 뜻을 알맞게 연결해 보세요.

탄압	두 나라 또는 집단 간에 서로 정식인 관계를 맺음.
보복	말썽을 일으켜 시끄럽고 복잡하게 다툼.
분쟁	남이 나에게 해를 입힌 대로 나도 남에게 해를 줌.
수교	권력이나 무력을 써서 상대를 꼼짝 못 하게 함.

한 줄 정리 괄호 안에 알맞은 말을 넣어 기사를 한 줄로 요약해 보세요.

지난해 10월 7일 하마스가 먼저 이스라엘을 기습 공격한 것을 두고 사우디아라비아와 이스라엘의 (   )를 방해하려는 의도라는 분석도 있고, 이스라엘이 팔레스타인을 (   )했기 때문이라는 의견도 있어요.

생각 쑥쑥 기사를 읽고 다음 질문에 대한 나의 생각을 써 보세요.

이번 전쟁에서 민간인 피해가 심각해요. 어떻게 하면 이 전쟁을 멈출 수 있을까요?

우리 공항으로 놀러 오세요!

> **주얼 창이(Jewel Changi) 공항**
> 싱가포르 창이에 있는 국제공항이에요. 세계에서 가장 높은 실내 인공 폭포와 식물원 등을 갖춰 세계 최고의 공항으로 손꼽혀요.
>
> 미리 보기 사전

2019년 4월 완공된 싱가포르의 주얼 창이 공항을 방문한 사람들은 누구나 탄성을 터뜨리며 사진을 찍기 바빠요. 일반적으로 생각하는 공항과는 완전히 다른 모습이든요. 주얼 창이 공항이 많은 사람에게 사랑받는 이유를 한번 살펴볼까요?

공항이야, 식물원이야?

지상 10층, 지하 5층 규모로 조성된 싱가포르의 주얼 창이 공항 내부에는 높이 40m인 거대한 폭포가 있어요. 이 폭포를 중심으로 주변에 상업 시설 300여 개를 갖추고 있죠. 특히 공항 한가운데 있는 세계 최대 인공 폭포 '레인 보텍스'는 이 공항의 상징과도 같아요. 폭포가 있는 정원에는 나무 2,000여 그루와 계단식 숲도 있어요. 공항이라기보다는 거대한 쇼핑몰 또는 놀이동산 같아요. 공항을 찾는 사람 가운데 공항 이용객과 순수 방문객 비율이 반반일 정도라고 해요.

인천공항의 변신도 기대해 볼까요?

인천공항공사는 지난해 코로나19로 피해를 본 항공 산업을 활성화하고 공항 중심으로 산업 생태계를 조성할 목적으로 싱가포르 주얼 창이 공항을 방문했어요. 주얼 창이 공항을 참고해 인천공항과 주변 지역을 개발함으로써 공간 전환을 시도할 예정이거든요. 이를 위해 복합 리조트와 미술품 수장고 등을 개발하고 호텔과 골프장, 관광 문화 연결망을 구축하는 등 다양한 방법을 생각하고 있어요. 인천공항공사 측은 "거쳐 가는 곳이던 공항에서 머무는 공항으로 역할을 변화시킬 것"이라고 밝혔답니다. 인천공항의 변신을 기대해 봐도 될까요?

OX 퀴즈 기사를 읽고 설명이 맞으면 O, 틀리면 X 표시를 해 보세요.

- 주얼 창이 공항 안에는 거대한 인공 폭포가 있어요. (　　)
- 주얼 창이 공항 방문객은 대부분 비행기를 타려는 사람들이에요. (　　)

낱말 고르기 기사를 읽고 다음 괄호 안에 들어갈 알맞은 말을 골라 보세요.

지상 10층, 지하 5층 규모로 조성된 싱가포르의 주얼 창이 공항 내부에는 높이 40m인 거대한 (폭포 , 나무)가 있어요. 이 폭포를 중심으로 주변에 (상업 , 농업) 시설 300여 개를 갖추고 있죠.

어휘 체크 기사의 문맥을 파악해 어휘와 뜻을 알맞게 연결해 보세요.

탄성	•	•	사회나 조직 등의 기능을 활발하게 함.
인공	•	•	몹시 감탄하는 소리.
비율	•	•	사람의 힘으로 가공한 것.
활성화	•	•	다른 수나 양에 대한 어떤 수나 양의 비.

한 줄 정리 괄호 안에 알맞은 말을 넣어 기사를 한 줄로 요약해 보세요.

세계 최대 인공 (　　　　)를 비롯해 다양한 복합 문화 시설이 있는 싱가포르 주얼 창이 공항을 참고해 인천 공항도 단순히 거쳐 가는 공항이 아니라 (　　　　　) 공항으로 공간 전환을 추진할 계획이에요.

생각 쑥쑥 기사를 읽고 다음 질문에 대한 나의 생각을 써 보세요.

인천공항에 꼭 있었으면 하는 시설은 무엇인가요? 이유도 함께 적어 보세요.

85

"저는 18세 검사 피터 박입니다."

> **미리 보기 사전**
>
> **변호사와 검사**
> 변호사는 개인이나 단체를 대신해 법정에서 그들을 변호하는 일을 하는 사람이에요.
> 검사는 사건을 조사해서 법에 어긋나는지 아닌지를 따지는 일을 해요.

한국계 미국 청년 피터 박이 지난해 만 18세로 성인이 되자마자 지방 검사로 임용되어 화제가 되었어요.

최연소로 변호사 시험에 합격했어요

캘리포니아주 툴레어 카운티 지방검찰청은 최근 피터 박을 검사로 임용했다고 밝혔어요. 피터 박은 2022년 17세에 캘리포니아주 변호사 시험에 역대 최연소로 합격한 주인공이에요. 한국계 미국 청년인 피터 박은 2019년 13세 때 고등학교 '옥스퍼드 아카데미'에 입학하는 동시에 노스웨스턴대학교 캘리포니아 법대에도 등록했어요. 캘리포니아주에서는 대학 수준의 자격을 검증하는 시험(CLEPS)에 합격하면 고교 졸업장 없이 바로 로스쿨에 지원할 수 있어요.

사명감에 끌려 검사가 되었어요

피터 박은 변호사 시험에 합격하려면 훈련과 전략이 필요했다고 밝혔어요. 어렵기는 했지만 그만한 가치가 있었다는 것이죠. 그는 이 길을 찾을 수 있는 건 큰 축복이라고 말하기도 했어요. 피터 박은 지난해 법적으로 성인인 18세가 되자마자 툴레어 카운티 지방검찰청에서 일을 시작했어요. 캘리포니아에서 가장 어린 현직 검사로 근무하게 된 거예요. 피터 박은 "검사가 되고 싶은 이유는 사회의 자유, 평등, 정의를 수호해야 한다는 도덕적 사명감 때문"이라며 "검사가 지역사회를 안전하게 지키고 피해자를 구제하는 모습을 존경한다."라고 말했어요.

OX 퀴즈 기사를 읽고 설명이 맞으면 O, 틀리면 X 표시를 해 보세요.

- 피터 박은 18세에 한국 변호사 시험에 합격했어요. (   )
- 피터 박은 캘리포니아에서 가장 어린 현직 검사예요. (   )

낱말 고르기 기사를 읽고 다음 괄호 안에 들어갈 알맞은 말을 골라 보세요.

피터 박은 "검사가 되고 싶은 이유는 사회의 자유, 평등, 정의를 수호해야 한다는 (정치적 , 도덕적) 사명감 때문"이라며 "(검사 , 변호사)가 지역사회를 안전하게 지키고 피해자를 구제하는 모습을 존경한다."라고 말했어요.

어휘 체크 기사의 문맥을 파악해 어휘와 뜻을 알맞게 연결해 보세요.

임용	•	•	재해를 입거나 어려운 처지에 있는 사람을 도와줌.
로스쿨	•	•	법률가를 양성하는 법학 전문 대학원.
사명감	•	•	주어진 임무를 잘 수행하려는 마음가짐.
구제	•	•	직무를 맡기어 사람을 씀.

한 줄 정리 괄호 안에 알맞은 말을 넣어 기사를 한 줄로 요약해 보세요.

한국계 미국 청년인 피터 박은 17세 때 최연소로 (   ) 시험에 합격하고, 지난해 법적으로 성인인 18세가 되자마자 지방 (   )로 임용되었어요.

생각 쑥쑥 기사를 읽고 다음 질문에 대한 나의 생각을 써 보세요.

미국은 대학 수준의 자격을 검증하는 시험에 합격하면 누구나 로스쿨에 지원할 수 있어요. 이 규정에 대해 여러분은 어떻게 생각하나요?

부자들이 존경하는 부자, 피니는 누구?

> **미리 보기 사전**
>
> **애틀랜틱 재단**
> 척 피니가 1982년 설립한 자선 재단이에요. 수혜자에게 기부자가 누구인지 절대로 알리지 않는 것을 재단의 기부 원칙으로 해요.

"살면서 모든 것을 기부하고 가겠다."라고 선언한 척 피니가 지난해 10월 미국 샌프란시스코의 작은 집에서 숨을 거뒀어요. 피니가 세상을 떠나자 그의 업적을 기리는 추모 물결이 이어졌어요. 도대체 피니는 어떤 사람이기에 많은 이가 추모할까요?

구두쇠로 유명했던 척 피니

1960년 29세이던 척 피니는 대학 친구와 함께 DFS 면세점을 공동 창업했어요. 면세점 사업은 그의 뛰어난 사업 수완으로 엄청난 성공을 거두었죠. 50세에 막대한 부를 이룬 피니는 구두쇠로 유명했어요. 직원들에게 이면지를 쓰도록 강조하고, 경제인끼리 만나는 자리에서는 밥값을 내지 않으려고 남보다 일찍 자리를 뜨기도 했어요. 그래서 사람들은 그를 '돈 많고 무자비한 갑부'라고 평가했어요.

부자들의 영웅

그런데 1997년 DFS 면세점을 매각하는 과정에서 회계장부가 언론에 공개되자 미국 전역이 발칵 뒤집혔어요. 척 피니가 애틀랜틱 재단을 통해 자신의 자산 99%인 10조 8,000억 원을 기부한 사실이 밝혀졌거든요. 그가 기부하지 않은 분야를 찾기가 어려울 정도였어요. 피니의 삶은 다른 부자들에게도 큰 영향을 끼쳤답니다. 워런 버핏은 "피니는 나의 영웅", 빌 게이츠는 "피니는 나의 본보기"라고 말했어요. 구두쇠로 알려진 갑부의 진짜 모습에 사람들은 큰 감동을 받았어요. 그가 마지막으로 숨을 거둔 곳은 방 2칸짜리 소형 임대주택이었답니다.

OX 퀴즈 기사를 읽고 설명이 맞으면 O, 틀리면 X 표시를 해 보세요.

- 척 피니는 DFS 면세점을 혼자 창업했어요. (   )
- 척 피니는 애틀랜틱 재단을 통해 전 재산의 99%를 기부했어요. (   )

낱말 고르기 기사를 읽고 다음 괄호 안에 들어갈 알맞은 말을 골라 보세요.

1997년 DFS 면세점을 (매각 , 매입)하는 과정에서 회계장부가 언론에 공개되자 미국 전역이 발칵 뒤집혔어요. 척 피니가 애틀랜틱 재단을 통해 자신의 자산 99%인 10조 8,000억 원을 (기부 , 저축)한 사실이 밝혀졌거든요.

어휘 체크 기사의 문맥을 파악해 어휘와 뜻을 알맞게 연결해 보세요.

자선	•	•	일을 꾸미거나 치러 나가는 재간.
추모	•	•	첫째가는 큰 부자.
수완	•	•	남을 불쌍히 여겨 도와줌.
갑부	•	•	죽은 사람을 그리며 생각함.

한 줄 정리 괄호 안에 알맞은 말을 넣어 기사를 한 줄로 요약해 보세요.

DFS 면세점 창업자 척 피니는 자신의 재산 99%를 (   )해 부자들이 존경하는 부자로 알려졌고, 그가 세상을 떠나자 (   ) 물결이 이어졌어요.

생각 쑥쑥 기사를 읽고 다음 질문에 대한 나의 생각을 써 보세요.

척 피니는 기부할 때 절대 남에게 알리지 않는 것을 원칙으로 했어요. 왜 그랬을지 한번 생각해 보세요.

_____
_____
_____

'조찬 할머니' 그동안 감사했어요!

미리 보기 사전

마오
중국의 화폐 단위이며, 위안보다 하위 단위예요. 5마오는 0.5위안이에요.

중국에서 27년간 단돈 90원에 아침밥을 팔아 온 '조찬 할머니'가 지난해 12월 90세 나이로 세상을 떠났어요. 할머니의 부고 소식에 많은 사람이 애도를 표하며 안타까워했어요.

아침밥이 단돈 90원이라고?

마오스화 할머니는 1991년부터 중국 저장성 취저우시의 한 마을 초등학교 앞에서 아침 식사를 팔기 시작했어요. 할머니는 매일 새벽부터 맷돌로 콩을 갈아 더우장이라 불리는 콩국을 끓이고, 찹쌀떡과 주먹밥을 만들었답니다. 할머니가 만든 음식은 신선하고 양도 넉넉해 좌판을 벌이자마자 동날 정도로 인기였지만 아침 식사 가격은 2018년 장사를 접을 때까지 27년간 줄곧 단돈 5마오(약 90원)였어요. 30년 가까운 세월 동안 물가가 크게 올라도 마오스화 할머니는 한 번도 가격을 올리지 않았다고 해요.

90원에 담긴 할머니의 사랑

매일 6시간씩 일하면서 버는 돈은 고작 5,400원 정도에 불과했기 때문에 매월 적자를 기록하면서도 할머니는 장사를 계속했어요. 주변에서는 이렇게 팔아서 어떻게 돈을 버냐며 가격을 올리라고 권했지만 할머니는 그러지 않았답니다. 가격을 올리면 형편이 어려운 사람들이 아침을 거를 게 분명하다고 생각했거든요. 할머니의 이런 마음이 세상에 알려지자 사람들은 할머니를 '가장 아름다운 중국인', '취저우의 영원한 자랑'이라고 불렀어요. 이런 할머니가 세상을 떠나자 사람들은 안타까워하며 할머니의 희생과 헌신에 감사하는 마음을 전했답니다.

OX 퀴즈 기사를 읽고 설명이 맞으면 O, 틀리면 X 표시를 해 보세요.

- 마오스화 할머니는 아침 식사를 900원에 팔았어요. (   )
- 할머니는 27년 동안 한 번도 식사비를 올린 적이 없어요. (   )

낱말 고르기 기사를 읽고 다음 괄호 안에 들어갈 알맞은 말을 골라 보세요.

매일 6시간씩 일하면서 버는 돈은 고작 (5,400원   ,   54,000원   ) 정도에 불과했기 때문에 매월 (흑자   ,   적자   )를 기록하면서도 할머니는 장사를 계속했어요.

어휘 체크 기사의 문맥을 파악해 어휘와 뜻을 알맞게 연결해 보세요.

어휘	뜻
조찬	장사하려고 물건을 벌여 놓은 널조각.
애도	사람의 죽음을 슬퍼함.
좌판	손님을 초대하여 함께 먹는 아침 식사.
형편	살림살이의 형세.

한 줄 정리 괄호 안에 알맞은 말을 넣어 기사를 한 줄로 요약해 보세요.

중국에서 27년간 단돈 90원에 아침밥을 팔아 온 '(   ) 할머니'가 지난해 세상을 떠나자 사람들은 안타까워하며 희생과 (   )에 감사하는 마음을 전했어요.

생각 쑥쑥 기사를 읽고 다음 질문에 대한 나의 생각을 써 보세요.

마오스화 할머니는 왜 27년간 아침 식사 가격을 올리지 않았을까요? 나라면 어떻게 했을까요?

가자지구에 스타링크 지원한다?

미리 보기 사전

스타링크(starlink)
미국의 민간 우주 개발 업체 스페이스X의 인공위성 기반 인터넷 서비스를 말해요.
전 지구적으로 초고속 인터넷 망을 구축하는 게 목표예요.

일론 머스크 스페이스X 최고경영자가 가자지구에 '스타링크'를 지원하겠다는 의사를 SNS 계정에서 밝혔어요.

"세상의 눈에서 사라지고 있다"

팔레스타인 가자지구는 지금 '디지털 암흑' 상태와 다름없다고 해요. 이스라엘이 대규모 공습을 가해 인터넷을 비롯한 유무선 통신망  이 완전히 끊겼기 때문이에요. 가자지구 주민 230만 명은 서로 연락을 주고받을 수 없을 뿐 아니라 외부 세계와도 접촉이 차단되었어요. 지난해 팔레스타인의 한 사진기자는 "가자지구가 이제 세상의 눈에서 사라지고 있다."라는 음성 메시지를 마지막으로 남기기도 했어요.

구호 단체에 스타링크 지원

이런 상황에서 미국의 한 정치인이 "이스라엘이 가자지구 주민의 통신을 차단하는 것은 용납할 수 없는 일"이라는 게시물을 올렸어요. 그러자 수많은 사람이 일론 머스크에게 '스타링크로 가자지구 민간인을 도와 달라.'고 요청했지요. '가자를 위한 스타링크'라는 해시태그는 각종 SNS에 374만 건 이상 게재됐어요. 이에 일론 머스크는 자신의 SNS 계정에 "스타링크는 가자지구에 있는 국제적으로 인정받는 구호 단체의 연결을 지원할 것"이라고 밝혔답니다. 2022년 2월에도 일론 머스크는 러시아의 공격으로 통신망이 파괴된 우크라이나에 스타링크를 지원했어요. 하지만 스타링크 지원을 두고 '개인이 국가를 뛰어넘어 전쟁에 개입한다.'고 비판하는 목소리도 나오고 있어요.

OX 퀴즈 기사를 읽고 설명이 맞으면 O, 틀리면 X 표시를 해 보세요.

- 스타링크는 스페이스X의 인공위성 기반 인터넷 서비스예요. (　　　)
- 스페이스X는 2022년 2월 러시아에 스타링크를 지원하기도 했어요. (　　　)

낱말 고르기 기사를 읽고 다음 괄호 안에 들어갈 알맞은 말을 골라 보세요.

팔레스타인 가자지구는 지금 '(　디지털　,　아날로그　) 암흑' 상태와 다름없다고 해요. 이스라엘이 대규모 공습을 가해 인터넷을 비롯한 유무선 (　유통망　,　통신망　)이 완전히 끊겼기 때문이에요.

어휘 체크 기사의 문맥을 파악해 어휘와 뜻을 알맞게 연결해 보세요.

의사	•	•	'공중 습격'을 줄여 이르는 말.
공습	•	•	무엇을 하고자 하는 생각.
구호	•	•	자신과 직접 관계가 없는 일에 끼어듦.
개입	•	•	재해와 재난으로 어려움에 부닥친 사람을 도와 보호함.

한 줄 정리 괄호 안에 알맞은 말을 넣어 기사를 한 줄로 요약해 보세요.

일론 머스크 스페이스X 최고경영자가 통신망이 완전히 끊긴 팔레스타인 가자지구에 (　　　　　　　　)를 지원하겠다고 밝히자 이를 두고 '개인이 전쟁에 개입한다.'고 (　　　　　)하는 목소리도 나오고 있어요.

생각 쑥쑥 기사를 읽고 다음 질문에 대한 나의 생각을 써 보세요.

여러분은 전쟁 지역에 스타링크를 지원하는 것에 대해 어떻게 생각하나요? 찬성과 반대 중 하나를 골라 의견을 써 보세요.

열다섯 살이 된 찌아찌아족 한글

미리 보기 사전

찌아찌아어
인도네시아 소수 민족인 찌아찌아족이 쓰는 고유 언어예요. 찌아찌아는 '아니오.'라는 뜻의 '찌아'라는 낱말에서 유래했어요.

　인도네시아 바우바우시에서는 한글로 된 간판이나 표지판을 쉽게 찾아볼 수 있어요. 이곳에 사는 찌아찌아족이 '한글'을 사용하고 있기 때문이죠. 이들은 자신들의 전통 언어를 보존하려고 15년 전부터 한글을 사용하고 있다고 해요.

음성 언어만 있고 문자는 없어요

　인도네시아에는 소수 민족이 아주 많은 만큼 그들이 사용하는 언어도 700가지가 넘어요. 8만 명 정도인 찌아찌아족이 사용하는 찌아찌아어도 그중 하나예요. 하지만 찌아찌아어는 음성 언어만 있을 뿐 고유 문자는 없어요. 그래서 찌아찌아어는 주로 구어로만 전해진답니다. 인도네시아어, 영어 등 다른 언어의 문자를 빌려 와 사용하기도 했지만, 제대로 된 발음을 표기하기는 어려웠어요. 이에 바우바우시는 2009년부터 '바하사 찌아찌아 1'이라는, 한글로 표기된 찌아찌아어 교과서를 도입했어요.

왜 한글을 선택했을까요?

　약 15년이 지난 지금, 바우바우시 곳곳에서는 한글로 표기된 찌아찌아어를 발견할 수 있어요. 학생들은 한글을 사용해 찌아찌아어 교육을 받고 있죠. 그런데 이들은 왜 하필 한글을 선택했을까요? 그 이유는 한글이 어떤 문자보다 쉽게 익힐 수 있기 때문이에요. 또 한글은 사람이 말하는 소리를 거의 그대로 적을 수 있다는 장점도 있어요. 이런 이유로 바우바우시는 찌아찌아어를 제대로 표기하고 다음 세대에 전달하는 특별 도구로 우리의 자랑스러운 문자인 '한글'을 선택한 거예요.

OX 퀴즈 기사를 읽고 설명이 맞으면 O, 틀리면 X 표시를 해 보세요.

- 인도네시아 바우바우시에서는 한글로 된 간판을 쉽게 찾아볼 수 있어요. (   )
- 찌아찌아어는 고유의 문자가 없어요. (   )

낱말 고르기 기사를 읽고 다음 괄호 안에 들어갈 알맞은 말을 골라 보세요.

찌아찌아어는 음성 언어만 있을 뿐 고유의 (문자 , 숫자)는 없어요. 그래서 찌아찌아어는 주로 (구어 , 문어)로만 전해진답니다. 인도네시아어, 영어 등 다른 언어의 문자를 빌려 와 사용하기도 했지만, 제대로 된 발음을 표기하기는 어려웠어요.

어휘 체크 기사의 문맥을 파악해 어휘와 뜻을 알맞게 연결해 보세요.

소수 민족	본디부터 지닌 특유한 것.
고유	문자나 음성 기호로 언어를 표시함.
구어	입으로 말하고 귀로 들리는 말.
표기	지배적 세력을 가진 민족에 비해 상대적으로 인구수가 적고 언어와 관습 등이 다른 민족.

한 줄 정리 괄호 안에 알맞은 말을 넣어 기사를 한 줄로 요약해 보세요.

인도네시아의 소수 민족인 (   )은 15년 전부터 (   )을 사용해 자신들의 전통 언어를 보존하고 있어요.

생각 쑥쑥 기사를 읽고 다음 질문에 대한 나의 생각을 써 보세요.

내가 사용하는 언어가 음성 언어만 있고 이를 표기할 수 있는 문자가 없다고 상상해 보세요. 어떤 점이 불편할까요?

_____

_____

어휘 한눈에 보기

세계 기사에 등장한 한자어와 순우리말 어휘를 정리했어요. 한자처럼 보이지만 순우리말인 경우도 있고 순우리말처럼 보이는 말이 한자어인 경우도 있으니 꼼꼼하게 살펴보세요.

세계 기사에서 눈여겨보면 좋을 한자어

분석
分 나눌 분
析 쪼갤 석
얽혀 있거나 복잡한 것을 풀어서 개별적인 요소나 성질로 나눔.

각색
脚 다리 각
色 빛 색
소설 등의 작품을 희곡이나 시나리오로 고쳐 쓰는 일.

선심성
善 착할 선
心 마음 심
性 성품 성
남의 마음을 사려는 의도로 남에게 베푸는 후한 마음의 성질.

총통
總 다, 합할 총
統 거느릴 통
일부 국가에서 나라에 관계되는 일을 총괄하여 집행하는 최고 책임 직위.

자부심
自 스스로 자
負 질 부
心 마음 심
자기 자신의 가치나 능력을 스스로 믿고 당당히 여기는 마음.

명소
名 이름 명
所 바 소
경치나 유적, 특산물 등으로 널리 알려진 곳.

사육사
飼 먹일 사
育 기를 육
士 선비 사
동물원에서 동물을 보살피는 일을 전문으로 하는 사람.

창작물
創 비롯할 창
作 지을 작
物 만물 물
독창적으로 지어낸 예술 작품.

명시
明 밝을 명
示 보일 시
분명하게 드러내 보임.

분주
奔 달릴 분
走 달릴 주
몹시 바쁘게 뛰어다님.

원조
援 도울 원
助 도울 조
물품이나 돈 등으로 도와줌.

민감
敏 민첩할 민
感 느낄 감
자극에 빠르게 반응을 보이거나 쉽게 영향을 받음.

영향
影 그림자 **영**
響 울릴 **향**

어떤 사물의 효과나 작용이 다른 것에 미치는 일.

공식
公 공평할 **공**
式 법 **식**

국가적이나 사회적으로 인정된 공적인 방식.

민간인
民 백성 **민**
間 사이 **간**
人 사람 **인**

관리나 군인이 아닌 일반 사람.

역대
歷 지날 **력(역)**
代 대신할 **대**

대대로 이어 내려온 여러 대.

헌신
獻 바칠 **헌**
身 몸 **신**

몸과 마음을 바쳐 있는 힘을 다함.

지원
支 지탱할 **지**
援 도울 **원**

지지하여 도움.

세계 기사에서 눈여겨보면 좋을 순우리말

- **내놓다** 생각이나 의견을 제시하다.
- **누리꾼** 사이버 공간에서 활동하는 사람. '네티즌'의 순우리말.
- **솔깃하다** 그럴듯해 보여 마음이 쏠리는 데가 있다.
- **오르다** 기록에 적히다.
- **맞붙다** 싸움이나 내기 등에서 서로 상대하여 겨루다.
- **어엿하다** 행동이 거리낌 없이 아주 당당하고 떳떳하다.
- **임자** 물건을 소유한 사람.
- **치르다** 무슨 일을 겪어 내다.
- **손꼽히다** 여럿 중에서 다섯 손가락 안에 들 만큼 뛰어나다.
- **구두쇠** 돈이나 재물을 쓰는 데에 몹시 인색한 사람.
- **동나다** 물건 등이 다 떨어져서 남아 있는 것이 없다.
- **끊기다** 공급되던 것이 중단되다.

사회문화

2024년은 왜 청룡의 해일까?

> **미리 보기 사전**
> **갑진년**
> 푸른색을 가리키는 '갑'과 용을 뜻하는 '진'이 만나 '푸른 용(청룡)의 해'라는 의미예요.

2024년은 갑진년, 즉 청룡의 해예요. 같은 용띠인 2000년생과 2012년생이 올해의 주인공이죠. 여러분은 자신이 무슨 띠인지 알고 있나요?

올해는 왜 '청룡'의 해예요?

지난해는 '계묘년'이라더니 올해는 왜 '갑진년'일까요? 이는 60갑자로 정해져요. 60갑자는 10간과 12지를 조합한 60개 간지를 말해요. 표로 알아볼까요?

10간	갑	을	병	정	무	기	경	신	임	계
	파란색(청)		빨간색(적)		노란색(황)		흰색(백)		검은색(흑)	

12지	자(쥐)	축(소)	인(호랑이)	묘(토끼)	진(용)	사(뱀)
	오(말)	미(양)	신(원숭이)	유(닭)	술(개)	해(돼지)

10간과 12지가 하나씩 짝을 이뤄 총 다섯 번 돌면 60갑자가 완성돼요. 태어난 지 60돌이 되는 해를 뜻하는 '환갑'이 바로 '갑이 되돌아왔다.'는 뜻이랍니다. 표를 보면 10간마다 색깔도 정해져 있는데, 갑은 청색에 포함되는 걸 알 수 있어요. 이로써 내년은 '을사년'이고 '푸른 뱀의 해'인 것도 알아냈길 바라요!

상상 속의 동물, 용

12지 중 실제로 존재하지 않는 유일한 동물이 '용'이에요. 신화나 전설 속에 나오는데, 귀신을 물리치고 큰 복을 가져다주는 존재이자 권력과 명예를 상징하죠. 특히 '청룡'은 하늘의 네 방향을 맡은 사신(四神) 중 동방의 수호신이라서 더욱 특별해요. 올해에는 선거와 올림픽 등 국내외에서 큰 기대와 관심을 가지는 행사가 여럿 있어요. 올 한 해 모든 일이 용처럼 힘차게 날아오르길 기대해 봐요!

OX 퀴즈 기사를 읽고 설명이 맞으면 O, 틀리면 X 표시를 해 보세요.

- 갑진년은 '푸른 용(청룡)의 해'라는 의미예요. (   )
- 12지는 모두 실제로 존재하는 동물을 가리켜요. (   )

낱말 고르기 기사를 읽고 다음 괄호 안에 들어갈 알맞은 말을 골라 보세요.

지난해는 '계묘년'이라더니 올해는 왜 '(갑진년   ,   을사년   )'일까요? 이는 60갑자로 정해져요. 60갑자는 10간과 12지를 조합한 (50개   ,   60개   ) 간지를 말해요.

어휘 체크 기사의 문맥을 파악해 어휘와 뜻을 알맞게 연결해 보세요.

환갑	•	•	태어난 지 60돌이 되는 해.
신화	•	•	옛날부터 민간에서 전하여 내려오는 이야기.
전설	•	•	역사나 설화 등 고대인들의 신성한 이야기.
사신	•	•	하늘의 네 방향을 맡은 신.

한 줄 정리 괄호 안에 알맞은 말을 넣어 기사를 한 줄로 요약해 보세요.

2024년은 (   ), 즉 (   )의 해예요. 60갑자의 10간과 12지로 동물과 색이 연결된 것이에요. 내년은 을사년, 즉 푸른 뱀의 해예요.

생각 쑥쑥 기사를 읽고 다음 질문에 대한 나의 생각을 써 보세요.

가족의 띠를 모두 확인해 보세요.

_____
_____
_____
_____

위험한 장난감 '당근칼'의 등장

> **미리 보기 사전**
> **인싸템**
> 다른 사람과 잘 어울려 지내는 사람을 뜻하는 '인싸(인사이더)'와 물건을 뜻하는 '아이템'이 합쳐진 신조어예요.

지난해 말부터 초등학생 사이에서 '당근칼' 장난감이 유행하고 있어요. 그런데 위험성 지적이 잇따르자 일부 교육청은 '소지 금지' 공문을 학교와 교육지원청에 보냈어요.

당근칼을 아시나요?

당근칼은 주머니칼 모양 장난감인데, 당근을 떠올리게 해서 '당근칼'이라고 불러요. 앞뒤로 휘두르면 플라스틱으로 된 칼날 부분이 튀어나오죠. 일반 칼보다 위험성은 낮지만 폭력적 놀이 문화가 형성될 수 있어 우려가 커요. 원래 사용 연령은 '14세 이상'이지만 온라인 사이트나 중고 거래 플랫폼 등에서 그보다 어린 학생도 쉽게 구할 수 있어 주의해야 해요.

위험한 당근칼

당근칼은 틱톡 등 SNS에서 '인싸템'으로 불리면서 인기가 많아졌어요. 휘두르는 법을 공유하는 '당근칼 챌린지'와 당근칼 포장을 개봉하는 '언박싱' 영상도 인기죠. 하지만 한 초등학교 교사는 유튜브에서 "손 습관이 매우 중요한 초등학생 시기에 당근칼로 친구를 때리거나 찌르는 습관이 들면 폭력적인 성향이 생길 수 있다."라고 지적했어요. 위험성 지적이 계속되자 교육계도 제재에 나섰어요. 일부 교육청은 "교내에 당근칼로 장난치거나 위협하는 놀이 문화가 형성되지 않도록 유의해 주세요."라고 강조하면서, 만 14세 미만 학생이 모형 칼을 구매하거나 소지하지 않도록 협조를 요청하는 공문을 보냈어요.

OX 퀴즈 기사를 읽고 설명이 맞으면 O, 틀리면 X 표시를 해 보세요.

- 당근칼은 주머니칼 모양인 진짜 칼이에요. (   )
- 당근칼의 원래 사용 연령은 14세 이상이에요. (   )

낱말 고르기 기사를 읽고 다음 괄호 안에 들어갈 알맞은 말을 골라 보세요.

한 초등학교 교사는 유튜브에서 "(손   ,   발   ) 습관이 매우 중요한 초등학생 시기에 당근칼로 친구를 때리거나 찌르는 습관이 들면 (온화한   ,   폭력적인   ) 성향이 생길 수 있다."라고 지적했어요.

어휘 체크 기사의 문맥을 파악해 어휘와 뜻을 알맞게 연결해 보세요.

언박싱	•	•	새 제품의 포장을 개봉하는 것.
공문	•	•	가지고 있음.
소지	•	•	공공 기관이나 단체에서 공식으로 작성한 서류.
제재	•	•	규칙이나 관습을 위반하지 않도록 제한하거나 금지함.

한 줄 정리 괄호 안에 알맞은 말을 넣어 기사를 한 줄로 요약해 보세요.

(   ) 장난감이 초등학생 사이에서 유행하자 일부 교육청에서는 폭력적인 놀이 문화가 형성될 위험성을 우려해 '(   )' 공문을 보냈어요.

생각 쑥쑥 기사를 읽고 다음 질문에 대한 나의 생각을 써 보세요.

학교에서 당근칼 소지 금지를 찬성하거나 반대하는 의견을 써 보세요.

_____
_____
_____
_____

103

"급식에서 배스킨라빈스는 빼 주세요"

> **미리 보기 사전**
>
> **불매운동**
> 특정 상품의 제조 업체에 항의하거나 저항하는 뜻을 표시하고자 그 업체의 상품을 사지 않는 행동을 말해요.

"급식소에서 나눠 주는 아이스크림이 배스킨라빈스가 아니었으면 좋겠습니다."
지난해 6월 경남의 어느 고등학교에 재학 중인 한 여학생이 배스킨라빈스 제품을 급식에서 빼 달라는 내용의 건의문을 학교 급식 건의함에 넣은 일이 있었어요.

왜 불매운동을 시작했을까?

2022년 10월 SPC그룹의 계열사 SPL 공장에서 20대 노동자가 기계에 끼여 사망하는 안타까운 사고가 발생했어요. SPC그룹 공장에서는 이전부터 이런 사고가 있었지만 사고가 재발하지 않도록 조처하지 않았어요. 사람들은 기업의 태도에 화가 나 불매운동을 시작했죠. 배스킨라빈스 역시 SPC의 계열사이기 때문에 이 학생은 불매운동에 동참하고자 건의했던 거예요. 이 학생은 "불매운동을 강요하는 건 아니지만 공적으로 무언가를 하는 자리에서 이런 기업이 만든 제품을 사용하는 건 옳지 않다고 생각한다."라고 밝혔답니다.

학생들의 의견에 귀를 기울인 학교

학교 측은 건의문이 들어오자 전교생을 대상으로 설문조사를 실시했어요. 그 결과 학생의 78.7%가 아이스크림 업체를 변경하는 데 찬성했어요. 이 과정에서 학교 급식 담당자는 해당 기업에 긍정적인 변화가 있었다면 불매운동을 하지 않아도 되겠다고 여겨 기업에 문의했답니다. 하지만 긍정적인 변화가 있었는지에 관한 의문을 해소하지 못했고, 결국 교체하기로 결정했다고 해요. SPC그룹은 정확한 사고 원인을 규명하도록 조사에 성실한 자세로 임하겠다고 하지만, 반복되는 사고를 비판하는 목소리가 줄어들지 않고 있어요.

OX 퀴즈 기사를 읽고 설명이 맞으면 O, 틀리면 X 표시를 해 보세요.

- SPL 공장에서 노동자가 사고로 숨지는 일이 있었어요. (   )
- 학교에서는 학생의 건의를 무시했어요. (   )

낱말 고르기 기사를 읽고 다음 괄호 안에 들어갈 알맞은 말을 골라 보세요.

사람들은 기업의 태도에 화가 나 (강매 , 불매)운동을 시작했죠. 배스킨라빈스 역시 SPC의 계열사이기 때문에 이 학생은 불매운동에 (반대 , 동참)하고자 건의했던 거예요.

어휘 체크 기사의 문맥을 파악해 어휘와 뜻을 알맞게 연결해 보세요.

항의	•	•	국가나 사회에 관계되는 것.
건의	•	•	경영주가 같거나 사업 계통이 같아서 서로 밀접한 관련이 있는 회사.
계열사	•	•	못마땅한 생각이나 반대하는 뜻을 주장함.
공적	•	•	개인이나 단체가 의견이나 희망을 내놓음.

한 줄 정리 괄호 안에 알맞은 말을 넣어 기사를 한 줄로 요약해 보세요.

경남의 한 여고생이 (   )에 동참하고자 배스킨라빈스 제품을 급식에서 빼 달라고 학교 측에 요청했고, 학교는 학생의 의견을 존중해 (   ) 업체를 교체했어요.

생각 쑥쑥 기사를 읽고 다음 질문에 대한 나의 생각을 써 보세요.

불매운동은 기업에 항의하려는 행동이지만, 개인이 운영하는 대리점까지 피해를 입는 경우가 있어요. 그럴 때 우리는 어떻게 해야 할까요?

탕후루가 국회에 간 이유는?

> **미리 보기 사전**
> **국정감사**
> 정부가 일을 제대로 하는지 확인하는 국회의 감사 활동이에요. 정부가 잘못한 일이 있다면 국민을 대신해 이를 바로잡으라고 요구한답니다.

탕후루가 10대 사이에서 큰 인기를 끌고 있는데, 그와 동시에 당 섭취 과다에 따른 건강 우려도 함께 커지고 있어요. 지난해에는 국회의 국정감사에 탕후루가 등장하기도 했어요.

탕후루 대유행 시대

탕후루는 과일에 설탕 코팅을 입힌 중국 간식이에요. 탕후루를 파사삭 깨물면 달콤한 설탕 코팅 사이로 과즙이 톡 터져 나오는데, 그 식감이 일품이에요! 최근에는 금가루를 뿌린 탕후루부터 오이나 떡을 꽂은 탕후루, 설탕 대신 감미료를 첨가한 제로 탕후루 등 이색 탕후루까지 속속 나오고 있어요. 전국 탕후루 가맹점은 수백 곳이 넘는다고 해요. 유튜브 쇼츠, 인스타그램 릴스, 틱톡 등 숏폼 콘텐츠만 봐도 탕후루가 얼마나 인기를 끌고 있는지 알 수 있어요.

너무 많이 먹지 마세요!

하지만 탕후루 열풍을 우려하는 목소리도 나오고 있어요. 어릴 때 당을 과다 섭취하면 당뇨와 비만, 충치 등 건강에 악영향을 미칠 수 있다는 문제의식 때문이에요. 실제로 최근 몇 년간 소아 당뇨 환자가 꾸준히 증가했는데, 그 원인 중 하나로 탕후루가 지목되기도 했어요. 탕후루 한 꼬치에는 하루 권장 섭취량의 절반에 해당하는 당이 들어 있거든요. 이런 이유로 지난해에는 한 탕후루 업체 대표가 국정감사에 불려 나오기도 했어요. 이런 논란에도 불구하고 탕후루를 즐기는 10대의 음식 문화는 당분간 계속 이어질 것으로 보여요.

OX 퀴즈 기사를 읽고 설명이 맞으면 O, 틀리면 X 표시를 해 보세요.

- 탕후루는 과일에 설탕 코팅을 입힌 일본 전통 간식이에요. (   )
- 탕후루가 소아 당뇨 환자 증가의 원인 중 하나로 지목되기도 했어요. (   )

낱말 고르기 기사를 읽고 다음 괄호 안에 들어갈 알맞은 말을 골라 보세요.

최근에는 금가루를 뿌린 탕후루부터 오이나 떡을 꽂은 탕후루, (설탕   ,   소금   ) 대신 감미료를 첨가한 제로 탕후루 등 (이색   ,   일반   ) 탕후루까지 속속 나오고 있어요.

어휘 체크 기사의 문맥을 파악해 어휘와 뜻을 알맞게 연결해 보세요.

감사 •	• 감독하고 검사함.
이색 •	• 근심하거나 걱정함.
우려 •	• 보통의 것과 색다름.
문제의식 •	• 문제점을 찾아서 그에 적극적으로 대처하려는 태도.

한 줄 정리 괄호 안에 알맞은 말을 넣어 기사를 한 줄로 요약해 보세요.

탕후루가 10대 사이에서 큰 인기를 끌고 있는 동시에 어릴 때 (   )을 너무 많이 섭취하면 건강에 (   )을 미칠 수 있다는 우려도 함께 나오고 있어요.

생각 쑥쑥 기사를 읽고 다음 질문에 대한 나의 생각을 써 보세요.

건강한 탕후루를 만들 방법은 없을까요? 자신만의 창의적인 탕후루 아이디어를 생각해 보세요.

_____
_____
_____
_____

'심심한 사과'가 대체 무슨 말이야?

> **미리 보기 사전**
>
> **문해력**
> 글을 읽고 이해하는 능력을 말해요.

"심심한 사과 말씀을 드립니다."
지난해 한 이벤트 카페가 소셜 미디어에 올린 사과문이 화제가 된 적이 있어요. 이를 본 사람들이 '심심한 사과'라는 표현에 큰 불만을 표시했기 때문이에요. 사과를 한다면서 심심하다니, 이게 대체 무슨 말이냐고요?

음은 같지만 뜻이 달라요

이 사과문에는 "진심이 맞나? 다시 생각해도 화난다.", "난 하나도 안 심심해! 사과문을 올린 사람이 생각 없어 보인다."라는 댓글이 달렸어요. 하지만 사람들의 이런 날 선 반응은 심심하다는 말을 잘못 이해했기 때문이에요. '심심하다.'에는 '하는 일이 없어 지루하고 재미가 없다.'는 뜻 말고도 '마음의 표현 정도가 매우 깊고 간절하다.'는 뜻이 있어요. 앞의 '심심하다.'는 순우리말이고, 뒤의 '심심(甚深)하다.'는 한자가 포함된 단어예요. 그러니까 이 단어는 소리만 같을 뿐 의미는 다른 동음이의어(同音異議語)인 거예요.

문해력 부족 때문일까?

이런 논란이 처음은 아니에요. 오늘을 뜻하는 '금일'을 금요일로 알아듣거나, 3일을 뜻하는 '사흘'을 4일로 생각하거나, 군사 의무를 뜻하는 '병역'을 질병으로 이해하는 사례도 있었어요. 모두 단어의 의미를 제대로 파악하지 못해서 발생한 일이죠. 이런 일이 자주 발생하는 이유는 문해력 부족 때문이라는 분석이 있어요. 하지만 한편으로는 어휘력이나 문해력 차원이 아니라, 일상적으로 사용하는 언어의 교체 시기에 일어나는 자연스러운 현상이라고 보는 의견도 있어요.

OX 퀴즈
기사를 읽고 설명이 맞으면 O, 틀리면 X 표시를 해 보세요.

- 하루, 이틀, 사흘에서 사흘은 3일이에요. (   )
- 동음이의어는 글자의 음은 다르나 뜻이 같은 말이에요. (   )

낱말 고르기
기사를 읽고 다음 괄호 안에 들어갈 알맞은 말을 골라 보세요.

(오늘   ,   내일   )을 뜻하는 '금일'을 금요일로 알아듣거나, 3일을 뜻하는 '(사흘   ,   나흘   )'을 4일로 생각하거나, 군사 의무를 뜻하는 '병역'을 질병으로 이해하는 사례도 있었어요.

어휘 체크
기사의 문맥을 파악해 어휘와 뜻을 알맞게 연결해 보세요.

간절하다	•	•	어휘를 마음대로 부리어 쓸 수 있는 능력.
금일	•	•	오늘.
병역	•	•	국민으로서 국가에 수행하여야 하는 군사적 의무.
어휘력	•	•	무엇을 바라는 마음이 더없이 지성스럽고 절실하다.

한 줄 정리
괄호 안에 알맞은 말을 넣어 기사를 한 줄로 요약해 보세요.

'심심한 사과' 논란과 같이 단어의 의미를 제대로 (   )하지 못해서 생기는 오해가 늘어나는 이유는 (   ) 부족 때문이라는 분석이 있어요.

생각 쑥쑥
기사를 읽고 다음 질문에 대한 나의 생각을 써 보세요.

문해력을 높일 수 있는 방안에는 어떤 것이 있을까요?

_____
_____
_____
_____

한국이 사라질 수도 있다?

미리 보기 사전

합계출산율
여성 1명이 평생 낳을 것으로 예상하는 자녀의 수를 말해요. 우리나라의 합계출산율은 점점 낮아지고 있어요.

2022년 11월 UN은 전 세계 인구가 80억 명을 돌파했다고 발표했어요. 그런데 우리나라에서는 2020년 역사상 처음으로 사망자 수가 출생아 수보다 많아지면서 인구가 자연 감소하는 '인구 데드크로스' 현상이 나타났어요. 이 현상은 3년째 이어지고 있답니다.

세계 인구는 증가하는데….

세계 인구는 계속 늘어나서 1999년에 60억 명, 2011년에 70억 명, 2022년에는 무려 80억 명을 돌파했어요. 그중 절반이 넘는 47억 명이 아시아에 살고, 가장 인구가 많은 나라 역시 아시아 국가인 인도이지요. 우리나라 인구는 약 5,000만 명이지만 매년 줄어들고 있어요. 태어나는 아이가 매년 줄고 있거든요. 우리나라는 초저출산 국가인데, 지난해 합계출산율 0.7명을 기록했어요. 이는 OECD 국가 중에서 가장 낮은 수치예요.

저출산이 왜 문제냐면요

2006년에 이미 한국 소멸을 경고했던 세계적인 인구학자 데이비드 콜먼 교수는 최근 "한국은 인류 역사상 가장 빠른 경제 성장을 달성했지만, 나라를 물려줄 다음 세대가 없어졌다."라고 또다시 경고했어요. 우리나라는 저출산, 고령화가 세계 역사상 가장 빠르게 진행되고 있어요. 이대로라면 일할 사람이 부족해져 경제 성장이 느려지고, 노령 인구를 부양하는 데 젊은 층이 내야 하는 세금이 어마어마해질 거예요. 지금도 학생이 없어 폐교하는 학교 소식이 들려오고 있어요. 군대에 갈 사람이 부족해져 국방에도 문제가 생기고 있고요. 대책이 정말 시급해요.

OX 퀴즈 기사를 읽고 설명이 맞으면 O, 틀리면 X 표시를 해 보세요.

- 2022년 전 세계 인구가 80억 명을 돌파했어요. (   )
- 우리나라는 인구가 꾸준히 자연 증가하고 있어요. (   )

낱말 고르기 기사를 읽고 다음 괄호 안에 들어갈 알맞은 말을 골라 보세요.

우리나라는 (저출산   ,   고출산   ), 고령화가 세계 역사상 가장 빠르게 진행되고 있어요. 이대로라면 일할 사람이 (충분   ,   부족   )해져 경제 성장이 느려지고, 노령 인구를 부양하는 데 젊은 층이 내야 하는 세금이 어마어마해질 거예요.

어휘 체크 기사의 문맥을 파악해 어휘와 뜻을 알맞게 연결해 보세요.

돌파	•	•	사회 전체적으로 아이를 적게 낳거나 그런 상태.
저출산	•	•	생활 능력이 없는 사람의 생활을 돌봄.
부양	•	•	학교의 운영을 폐지함.
폐교	•	•	일정한 기준이나 기록 등을 지나서 넘어섬.

한 줄 정리 괄호 안에 알맞은 말을 넣어 기사를 한 줄로 요약해 보세요.

세계 인구는 2022년 (   )을 돌파했지만 우리나라 인구는 매년 줄어들고 있어요. 우리나라는 지난해 (   ) 0.7명을 기록했고, 이대로라면 경제 성장이 느려져 여러 가지 문제가 생길 거예요.

생각 쑥쑥 기사를 읽고 다음 질문에 대한 나의 생각을 써 보세요.

합계출산율이 낮아진다는 건 많은 여성이 아이를 낳지 않고 있다는 뜻이에요. 그 이유는 무엇일지 친구들의 생각을 써 보세요.

"관심받고 싶어서 낙서했어요"

미리 보기 사전

반달리즘(vandalism)
문화유산이나 예술, 공공시설, 자연경관 등을 파괴하거나 훼손하는 행위를 가리키는 말이에요.

지난해 서울 경복궁 담벼락에 누군가 스프레이로 낙서한 사건이 벌어졌어요. 나흘 만에 범인을 붙잡았는데 놀랍게도 10대 청소년이었어요.

왜 이런 일을 벌인 거예요?

경복궁 담장에 낙서한 이들은 메신저 프로그램에서 누군가에게 "경복궁 등에 한 사이트 주소를 쓰면 돈을 주겠다."라는 제안을 받았다고 해요. 경찰이 낙서 의뢰자를 추적하는 동안 또 다른 모방 범죄가 이어지기도 했어요. 범죄를 저지른 20대를 붙잡아 조사했더니 "관심을 받고 싶어 낙서했다."라고 털어놨어요. 스프레이 낙서로 훼손된 경복궁 담장을 복구하는 데는 최소 1억 원 이상 비용이 들 거래요. 문화재청에서는 낙서한 당사자에게 전체 피해 복구 비용을 청구할 방침이에요.

낙서는 범죄 행위입니다!

이처럼 문화유산이나 예술품 등을 함부로 파괴하거나 훼손하는 행위를 '반달리즘'이라고 해요. 넓게는 공공시설의 외관이나 자연경관 등을 훼손하는 행위도 포함돼요. 반달리즘은 프랑스 대혁명 당시인 1794년에 성난 군중이 무수한 예술품을 파괴하는 모습을 본 투르 앙리그레구아 주교가 반달족의 로마 침략에 빗대어 부른 데서 유래했어요. 역사적으로 반달리즘은 전쟁이나 사회의 급격한 변동이 있을 때마다 자주 나타났어요. 특히 종교적·민족적 갈등은 반달리즘을 부추기는 가장 근본 원인이에요. 문화재청은 문화재에 낙서하는 행위도 범죄라는 사실을 알리고자 홍보와 교육을 강화할 예정이라고 해요.

OX 퀴즈 기사를 읽고 설명이 맞으면 O, 틀리면 X 표시를 해 보세요.

- 지난해 서울 경복궁 담장에 누군가 크레파스로 낙서한 사건이 있었어요. (   )
- 문화재청은 낙서한 당사자에게 피해 복구 비용을 청구할 계획이에요. (   )

낱말 고르기 기사를 읽고 다음 괄호 안에 들어갈 알맞은 말을 골라 보세요.

문화유산이나 예술품 등을 함부로 파괴하거나 (훼손 , 장식)하는 행위를 '반달리즘' 이라고 해요. 넓게는 공공시설의 외관이나 (자연경관 , 도시경관) 등을 훼손하는 행위도 포함돼요.

어휘 체크 기사의 문맥을 파악해 어휘와 뜻을 알맞게 연결해 보세요.

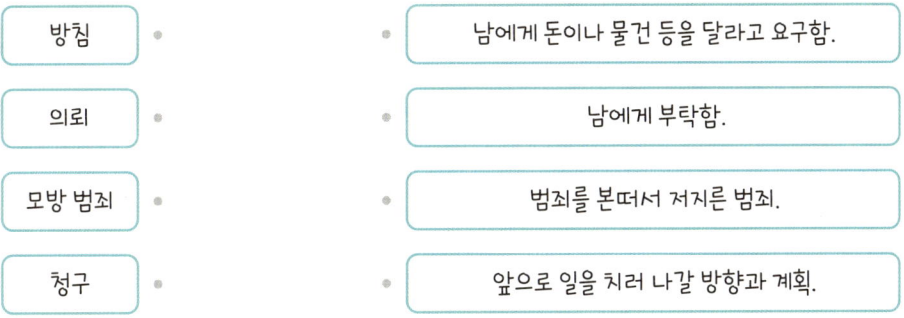

한 줄 정리 괄호 안에 알맞은 말을 넣어 기사를 한 줄로 요약해 보세요.

10대 청소년과 20대 남성이 서울 (   ) 담장에 스프레이로 낙서를 한 사건이 발생했어요. 이렇게 문화재를 파괴하는 행위를 '(   )'이라고 해요.

생각 쑥쑥 기사를 읽고 다음 질문에 대한 나의 생각을 써 보세요.

문화재에 낙서하는 행위가 심각한 범죄라는 사실을 어떤 방식으로 교육하면 효과적일지 생각해 보세요.

우리 아빠가 청년이래요

> **미리 보기 사전**
> **고령화**
> 한 사회에서 65세 이상 노인 인구 비율이 증가하는 현상을 말해요.

경남 의령군은 전국의 17~49세 청년을 대상으로 '청년 창업 지원 사업'을 시행하고 있어요. 충북 영동군은 19~45세 청년을 대상으로 '청년 부부 지원사업'을 펼치고 있죠. 그런데 지역마다 청년의 기준이 다르네요?

몇 살까지를 '청년'으로 봐야 할까요?

국어사전을 펼쳐 보면 청년은 '신체적이나 정신적으로 한창 힘이 넘치는 때에 있는 사람'이라고 나와 있어요. 나이는 정확하게 알 수 없죠. 청년이라는 용어는 19세 미만 미성년처럼 구체적인 나이를 기준으로 한 법률적 표현이 아니었어요. 하지만 2020년 8월 「청년기본법」이 시행되면서 청년은 '19~34세'로 정의되었어요. 그런데 그 뒤에 한 문장이 더 붙어 있어요. "청년에 대한 연령을 다르게 적용하는 경우에는 그에 따를 수 있다." 지역마다 청년의 나이 기준을 다르게 적용할 수 있다는 뜻이에요.

왜 청년의 범위를 계속 확대하는 거예요?

지역마다 청년의 나이 기준을 다르게 적용하는 건 지역에 따라 평균 연령이 다르기 때문이에요. 보통 대도시일수록 평균 연령이 낮고 지방 소도시일수록 평균 연령이 높아요. 지방의 젊은 사람들이 대도시로 옮기는 경우가 많기 때문이에요. 그래서 농촌으로 갈수록 청년의 범위가 넓어진답니다. 최대한 많은 사람을 청년에 포함해서 다양한 혜택을 주려는 목적이에요. 현재 우리나라는 지방 고령화 문제가 매우 심각해요. 청년 범위 확대는 지방 소도시의 청년 인구가 다른 지역으로 유출되는 걸 막으려는 대책이라고 볼 수 있어요.

OX 퀴즈 기사를 읽고 설명이 맞으면 O, 틀리면 X 표시를 해 보세요.

- 「청년기본법」에 따르면 청년의 나이는 19~49세예요. (   )
- 지역마다 청년의 나이 기준을 다르게 적용할 수 있어요. (   )

낱말 고르기 기사를 읽고 다음 괄호 안에 들어갈 알맞은 말을 골라 보세요.

지역마다 (청년 , 미성년)의 나이 기준을 다르게 적용하는 건 그 지역에 따라 평균 연령이 다르기 때문이에요. 보통 대도시일수록 평균 연령이 (낮고 , 높고) 지방 소도시일수록 평균 연령이 높아요.

어휘 체크 기사의 문맥을 파악해 어휘와 뜻을 알맞게 연결해 보세요.

범위	•	•	밖으로 흘러 나가거나 흘려 내보냄.
법률	•	•	일정하게 한정된 영역.
연령	•	•	국가의 강제력을 수반하는 사회 규범.
유출	•	•	세상에 나서 살아온 햇수.

한 줄 정리 괄호 안에 알맞은 말을 넣어 기사를 한 줄로 요약해 보세요.

지역마다 (   )의 기준이 다른 이유는 최대한 많은 사람을 청년에 포함해 다양한 혜택을 주고, 지방 소도시의 청년 인구가 다른 지역으로 (   )되는 걸 막으려는 대책이라고 볼 수 있어요.

생각 쑥쑥 기사를 읽고 다음 질문에 대한 나의 생각을 써 보세요.

내가 사는 지역의 청년 기준을 알아보세요. 부모님은 청년에 속하나요?

영화 <서울의 봄> 북미에서도 흥행 성공!

> **미리 보기 사전**
> **12.12 군사 반란**
> 1979년 12월 12일 전두환과 노태우가 주도하여 일으킨 군사 쿠데타를 말해요.

영화 <서울의 봄>은 지난해 극장가에서 흥행 돌풍을 일으키며 '천만 영화' 대열에 올랐어요. 우리나라뿐만 아니라 북미 관객의 마음도 사로잡았어요.

미국에서도 흥행한 <서울의 봄>

김성수 감독의 <서울의 봄>은 12·12 군사 반란을 소재로 한 작품이며, 군대 내부의 사조직이 무력을 동원해 대한민국의 정권을 장악하는 모습을 다루었어요. 1979년에 실제 있었던 사건을 바탕으로 한 이 영화는 지난해 두 번째로 1천만 관객을 돌파하는 등 큰 인기를 끌었답니다. 관객 사이에서는 황정민 배우의 '분노 유발' 연기가 인상적이었다는 평이 많았죠. <서울의 봄>은 북미에서도 개봉해 흥행을 이어 갔어요. 배급사 소식에 따르면 북미 매출액이 100만 달러(약 13억 4,000만 원)를 돌파했다고 해요.

한국 영화의 희망을 보여 주다

코로나19 이후로 천만 관객을 돌파한 작품은 <범죄도시2>, <아바타: 물의 길>, <범죄도시3>, <서울의 봄>, <파묘> 등 5편이에요. 이 중 <서울의 봄>은 침체한 영화 산업에 '좋은 작품이면 성공할 수 있다.'는 가능성을 보여 주었어요. <서울의 봄> 흥행을 이끈 건 배우들의 훌륭한 연기와 함께 다양한 이벤트 등의 영향도 컸어요. 또 역사적 사건을 다루면서 관객이 영화 관람 이후에도 더 많은 학습을 하도록 유도한 '무비 저널리즘' 효과도 흥행에 크게 작용했어요. 영화평론가들은 "이 작품이 MZ세대의 현대사에 관한 관심을 높이고, 세대 간 소통을 유도했다."라고 긍정적으로 평가했어요.

OX 퀴즈 기사를 읽고 설명이 맞으면 O, 틀리면 X 표시를 해 보세요.

- <서울의 봄>은 10.26 사태를 소재로 한 영화예요. (   )
- <서울의 봄>은 코로나19 이후 천만 관객을 돌파한 영화 5편 중 하나예요. (   )

낱말 고르기 기사를 읽고 다음 괄호 안에 들어갈 알맞은 말을 골라 보세요.

영화평론가들은 "이 작품이 MZ세대의 (현대사   ,   고대사   )에 관한 관심을 높이고, 세대 간 소통을 유도했다."라고 (부정적   ,   긍정적   )으로 평가했어요.

어휘 체크 기사의 문맥을 파악해 어휘와 뜻을 알맞게 연결해 보세요.

쿠데타	•	•	공연 등이 상업적으로 큰 수익을 거둠.
장악	•	•	신문과 잡지로 대중에게 시사적인 정보와 의견을 제공하는 활동.
흥행	•	•	무력으로 정권을 빼앗는 일.
저널리즘	•	•	손안에 잡아 쥔다는 뜻으로, 무엇을 마음대로 할 수 있게 됨.

한 줄 정리 괄호 안에 알맞은 말을 넣어 기사를 한 줄로 요약해 보세요.

(   )을 다루며 국내에서 천만 관객을 돌파한 영화 <서울의 봄>이 북미에서도 흥행 성공을 거둔 데는 배우들의 연기와 함께 다양한 이벤트, 무비 (   ) 효과가 컸어요.

생각 쑥쑥 기사를 읽고 다음 질문에 대한 나의 생각을 써 보세요.

<서울의 봄>이 흥행에 성공한 비결은 무엇이었는지 생각해 보세요.

_____
_____
_____

식물이 아프면 '나무 의사'를 불러요

> **미리 보기 사전**
>
> **나무 의사**
> 「산림보호법」에 따라 나무 의사 자격증을 받은 사람을 말하며, 나무의 피해를 예방하거나 치료하는 활동을 해요.

친구들은 꽃이나 나무를 좋아하나요? 꽃과 나무는 아름다운 풍경과 상쾌한 공기를 만들어 주고, 때로는 싱싱한 잎사귀나 열매, 뿌리까지 우리에게 아낌없이 내어 줘요. 또 집을 짓거나 가구를 만드는 데도 우리는 나무를 사용해요.

나무 의사가 뭐야?

오래전부터 사람들은 식물에 관심이 많았어요. 식물학자들은 꽃과 나무를 관찰하여 효능과 쓰임새를 알아내고, 식물이 어떤 환경에서 어떻게 성장하는지 연구해 왔죠. 그런데 요즘은 나무의 건강을 지키고 치료하는 전문가도 있답니다. 그런 사람을 '나무 의사'라고 불러요. 2018년 6월에 처음 도입된 나무 의사는 사람을 치료하는 의사처럼 나무의 병해충을 예방하고 치료하는 일을 해요. 우리나라에는 1,000여 명밖에 없지만 점점 늘어나고 있어요. 나무 의사 자격증이 있으면 나무 병원도 세울 수 있답니다.

나무가 아프면 직접 달려간다

길거리에 있는 나무가 병들면 어떻게 해야 할까요? 나무는 아파도 말하거나 움직일 수 없으니까 나무 의사가 직접 병든 나무가 있는 곳으로 찾아가요. 나무 의사는 병든 나무를 꼼꼼하게 살펴보고 진단을 내린 다음 주사를 놓거나 약을 주어 치료한답니다. 그러면 나무는 다시 건강하게 자랄 수 있어요. 우리 주변에서 흔히 볼 수 있는 가로수, 보호수, 공원에 있는 나무도 병에 걸릴 수 있어요. 그럴 때 나무 의사가 달려가 도울 수 있으니 정말 다행이죠?

OX 퀴즈 기사를 읽고 설명이 맞으면 O, 틀리면 X 표시를 해 보세요.

- 우리나라에 나무 의사는 1,000명 정도밖에 없지만 앞으로 점점 많아질 거예요. (   )
- 아픈 나무가 있으면 화분을 들고 나무 의사를 찾아가야 해요. (   )

낱말 고르기 기사를 읽고 다음 괄호 안에 들어갈 알맞은 말을 골라 보세요.

(식물학자 , 동물학자)들은 꽃과 나무를 관찰하여 효능과 쓰임새를 알아내고, 식물이 어떤 환경에서 어떻게 성장하는지 연구해 왔어요.

어휘 체크 기사의 문맥을 파악해 어휘와 뜻을 알맞게 연결해 보세요.

진단	의사가 환자의 병 상태를 판단하는 일.
병해충	농작물에 해를 입히는 병과 해충.
예방	기술, 방법, 물자를 끌어들임.
도입	질병이나 재해가 일어나기 전에 막는 일.

한 줄 정리 괄호 안에 알맞은 말을 넣어 기사를 한 줄로 요약해 보세요.

나무 의사는 나무가 (   ) 직접 달려가 진단을 내리고 치료해 주는 전문가로, 나무 의사 (   )이 있으면 나무 병원도 세울 수 있어요.

생각 쑥쑥 기사를 읽고 다음 질문에 대한 나의 생각을 써 보세요.

나무 의사는 병원에서 치료하지 않고 나무가 있는 곳으로 직접 가야 해요. 나무 의사라는 직업의 장점과 단점이 있다면 무엇일까요?

나랑 마라탕 먹으러 갈래?

> **미리 보기 사전**
>
> **마라탕**
> 중국 쓰촨 지역에서 시작된 탕 요리이며, 혀가 저릴 정도로 얼얼하고 매운맛이 특징이에요.

　맵고 자극적인 맛의 대명사인 '마라탕'이 초등학생 사이에서 큰 인기를 끌고 있어요. 하지만 지나치게 맵고 자극적인 음식이라는 점에서 아이들이 무분별하게 섭취하는 것을 우려하는 목소리도 나오고 있어요.

"마라탕 한번 먹는 게 소원이에요"

　최근 초등학생 사이에서 매운 음식 먹기 도전 열풍이 불고 있어요. 엽기 떡볶이와 불닭 라면에 이어 이제는 '마라탕'이 대세 음식으로 떠올랐어요. "마라탕 한번 먹는 게 소원"이라고 말하는 초등학생이 있을 정도예요. 초등학생이 열광하는 유명한 유튜버뿐만 아니라, 초등학생 유튜버의 마라탕 먹방 콘텐츠도 줄을 잇는답니다. 최근에는 학교 급식 메뉴로도 등장했다고 하네요. 중독적인 매운맛을 원하는 대로 조절할 수 있고, 수십 가지가 넘는 재료 중에서 원하는 재료를 원하는 만큼 골라서 조리할 수 있다는 점이 마라탕이 인기를 끄는 이유 중 하나라고 해요.

그러다 탈이 날 수도 있어요!

　하지만 마라탕에 많이 사용되는 강한 향신료와 지나치게 높은 염분이 건강에 문제를 일으킬 수 있어 학부모의 걱정도 커지고 있어요. 마라탕에 들어가는 팔각, 정향, 산초 등의 향신료는 소화 기관을 자극할 수 있어요. 또 마라탕 한 그릇에는 일일 권장 섭취량을 훌쩍 뛰어넘을 정도로 많은 나트륨이 들어 있다고 해요. 초등학생 사이에서 일어난 마라탕 열풍을 보고 전문가들은 "아직 장기가 성숙하지 않은 아이들이 무분별하게 매운 음식을 따라 먹으면 탈이 날 수도 있다."라고 경고했어요.

OX 퀴즈 기사를 읽고 설명이 맞으면 O, 틀리면 X 표시를 해 보세요.

- 마라탕은 혀가 저릴 정도로 매운맛이 특징인 탕 요리예요. (   )
- 마라탕에 들어가는 다양한 향신료는 소화에 도움이 돼요. (   )

낱말 고르기 기사를 읽고 다음 괄호 안에 들어갈 알맞은 말을 골라 보세요.

하지만 마라탕에 많이 사용되는 강한 향신료와 지나치게 높은 (염분 , 수분)이 건강에 문제를 일으킬 수 있어 학부모의 걱정도 커지고 있어요. 마라탕에 들어가는 팔각, 정향, 산초 등의 향신료는 (소화 기관 , 호흡 기관)을 자극할 수 있어요.

어휘 체크 기사의 문맥을 파악해 어휘와 뜻을 알맞게 연결해 보세요.

대명사	•	•	어떤 속성을 대표적으로 나타내는 것을 비유적으로 이르는 말.
섭취	•	•	음식물에 맵거나 향기로운 맛을 더하는 조미료.
대세	•	•	일이 진행되어 가는 결정적인 형세.
향신료	•	•	생물체가 양분 등을 몸속에 받아들이는 일.

한 줄 정리 괄호 안에 알맞은 말을 넣어 기사를 한 줄로 요약해 보세요.

최근 초등학생 사이에서 맵고 자극적인 맛의 대명사인 (   )이 큰 인기를 끌고 있지만 강한 향신료와 지나치게 높은 (   )이 건강에 문제를 일으킬 수 있어 걱정하는 목소리도 나오고 있어요.

생각 쑥쑥 기사를 읽고 다음 질문에 대한 나의 생각을 써 보세요.

마라탕을 건강하고 현명하게 즐길 방법을 고민해 보세요. 어떤 방법이 있을까요?

광화문 월대가 100년 만에 복원됐어요!

> **미리 보기 사전**
> **월대**
> 궁궐의 정전(正殿)과 같이 중요한 건물 앞에 한 층 높게 쌓아 올린 넓은 대를 말해요.

1920년대 일제가 훼손, 철거한 광화문 월대가 100년 만에 복원돼 지난해 10월 15일 공개됐어요.

광화문의 새로운 상징 '월대'

고종(조선 제26대 왕) 대인 1866년에 조성된 광화문 월대는 임금이 백성과 직접 소통하는 장소이자 외국 사신을 맞이하는 곳이었어요. 하지만 일제강점기를 거치면서 광화문 앞에 있던 주요 시설물이 훼손, 철거되었어요. 일제는 그 자리에 전차가 다니도록 철로를 깔아 버렸답니다. 문화재청은 2006년부터 광화문 일대를 복원하고 정비하는 사업을 꾸준히 추진해 왔어요. 이번에 복원된 광화문 월대를 비롯한 경복궁 일대는 고종 때 중건된 모습을 기준으로 삼았다고 해요. 100년 만에 모습을 되찾은 월대는 광화문의 새로운 상징이 될 거예요.

서수상도 제자리로 돌아왔어요

월대 맨 앞부분에는 '서수상'이라고 하는 재미있게 생긴 동물 조각상이 한 쌍 있어요. 뿔과 갈기가 있는 상상 속 동물을 표현한 것이죠. 과거에 임금이 다니는 길 맨 앞부분을 이 서수상으로 장식했는데, 부정적인 기운을 쫓고 왕실의 권위를 높여 주는 역할을 했다고 해요. 원래 경기도 용인시 호암미술관에 있던 것을 제자리로 옮겨 온 거예요. 월대가 복원되자 시민들이 찾아와 서수상을 쓰다듬어 보고 기념사진을 찍는 등 큰 관심을 보였어요. 문화재청은 "광화문 월대가 과거와 현재, 미래가 소통하는 곳으로 거듭나기를 기원한다."라고 밝혔답니다.

OX 퀴즈 기사를 읽고 설명이 맞으면 O, 틀리면 X 표시를 해 보세요.

- 광화문 월대는 조선 제20대 왕인 고종 대에 조성되었어요. (   )
- 서수상은 백성이 다니던 길을 장식하던 조각상이에요. (   )

낱말 고르기 기사를 읽고 다음 괄호 안에 들어갈 알맞은 말을 골라 보세요.

이번에 복원된 광화문 월대를 비롯한 경복궁 일대는 고종 때 (중건 , 창건)된 모습을 기준으로 삼았다고 해요. (100년 , 10년) 만에 모습을 되찾은 월대는 광화문의 새로운 상징이 될 거예요.

어휘 체크 기사의 문맥을 파악해 어휘와 뜻을 알맞게 연결해 보세요.

정전 •	• 의견이나 의사 등이 남에게 잘 통함.
소통 •	• 무엇을 만들어서 이룸.
조성 •	• 궁궐 등을 고쳐 지음.
중건 •	• 왕이 조회하던 궁전.

한 줄 정리 괄호 안에 알맞은 말을 넣어 기사를 한 줄로 요약해 보세요.

일제강점기 때 훼손된 (   )가 100년 만에 복원됐고, 과거에 임금이 다니는 길 맨 앞부분을 장식하던 (   )도 제자리를 찾았어요.

생각 쑥쑥 기사를 읽고 다음 질문에 대한 나의 생각을 써 보세요.

서수상은 상상 속 동물을 표현한 것인데, 어떤 동물을 닮았는지 설명해 보세요.

_____
_____
_____
_____

경주 명물 '십원빵' 사라질까?

> **미리 보기 사전**
>
> **한국은행**
> 1950년 5월에 설립된 우리나라 중앙은행이에요. 일반 은행과는 달리 화폐를 발행하고 돈의 양과 흐름을 조절하는 역할을 해요.

경주 하면 누구나 불국사, 첨성대, 왕릉 등 신라 시대의 유명한 문화유산을 떠올릴 거예요. 최근에는 '십원빵' 인기도 대단하다고 하네요? 그런데 이 십원빵이 지난해 논란의 중심에 서기도 했어요.

십원빵 인기 어디까지?

경북 경주 '황리단길'의 인기 상품인 십원빵은 10원짜리 동전 도안을 본떠서 만든 빵이에요. 불국사 다보탑 문양이 찍혀 있는 빵 안에 치즈를 비롯해 다양한 재료가 들어 있지요. 쫀득하고 고소해 많은 사람이 좋아하는 경주 대표 간식이 됐어요. 십원빵이 큰 인기를 끌자 경주뿐만 아니라 전국 곳곳에도 십원빵을 파는 가게가 생겼어요. 얼마나 인기가 있는지 일본과 싱가포르 등 해외에까지 진출할 정도죠.

십원빵을 볼 수 없을지도 몰라요

그런데 지난해 한국은행은 십원빵 제조 업체를 상대로 화폐 도안을 무단으로 사용했다며 디자인 변경을 요청했어요. 그 이유는 화폐 도안에도 저작권이 있기 때문이에요. 이를 어기면 5년 이하 징역이나 5,000만 원 이하 벌금을 내야 해요. 화폐는 사회적 약속이자 믿음의 상징이니 도안을 무분별하게 사용하면 사회의 신뢰를 떨어뜨릴 수도 있어요. 하지만 한국은행의 간섭이 지나치다는 지적도 있어요. 십원빵을 판매하지 못하도록 제한하는 것은 융통성 없고 권위적인 행정이라는 의견이에요. 이에 한국은행 총재는 "규정을 유연하게 적용할 수 있는지 고려해 보겠다."라고 했어요. 십원빵의 운명은 어떻게 될까요?

OX 퀴즈 기사를 읽고 설명이 맞으면 O, 틀리면 X 표시를 해 보세요.

- 십원빵은 경주에서만 먹을 수 있어요. (   )
- 한국은행이 십원빵 디자인 변경을 요청했어요. (   )

낱말 고르기 기사를 읽고 다음 괄호 안에 들어갈 알맞은 말을 골라 보세요.

지난해 한국은행은 십원빵 제조 업체를 상대로 화폐 도안을 무단으로 (사용 , 변경) 했다며 디자인 변경을 요청했어요. 그 이유는 화폐 도안에도 (저작권 , 이용권)이 있기 때문이에요.

어휘 체크 기사의 문맥을 파악해 어휘와 뜻을 알맞게 연결해 보세요.

논란	•	•	여럿이 서로 다른 주장을 내며 다툼.
도안	•	•	어떤 물건을 만들 때 모양, 색깔 등을 그림으로 설계하여 나타낸 것.
무단	•	•	사전에 허락이 없음.
융통성	•	•	그때그때의 사정과 형편을 고려해 일을 처리하는 것.

한 줄 정리 괄호 안에 알맞은 말을 넣어 기사를 한 줄로 요약해 보세요.

경주의 명물인 십원빵은 10원짜리 동전 (   )을 이용해 만든 빵이며, 많은 사람의 사랑을 받고 있지만 (   )은 화폐 도안을 무단으로 사용했다며 디자인 변경을 요청했어요.

생각 쑥쑥 기사를 읽고 다음 질문에 대한 나의 생각을 써 보세요.

여러분은 동전 도안 사용을 어떻게 생각하나요? 찬성과 반대로 나눠 토론해 보세요.

2024년엔 '빨간 날'이 며칠일까요?

> **미리 보기 사전**
>
> **법정공휴일**
> 공식적으로 정하여 쉬는 날이에요. 일요일과 국경일, 1월 1일, 설날, 부처님오신날, 어린이날, 현충일, 추석, 성탄절 등이 있어요.

　2024년 우리나라에서 공식적으로 쉬는 날은 며칠일까요? 국경일, 법정공휴일, 임시공휴일, 대체공휴일 등 달력에 빨간색으로 표시된 날을 하나하나 따져 볼까요?

대한민국 5대 국경일은?

　국경일은 나라의 경사스러운 날을 기념하는 날이에요. 삼일절과 제헌절, 광복절, 개천절, 한글날이 있어요. 삼일절은 3·1운동을 기념하는 날이고, 제헌절은 「대한민국 헌법」을 제정하고 공포한 것을 기념하는 날이지요. (하지만 2008년부터 법정공휴일에서 제외되었어요.) 광복절은 우리나라가 일본에 빼앗겼던 주권을 되찾아 해방된 것을 축하하는 날이고, 개천절은 우리나라의 건국을 기념하는 날이에요. 한글날은 세종대왕이 창제한 훈민정음 반포를 기념하는 날이고요. 이날들을 '대한민국 5대 국경일'이라고 해요.

법정공휴일은 또 뭐예요?

　법정공휴일에는 5대 국경일을 포함하여 일요일과 1월 1일, 설날과 그 전후 이틀, 부처님오신날, 어린이날, 현충일, 추석과 그 전후 이틀, 성탄절 등이 있어요. 또 필요에 따라 국가에서 그때그때 정하여 다 함께 쉬는 날은 임시공휴일이라고 해요. 대통령 선거, 국회의원 선거 등이 여기에 해당하죠. 올해 4월 10일에는 제22대 국회의원 선거가 있어요. 또 공휴일이 주말과 겹쳤을 때 평일 중 하루를 선택하여 대신 쉬도록 하는 제도도 있는데, 이날을 대체공휴일이라고 해요. 그래서 2024년에는 쉬는 날이 총 며칠이냐고요? 모두 119일로, 지난해보다 이틀 더 많네요!

OX 퀴즈 기사를 읽고 설명이 맞으면 O, 틀리면 X 표시를 해 보세요.

- 대한민국 5대 국경일은 삼일절, 제헌절, 광복절, 개천절, 한글날이에요. (   )
- 일요일은 법정공휴일에 포함되지 않아요. (   )

낱말 고르기 기사를 읽고 다음 괄호 안에 들어갈 알맞은 말을 골라 보세요.

(법정공휴일 , 임시공휴일)에는 5대 국경일을 포함하여 (일요일 , 토요일)과 1월 1일, 설날과 그 전후 이틀, 부처님오신날, 어린이날, 현충일, 추석과 그 전후 이틀, 성탄절 등이 있어요.

어휘 체크 기사의 문맥을 파악해 어휘와 뜻을 알맞게 연결해 보세요.

경사	뜻깊은 일이나 훌륭한 인물 등을 오래도록 잊지 않고 마음에 간직함.
기념	축하할 만한 기쁜 일.
헌법	국민의 권리를 보장하고 국가의 근본을 알리는 가장 기본이 되는 법.
창제	전에 없던 것을 처음으로 만들거나 제정함.

한 줄 정리 괄호 안에 알맞은 말을 넣어 기사를 한 줄로 요약해 보세요.

대한민국의 5대 (   )은 삼일절, 제헌절, 광복절, 개천절, 한글날이고, (   )에는 일요일과 1월 1일, 설날과 그 전후 이틀, 부처님오신날, 어린이날, 현충일, 추석과 그 전후 이틀, 성탄절 등이 있어요.

생각 쑥쑥 기사를 읽고 다음 질문에 대한 나의 생각을 써 보세요.

내가 국가의 공휴일을 정할 수 있다면 어떤 날을 어떤 이유로 지정하고 싶은지 설명해 보세요.

_____
_____
_____

'식집사'라는 말을 들어 본 적 있나요?

> **미리 보기 사전**
>
> **반려식물**
> 사람이 정서적으로 의지하고자 가까이 두고 기르는 식물을 일컫는 말이에요.

'식집사'라는 말을 들어 본 적 있나요? 매일같이 식물의 건강 상태를 확인하고 먼지를 털어 주며 식물에 애정을 쏟는 사람을 일컫는 신조어예요. 최근에 식집사가 늘어나면서 반려식물 서비스도 한층 다양해졌답니다.

식물 호텔과 식물 병원까지?

식집사들은 장기간 집을 비울 때 반려식물을 식물 호텔에 맡기기도 해요. 식물 호텔에서는 식집사가 맡긴 반려식물에 수분과 영양제를 공급하고 관수와 통풍 같은 서비스를 제공하기도 하죠. 만약 식물이 병든다면 원예 전문가가 있는 식물 병원으로 달려가요. 식물 병원에서는 식물이 병든 이유를 진단하고 그에 맞는 처방을 내려 치료한답니다. 식물을 가족처럼 여기는 식집사들을 위한 서비스예요. 식물은 이런 시스템을 이용해 더 건강하게 자라고, 식집사들은 무럭무럭 자라는 반려식물을 보며 기쁨을 느끼죠.

식집사를 위한 정책도 마련했어요

최근에는 지방자치단체들이 반려식물 문화를 육성하고 확산하고자 다양한 정책을 발표하기도 해요. 경기도는 지난해 2월에 '반려식물 활성화 및 산업 지원 조례'를 제정했어요. 반려식물의 정의를 정립하고, 관련 산업을 발전시킬 법적 근거를 마련한 거예요. 또 식물과 관련된 다양한 교육과 체험 기회를 제공해 지역 주민의 정서적 안정을 돕고 있어요. LG전자는 다양한 식물을 직접 키울 수 있는 가전제품을 선보이기도 했어요. 반려식물이라는 새로운 문화가 뿌리내리면서 더 많은 사람이 식물을 가꾸고 교감하는 즐거움을 느낄 것으로 기대하고 있어요.

OX 퀴즈 기사를 읽고 설명이 맞으면 O, 틀리면 X 표시를 해 보세요.

- 반려식물은 사람이 정서적으로 의지하고자 가까이 두고 기르는 동물이에요. (   )
- 식집사들을 위한 다양한 서비스가 생기고 있어요. (   )

낱말 고르기 기사를 읽고 다음 괄호 안에 들어갈 알맞은 말을 골라 보세요.

식물 (호텔   ,   마트   )에서는 식집사가 맡긴 (반려   ,   희귀   )식물에 수분과 영양제를 공급하고 관수와 통풍 같은 서비스를 제공하기도 해요.

어휘 체크 기사의 문맥을 파악해 어휘와 뜻을 알맞게 연결해 보세요.

신조어	•	•	바람이 통하게 함.
관수	•	•	제도나 법률 등을 만들어서 정함.
통풍	•	•	새로 생긴 말.
제정	•	•	농사를 짓는 데 필요한 물을 논밭에 댐.

한 줄 정리 괄호 안에 알맞은 말을 넣어 기사를 한 줄로 요약해 보세요.

최근 식집사가 늘어나면서 (   )을 위한 서비스도 다양해졌어요. 식물 호텔과 식물 병원 등이 생겼고, 지방자치단체들은 반려식물 문화를 (   )하고 확산하고자 정책을 마련했어요.

생각 쑥쑥 기사를 읽고 다음 질문에 대한 나의 생각을 써 보세요.

식집사와 반려식물을 위한 서비스가 늘어나고 있어요. 식물 호텔과 식물 병원 외에 또 어떤 서비스가 있을까요?

_____

_____

_____

첫 번째 '더 기빙 플레지' 회원은 누구?

> **미리 보기 사전**
>
> **더 기빙 플레지 (The Giving Pledge)**
> 빌 게이츠와 워런 버핏 등 전 세계 대부호들이 재산을 사회에 환원하자고 약속하면서 시작된 기부 단체예요.

마크 저커버그와 일론 머스크, 조지 루카스의 공통점은 세계적 기업가이자 '더 기빙 플레지' 회원이라는 점이에요. 재산의 절반 이상, 최소 5억 달러 이상을 기부해야 회원이 될 수 있는 이 기부 단체의 회원 중에는 한국인도 있어요.

한국인 첫 번째 기부자는 누구예요?

우아한형제들 창업자 김봉진 의장은 2010년 음식 배달 앱 '배달의민족'을 개발했어요. 자본금 3,000만 원으로 시작한 이 스타트업은 10년이 지난 2021년 매출 2조 원을 달성했지요. 이후 재산의 절반 이상을 사회에 환원하기로 약속하면서 한국인으로는 최초로, 전 세계에서는 219번째로 더 기빙 플레지에 가입했어요. 카카오의 김범수 의장도 10조 원에 달하는 재산의 절반을 기부하기로 약속하며 김봉진 의장에 이어 더 기빙 플레지에 가입했답니다.

50년 전 유일한 박사의 통 큰 기부

그 이전에도 우리나라엔 '착한 부자'가 있었어요. 유한양행 창업자 고 유일한 박사가 대표적이에요. 그는 제약회사 유한양행과 학교법인 유한재단을 설립했고, 일제강점기에는 독립운동가로도 활동했답니다. 유일한 박사는 1971년 세상을 떠나기 전 기업을 운영하며 모은 재산을 대부분 교육사업에 기부한다는 유언을 남겼어요. 우리나라는 세계 10위권 경제 규모에 비해 기부가 부족한 편이었어요. 최근 기업가들의 통 큰 기부 행렬이 이어지면서 우리나라에도 기부 문화가 점점 확산할 것으로 기대하고 있어요.

OX 퀴즈 기사를 읽고 설명이 맞으면 O, 틀리면 X 표시를 해 보세요.

- 대한민국 첫 번째 더 기빙 플레지 가입자는 유일한 박사예요. ( )
- 재산을 모두 기부해야 더 기빙 플레지 회원이 될 수 있어요. ( )

낱말 고르기 기사를 읽고 다음 괄호 안에 들어갈 알맞은 말을 골라 보세요.

유일한 박사는 1971년 세상을 떠나기 전 기업을 (운영 , 매각)하며 모은 재산을 대부분 교육사업에 (기부 , 투자)한다는 유언을 남겼어요.

어휘 체크 기사의 문맥을 파악해 어휘와 뜻을 알맞게 연결해 보세요.

어휘	뜻
기부 •	• 공적인 일이나 남을 도우려고 돈이나 물건을 내놓음.
환원 •	• 혁신적인 기술 혹은 아이디어를 가진 신생 창업 기업.
스타트업 •	• 죽음에 이르기 직전에 남기는 말.
유언 •	• 본디 상태로 되돌아가게 함.

한 줄 정리 괄호 안에 알맞은 말을 넣어 기사를 한 줄로 요약해 보세요.

우아한형제들의 김봉진 의장과 카카오의 김범수 의장이 재산의 절반을 사회에 환원하겠다는 약속을 하면서 ( )의 회원이 되었어요. 기업가의 기부가 이어지면서 우리나라에도 기부 문화가 ( )할 것으로 기대하고 있어요.

생각 쑥쑥 기사를 읽고 다음 질문에 대한 나의 생각을 써 보세요.

'더 기빙 플레지'에 가입할 수 있을 만큼 많은 돈이 있다면 여러분은 어떤 선택을 하고 싶은가요?

_____
_____
_____
_____

서울시에 '쌍둥이 눈'이 생겨요

> **미리 보기 사전**
>
> **랜드마크(landmark)**
> 프랑스의 에펠탑이나 뉴욕의 자유의 여신상처럼 어떤 지역을 대표하거나 다른 지역과 구별되게 하는 독특한 건축물이나 문화재를 말해요.

서울 마포구 상암동에 세계 최초로 두 고리가 교차하는 '트윈 휠(Twin Wheel)' 형태로 대관람차가 들어설 예정이에요. 대관람차의 이름은 '서울 트윈아이'인데, 완공되면 서울을 상징하는 새로운 랜드마크가 될지도 모르겠어요!

반지처럼 생긴 서울 트윈아이

서울시는 상암동 평화의공원에 대관람차와 복합문화시설을 조성하는 '서울 트윈아이' 사업을 추진한다고 밝혔어요. 서울 트윈아이는 지름 180m 규모 대관람차예요. 세계에서 처음으로 고리 2개가 교차하는 형태로 설계된 서울 트윈아이는 가운데에 살이 없는 대관람차로는 세계 최대 규모라고 해요. 동그란 원 안에 지지대가 없어서 멀리서 보면 꼭 반지처럼 보여요. 캡슐 64개로 구성되며 최대 1,440명이 탑승할 수 있도록 설계했어요. 완공까지는 최소 5~6년이 걸릴 것으로 예상하고 있어요.

서울의 새로운 랜드마크가 될까?

대관람차 하부에는 공연장, 전시장, 각종 편의시설과 레저시설 등 전시 문화 공간이 들어설 예정이에요. 또 지하철 6호선 월드컵경기장역에서 대관람차까지 편리하게 이동하도록 모노레일도 만들 계획이라고 해요. 서울 트윈아이가 완공되면 한강 경관이 개선되는 것은 물론, 서울의 대표적인 관광 명소로 자리매김할 것으로 기대하고 있어요. 서울시는 "앞으로 서울 곳곳을 창의적인 공간으로 채워 재미와 매력이 넘치는 도시로 만들겠다."라고 밝혔어요.

OX 퀴즈 기사를 읽고 설명이 맞으면 O, 틀리면 X 표시를 해 보세요.

- 서울 트윈아이는 거대한 회전목마예요. (   )
- 서울 트윈아이가 완공되면 한강 경관을 해칠 수도 있어요. (   )

낱말 고르기 기사를 읽고 다음 괄호 안에 들어갈 알맞은 말을 골라 보세요.

서울 트윈아이는 지름 180m 규모 (대관람차 ,   회전목마   )예요. 세계에서 처음으로 고리 2개가 교차하는 형태로 설계된 서울 트윈아이는 가운데에 살이 없는 대관람차로는 세계 (최대 ,   최소   ) 규모라고 해요.

어휘 체크 기사의 문맥을 파악해 어휘와 뜻을 알맞게 연결해 보세요.

모노레일	•	•	선로가 한 가닥인 철도.
추진	•	•	목표를 향해 밀고 나아감.
개선	•	•	산이나 들, 강, 바다 등의 자연이나 지역의 풍경.
경관	•	•	부족하거나 잘못된 것을 고쳐 더 좋게 만듦.

한 줄 정리 괄호 안에 알맞은 말을 넣어 기사를 한 줄로 요약해 보세요.

서울 상암동 평화의공원에 들어설 예정인 (   )는 지름 180m 대관람차로, 완공되면 서울의 대표적인 (   )가 될 것으로 기대하고 있어요.

생각 쏙쏙 기사를 읽고 다음 질문에 대한 나의 생각을 써 보세요.

여러분이 우리나라를 대표하게 될 랜드마크를 만들 수 있다면 어떤 건축물을 만들고 싶나요?

직지심체요절 빨리 돌려주세요!

> **미리 보기 사전**
>
> **직지심체요절**
> 고려 우왕 3년(1377년)에 청주 흥덕사에서 금속활자로 찍어 낸 책이에요. 금속활자로 인쇄된 책 가운데 세계에서 가장 오래되었어요.

세계에서 가장 오래된 금속활자 인쇄본인 '직지심체요절'이 50년 만에 프랑스 국립도서관에서 일반에 공개됐어요. 그런데 우리나라의 소중한 문화유산이 왜 프랑스의 도서관에 있을까요?

세계에서 가장 오래된 금속활자 인쇄본

직지심체요절은 백운 스님이 부처님의 가르침을 요약한 책인데, 2001년 유네스코 세계기록유산으로 등재된 우리나라의 소중한 문화유산이에요. '직지'라고 줄여서 부르는 이 책이 지난해 4월 프랑스국립도서관 전시회에서 50년 만에 공개됐어요. 인류의 인쇄술을 다루는 이 전시에서 직지는 인쇄술의 발명과 역사를 짚는 첫머리를 장식했어요. 직지는 구텐베르크가 1455년 무렵 발행한 성경보다 무려 78년이나 앞서 제작되어 세계에서 가장 오래된 금속활자 인쇄본이랍니다.

우리나라의 문화유산이 왜 프랑스에?

조선 말기 주한 프랑스 공사로 부임한 콜랭 드 블랑시가 직지를 수집해 프랑스로 가져갔어요. 이후 프랑스 예술품 수집가가 경매를 거쳐 직지를 구입했고, 그의 유족이 1950년 프랑스국립도서관에 기증했어요. 프랑스국립도서관 서고에 오랫동안 보관되어 있던 직지는 1972년 이 도서관 사서로 일하던 박병선 박사가 발견해 그 존재를 세상에 알렸어요. 한국은 우리 인쇄술의 우수성을 보여 주는 소중한 문화유산을 돌려받고자 노력하고 있지만, 프랑스는 반환을 거부하고 있어요.

OX 퀴즈 기사를 읽고 설명이 맞으면 O, 틀리면 X 표시를 해 보세요.

- 직지심체요절은 세계에서 가장 오래된 금속활자 인쇄본이에요. (   )
- 프랑스는 우리나라에 직지심체요절을 돌려주었어요. (   )

낱말 고르기 기사를 읽고 다음 괄호 안에 들어갈 알맞은 말을 골라 보세요.

(조선   ,   고려   ) 말기 주한 프랑스 공사로 부임한 콜랭 드 블랑시가 직지를 수집해 프랑스로 가져갔어요. 이후 프랑스 예술품 수집가가 경매를 거쳐 직지를 구입했고, 그의 유족이 1950년 프랑스국립도서관에 (기증   ,   반환   )했어요.

어휘 체크 기사의 문맥을 파악해 어휘와 뜻을 알맞게 연결해 보세요.

인쇄본	•	•	임무를 받아 근무할 곳으로 감.
부임	•	•	글이나 그림 등을 종이나 천 등에 박아 낸 책.
서고	•	•	책을 보관해 두는 건물이나 방.
사서	•	•	도서관에서 도서 정리·보존·열람 업무를 하는 사람.

한 줄 정리 괄호 안에 알맞은 말을 넣어 기사를 한 줄로 요약해 보세요.

세계에서 가장 오래된 금속활자 인쇄본인 (   )이 지난해 프랑스에서 일반에 공개됐어요. 이는 조선 말 주한 프랑스 공사가 프랑스로 가져간 이후 프랑스국립도서관에 보관되어 있어요.

생각 쑥쑥 기사를 읽고 다음 질문에 대한 나의 생각을 써 보세요.

프랑스는 직지심체요절 반환을 거부하고 있어요. 직지를 돌려 달라고 프랑스를 어떻게 설득하면 좋을까요?

세상에서 가장 늦은 졸업식

미리 보기 사전

독립운동
일제강점기에 우리 민족이 독립하려고 여러 가지 민족운동을 하던 일이에요.

지난해 8월 15일 광복절을 맞아 충남 천안 독립기념관에서 학생 독립운동가를 위한 '세상에서 가장 늦은 졸업식'이 열렸어요. 그리고 11월 3일 '제94주년 학생 독립운동 기념식'에서는 명예 졸업 앨범을 전달했어요.

왜 '늦은 졸업식'을 한 거예요?

"동지여, 보고 있는가. 우리가 목이 터져라 외치던 독립을 했어. 우리가 헛되지 않았음을, 틀리지 않았음을 이 대성한 대한민국이 이야기해 주고 있네." 충남 천안시 독립기념관 강당 앞 화면에 흰색 반소매 교복과 학생모를 쓴 소년이 나타나 졸업사를 낭독했어요. 그는 인공지능(AI) 기술로 복원한 김찬도 선생이었어요. 1994년 세상을 떠난 김찬도 선생은 수원고등농림학교에 다니던 중 항일 학생 비밀결사 '건아단'에서 활동한 학생 독립운동가예요. 1928년 수원역에서 붙잡혀 서대문형무소에 갇혔고 퇴학 처분을 받았어요.

100년이 지났지만 졸업을 축하합니다

국가보훈부와 빙그레 기업이 함께 진행한 '세상에서 가장 늦은 졸업식'은 독립운동을 했다는 이유로 퇴학 등 징계를 받아 학업을 포기해야 했던 학생 독립운동가를 위해 마련한 '명예 졸업식'이에요. 현장에는 이번 명예 졸업식 대상자로 선정된 94명의 후손들이 참석해 고인이 된 아버지와 어머니를 대신해 학사모와 졸업 가운을 입고 국가보훈부가 제작한 명예 졸업장을 받았답니다. 11월 3일 광주에서 열린 제94주년 학생 독립운동 기념식에서 전달된 졸업 앨범에는 학생 독립운동가들의 당시 모습을 복원한 사진이 실렸어요. 많이 늦었지만, 졸업을 축하합니다!

OX 퀴즈 기사를 읽고 설명이 맞으면 O, 틀리면 X 표시를 해 보세요.

- 충남 천안 독립기념관에서 학생 독립운동가를 위한 명예 졸업식이 열렸어요. (   )
- 인공지능(AI) 기술로 복원한 김찬도 선생이 졸업사를 낭독했어요. (   )

낱말 고르기 기사를 읽고 다음 괄호 안에 들어갈 알맞은 말을 골라 보세요.

김찬도 선생은 수원고등농림학교에 다니던 중 항일 학생 비밀결사 '건아단'에서 활동한 (학생 , 성인) 독립운동가예요. 1928년 수원역에서 붙잡혀 서대문형무소에 갇혔고 (입학 , 퇴학) 처분을 받았어요.

어휘 체크 기사의 문맥을 파악해 어휘와 뜻을 알맞게 연결해 보세요.

어휘	뜻
항일	일본 제국주의에 맞서 싸움.
낭독	세상에서 훌륭하다고 일컬어지는 이름이나 자랑.
비밀결사	글을 소리 내어 읽음.
명예	외부에 존재나 구성 인원, 활동 목적 등을 비밀로 하는 결사 조직.

한 줄 정리 괄호 안에 알맞은 말을 넣어 기사를 한 줄로 요약해 보세요.

지난해 8월 15일 천안 독립기념관에서 (   )을 했다는 이유로 퇴학, 정학 등 징계를 받아 학업을 포기해야 했던 학생 독립운동가를 위한 '명예 졸업식'이 열렸어요.

생각 쑥쑥 기사를 읽고 다음 질문에 대한 나의 생각을 써 보세요.

나라를 위해 희생한 학생 독립운동가에게 감사하는 마음을 전해 보세요. 어떤 말을 하고 싶나요?

착하고 윤리적인 스마트폰이 있다고요?

> **미리 보기 사전**
>
> **분쟁 광물**
> 분쟁 지역에서 무장 단체나 반군의 자금을 조달할 목적으로 불법 생산, 판매하는 광물을 의미해요.

스마트폰을 선택하는 기준은 무엇일까요? 멋진 디자인이나 뛰어난 성능? 최근에는 환경이나 사회에 미치는 영향까지 고려하는 '윤리적 소비'에 관심이 높아지면서 스마트폰 업계에도 '친환경' 바람이 불고 있어요.

분쟁 광물은 사용하지 않아요

네덜란드의 휴대전화 기업인 페어폰(Fairphone)은 '공정한 휴대전화'라는 뜻을 지니고 있어요. 이름 그대로 스마트폰 생산 과정에서 분쟁 광물을 사용하지 않고, 노동자의 인권을 보호하는 기업으로 잘 알려졌죠. 일반적으로 스마트폰을 만들 땐 금을 비롯해 텅스텐, 주석 같은 광물을 사용해요. 그런데 이 광물은 대부분 콩고민주공화국과 같은 아프리카의 분쟁 지역에서 생산돼요. 그 과정에서 반군 세력은 자금을 마련하려고 민간인에게 강제로 일을 시키는 경우가 많아요. 페어폰은 이런 지역에서 생산되는 광물은 절대 사용하지 않는답니다.

쉽게 수리하고 더 오래 쓴다!

페어폰의 가장 큰 특징은 카메라를 비롯해 다른 부품을 쉽게 분리하고 교체할 수 있도록 디자인되었다는 점이에요. 더 쉽게 수리하고 더 오래 쓸 수 있도록 한 것이죠. 사람들이 스마트폰을 오래 쓰면 그만큼 전자 폐기물이 줄어들겠죠? 페어폰의 후면 커버 역시 100% 재활용 소재예요. 최근에 나온 페어폰5는 재활용 부품 비중이 무려 70%나 된답니다. 다른 스마트폰만큼 성능이 뛰어난 것도 아니고 디자인이 아주 예쁜 것도 아니지만, 가장 윤리적인 스마트폰을 만든다는 점이 소비자의 관심을 끌고 있어요.

OX 퀴즈 기사를 읽고 설명이 맞으면 O, 틀리면 X 표시를 해 보세요.

- 스마트폰 제작에는 금과 텅스텐, 주석 같은 광물이 쓰여요. (   )
- 페어폰은 수리하기는 편하지만 전자 폐기물이 많이 나와요. (   )

낱말 고르기 기사를 읽고 다음 괄호 안에 들어갈 알맞은 말을 골라 보세요.

최근에는 환경이나 사회에 미치는 영향까지 고려하는 '(윤리적   ,   이기적   ) 소비'에 관심이 높아지면서 스마트폰 업계에도 '(친환경   ,   일회용   )' 바람이 불고 있어요.

어휘 체크 기사의 문맥을 파악해 어휘와 뜻을 알맞게 연결해 보세요.

교체	•	•	사람이나 사물을 다른 사람이나 사물로 대신함.
반군	•	•	반란을 일으킨 군대.
윤리	•	•	공평하고 올바름.
공정	•	•	사람으로서 마땅히 지켜야 할 도리.

한 줄 정리 괄호 안에 알맞은 말을 넣어 기사를 한 줄로 요약해 보세요.

착한 스마트폰으로 잘 알려진 페어폰은 부품을 쉽게 교체할 수 있어서 더 쉽게 수리하고 더 (   ) 쓸 수 있고, 또 스마트폰 생산 과정에서 (   ) 광물을 사용하지 않아요.

생각 쑥쑥 기사를 읽고 다음 질문에 대한 나의 생각을 써 보세요.

만약 여러분이 스마트폰을 산다면 페어폰을 선택할 생각이 있나요? 그 이유는 무엇인가요?

우리 가족은 펫팸족이에요

> **미리 보기 사전**
>
> **펫팸족**
> 반려동물을 가족처럼 여기는 사람들을 이르며, 반려동물을 뜻하는 펫(pet)과 가족을 뜻하는 패밀리(family)를 합친 신조어예요.

'펫팸족'이라는 말을 들어 본 적 있나요? 반려동물을 가족처럼 대하는 사람들이 늘어나면서 이들을 부르는 말까지 생겨났어요. 일반적으로 많이 기르는 개와 고양이 외에도 다양한 동물이 가족의 테두리 안으로 들어왔답니다.

4명 중 1명이 반려동물을 길러요

2022년 기준 우리나라의 반려동물 양육 가구는 602만 가구를 넘어섰어요. 국민 4명 중 1명이 반려동물을 기르고 있다는 말이에요. 반려견과 반려묘를 합친 수는 556만 마리에서 799만 마리로 43.7%나 증가했어요. 최근에는 개와 고양이뿐만 아니라 토끼, 뱀, 앵무새, 고슴도치, 기니피그, 붉은귀거북, 이구아나 등을 키우는 사람도 많아졌어요. 얼마 전에는 반려동물을 태우고 다니는 개모차 판매 비중이 유모차를 넘어섰다는 소식도 있었어요. 그만큼 펫팸족이 많아졌다는 말이겠죠?

가족이니까 펫팸족이에요

사람들이 반려동물을 많이 키우게 된 이유로 저출산과 1인 가구 증가, 고령화 사회 진입 등이 꼽혀요. 사람을 대신해 애정을 쏟을 대상으로 반려동물을 선택한 것이지요. 반려동물이 정신 건강에 도움을 준다는 연구 결과도 있어요. 이제 사람들은 반려동물을 단순히 즐거움을 얻을 목적으로만 기르지 않아요. 반려동물을 키우며 심리적 안정감과 친밀감을 느끼고, 더 맛있고 건강한 음식을 주고 즐거운 시간을 함께 보내며 행복한 경험을 나누고 싶어 해요. 그래서 이들을 펫팸족이라고 불러요.

OX 퀴즈 기사를 읽고 설명이 맞으면 O, 틀리면 X 표시를 해 보세요.

- 우리나라 국민 2명 중 1명이 반려동물을 기르고 있어요. (   )
- 개모차 판매 비중이 유모차를 넘어섰어요. (   )

낱말 고르기 기사를 읽고 다음 괄호 안에 들어갈 알맞은 말을 골라 보세요.

사람들이 반려동물을 많이 키우게 된 이유로 (저출산   ,   고출산   )과 1인 가구 (증가   ,   감소   ), 고령화사회 진입 등이 꼽혀요. 사람을 대신해 애정을 쏟을 대상으로 반려동물을 선택한 것이지요.

어휘 체크 기사의 문맥을 파악해 어휘와 뜻을 알맞게 연결해 보세요.

양육	•	•	아이를 보살펴 자라게 함.
심리적	•	•	마음의 작용이나 의식의 상태와 관계있는.
고령화	•	•	다른 것과 비교할 때 차지하는 중요도.
비중	•	•	노인 인구 비율이 높은 상태로 나타나는 일.

한 줄 정리 괄호 안에 알맞은 말을 넣어 기사를 한 줄로 요약해 보세요.

반려동물을 가족처럼 여기는 사람들을 일컬어 (   )이라고 하고, 이들이 늘어난 이유로는 (   )과 1인 가구 증가, 고령화사회 진입 등이 꼽혀요.

생각 쑥쑥 기사를 읽고 다음 질문에 대한 나의 생각을 써 보세요.

반려동물을 키우고 있다면 반려동물과 함께 보낸 멋진 시간을 떠올려 보고, 그 순간을 적어 보세요.

_____
_____
_____
_____

서울 지하철 노선도 40년 만에 변신!

> **미리 보기 사전**
> **공청회**
> 국회나 행정 기관에서 일의 관련자에게 의견을 들어 보는 공개적인 모임을 말해요.

서울시가 40년 만에 바뀌는 지하철 노선도 최종 디자인을 공개했어요. 새롭게 바뀐 지하철 노선도는 서울 시민이 지하철을 더욱 편하게 이용하는 데 도움이 될 것으로 기대돼요.

지하철 노선도, 왜 바꾸는 거예요?

기존의 서울시 지하철 노선도는 1~4호선밖에 없었던 1980년대 노선도의 형태를 그대로 유지한 채 새로운 노선이 생길 때마다 선과 역을 추가한 형태예요. 그러다 보니 노선마다 선의 각도가 다양해 대략적인 위치를 파악하기 어렵고, 환승역과 일반 역이 잘 구분되지 않았어요. 공항과 강, 바다 등의 위치도 알기 어렵다는 지적도 많았어요. 이에 서울시는 새로운 지하철 노선도를 만들고자 공청회를 열어 전문가와 시민의 다양한 의견을 모았답니다. 그리고 이 의견을 반영해 지난해 10월 새로운 지하철 노선도를 공개했어요.

바꾸니까 훨씬 편리해졌어요!

새 노선도는 순환선인 2호선을 원형으로 중심에 두고, 직선과 45도 대각선만 활용했다는 점이 특징이에요. 많은 노선과 환승역을 쉽게 찾을 수 있도록 국제표준인 '8선형'을 적용했고요. 또 기존에 태극 문양으로 표기하던 환승역은 신호등 방식으로 바꾸고, 환승하는 노선의 색상을 나열해 목적지를 쉽게 찾도록 했어요. 특히 시각 약자도 쉽게 구분할 수 있도록 노선 색상의 명도와 채도를 수정했답니다. 바뀐 디자인은 올해 1월 지하철 5·9호선 여의도역부터 시범 적용하고 있어요.

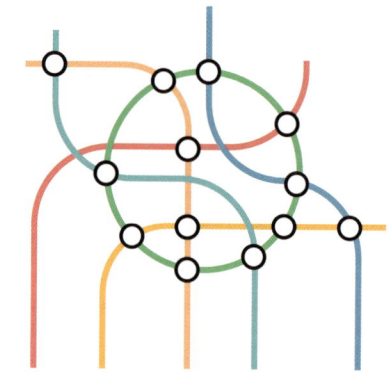

OX 퀴즈 기사를 읽고 설명이 맞으면 O, 틀리면 X 표시를 해 보세요.

- 서울시 지하철 노선도가 40년 만에 바뀔 예정이에요. (　　　)
- 새 지하철 노선도에 국제표준인 '8선형'을 적용했어요. (　　　)

낱말 고르기 기사를 읽고 다음 괄호 안에 들어갈 알맞은 말을 골라 보세요.

기존 지하철 노선도는 노선마다 선의 각도가 다양해 대략적인 위치를 파악하기가 (　쉽고　, 　어렵고　), 환승역과 일반 역이 잘 구분되지 않았어요. 공항과 강, 바다 등의 위치를 알기 어렵다는 (　지적　, 　칭찬　)도 많았어요.

어휘 체크 기사의 문맥을 파악해 어휘와 뜻을 알맞게 연결해 보세요.

노선	•	•	각의 크기.
각도	•	•	일정한 두 지점을 정기적으로 오가는 길.
반영	•	•	시각 장애가 있어 시각 정보에 취약한 사람.
시각 약자	•	•	다른 것에 영향을 받아 어떤 현상을 나타냄.

한 줄 정리 괄호 안에 알맞은 말을 넣어 기사를 한 줄로 요약해 보세요.

40년 만에 새로운 (　　　　　　　　　　　)으로 바뀌는 새 서울시 지하철 노선도는 직선과 45도 대각선만 사용하는 방식으로 변경되어 목적지를 찾기가 수월해졌고, (　　　　　　　　　　　)도 쉽게 구분하도록 노선 색상의 명도와 채도를 수정했답니다.

생각 쑥쑥 기사를 읽고 다음 질문에 대한 나의 생각을 써 보세요.

주위에서 볼 수 있는 공공디자인 중에서 바뀌었으면 하는 것이 있을까요? 그 이유는 무엇인가요?

어휘 한눈에 보기

사회문화 기사에 등장한 한자어와 순우리말 어휘를 정리했어요. 한자처럼 보이지만 순우리말인 경우도 있고 순우리말처럼 보이는 말이 한자어인 경우도 있으니 꼼꼼하게 살펴보세요.

 사회문화 기사에서 눈여겨보면 좋을 한자어

지적
指 가리킬 지
摘 딸, 들추어낼 적

꼭 집어서 가리킴.

설문
設 베풀 설
問 물을 문

조사를 하거나 통계 자료를 얻기 위해 어떤 주제에 대하여 문제를 내어 물음.

감미료
甘 달 감
味 맛 미
料 헤아릴 료(요)

단맛을 내는 데 쓰는 재료를 통틀어 이르는 말.

문해력
文 글월 문
解 풀 해
力 힘 력(역)

글을 읽고 이해하는 능력.

갈등
葛 칡 갈
藤 등나무 등

개인이나 집단 사이에 목표나 이해관계가 달라 서로 적대시하거나 충돌함.

복구
復 회복할 복
舊 옛 구

손실 이전의 상태로 회복함.

대책
對 대답할 대
策 꾀, 채찍 책

어떤 일에 대처할 계획이나 수단.

유발
誘 꾈 유
發 필 발

어떤 것이 다른 일을 일어나게 함.

권장
勸 권할 권
獎 장려할 장

권하여 장려함.

철거
撤 거둘 철
去 갈 거

건물, 시설 등을 무너뜨려 없애거나 걷어치움.

권위적
權 권세 권
威 위엄 위
的 과녁, 밝을 적

남을 지휘하거나 따르게 하는 힘을 내세우는 것.

해당
該 갖출, 마땅 해
當 마땅 당

어떤 범위나 조건 등에 바로 들어맞음.

교감
交 사귈 교
感 느낄 감

서로 접촉하여 따라 움직이는 느낌.

기증
寄 부칠 기
贈 줄 증

선물이나 기념으로 남에게 물품을 거저 줌.

징계
懲 혼날 징
戒 경계할 계

부정이나 부당한 행위에 대하여 제재를 가함.

인권
人 사람 인
權 권세 권

인간으로서 당연히 가지는 기본적 권리.

친밀감
親 친할 친
密 빽빽할 밀
感 느낄 감

지내는 사이가 매우 친하고 가까운 느낌.

파악
把 잡을, 긁을 파
握 쥘 악

어떤 대상의 내용이나 본질을 확실하게 이해하여 앎.

사회문화 기사에서 눈여겨보면 좋을 순우리말

- 띠   사람이 태어난 해를 12지를 상징하는 동물 이름으로 이르는 말.
- 심심하다 하는 일이 없어 지루하고 재미가 없다.
- 부추기다 남을 이리저리 들쑤셔서 어떤 일을 하게 만들다.
- 빗대다   곧바로 말하지 아니하고 빙 둘러서 말하다.
- 쓰임새   쓰임의 정도.
- 얼얼하다 맵거나 독해서 혀끝이 몹시 아리고 쏘는 느낌이 있다.
- 거듭나다 지금까지의 방식이나 태도를 버리고 새롭게 시작하다.
- 며칠   그달의 몇째 되는 날.
- 일컫다   이름 지어 부르다.
- 자리매김 어느 정도의 고정된 위치를 차지함.
- 짚다   상황을 헤아려 짐작하다.
- 마련하다 헤아려서 갖추다.
- 테두리   일정한 범위나 한계.

성층권으로 수학여행 가기

미리보기 사전

성층권
지구 대기권을 구성하는 층의 하나인데, 대류권과 중간권 사이에 있어요. 질소가 대부분이며 바람과 구름도 거의 없어요. 높이는 11~50km이며 기온은 영하 50℃ 정도예요.

무중력을 체험할 수 있는 진짜 우주여행은 아니지만 비슷한 기분을 느낄 수 있는 여행이 현실로 성큼 다가왔어요. 성층권 여행이라는 새로운 여행 상품이 등장했거든요!

풍선을 타고 성층권으로 두둥실!

성층권 여행은 대형 풍선에 달린 작은 캡슐을 타고 성층권까지 올라가 우주와 비슷한 체험을 할 수 있는 여행 상품이에요. 미국의 스페이스퍼스펙티브 회사에서 만든 비행 풍선 '스페이스십 넵튠'은 축구장만 한 거대한 풍선과 캡슐 형태 객실이 약 200m 연결선으로 이어져 있답니다. 풍선 안에는 공기보다 훨씬 가벼운 수소가 들어 있어요. 수소가 가득 찬 대형 풍선은 주위 공기보다 더 가벼워서 성층권까지 둥실 떠오를 수 있어요.

우주에 간 것 같은 기분을 느낄 수 있어요

성층권은 엄밀히 말하면 우주는 아니에요. 그래서 무중력을 체험할 수는 없어요. 하지만 새파란 구슬 같은 지구와 우주의 모습을 즐기기에는 성층권 여행으로도 충분해요. 특별한 훈련 없이 누구나 쉽게 우주에 간 것 같은 기분을 느낄 수 있다는 것도 성층권 여행의 큰 장점이에요. 풍선을 타고 가는 여행이기 때문에 친환경적이기도 해요. 풍선을 타고 천천히 상승해 약 30km 상공에서 2시간 정도 지구의 모습을 감상하고 돌아오는 데 걸리는 시간은 6시간! 여행 비용은 1억 6,500만 원이에요. 스페이스십 넵튠의 첫 번째 상업 비행은 2024년 말로 예정되어 있어요.

OX 퀴즈 기사를 읽고 설명이 맞으면 O, 틀리면 X 표시를 해 보세요.

- 성층권은 지구 대기권 중의 하나예요. (   )
- 성층권 여행은 특별한 훈련을 받아야 이용할 수 있어요. (   )

낱말 고르기 기사를 읽고 다음 괄호 안에 들어갈 알맞은 말을 골라 보세요.

풍선 안에는 공기보다 훨씬 (무거운 , 가벼운) 수소가 들어 있어요. 수소가 가득 찬 대형 풍선은 주위의 공기보다 더 (무거워서 , 가벼워서) 성층권까지 둥실 떠오를 수 있어요.

어휘 체크 기사의 문맥을 파악해 어휘와 뜻을 알맞게 연결해 보세요.

무중력	•	•	모든 물질 가운데 가장 가벼운 기체 원소.
상공	•	•	어떤 지역의 위에 있는 공중.
수소	•	•	낮은 데서 위로 올라감.
상승	•	•	마치 중력이 없는 것처럼 느끼는 현상.

한 줄 정리 괄호 안에 알맞은 말을 넣어 기사를 한 줄로 요약해 보세요.

대형 (   )에 달린 작은 캡슐을 타고 성층권까지 올라가 지구와 우주의 모습을 즐길 수 있는 여행 상품이 나왔어요. 2024년 말에 첫 (   ) 비행이 예정되어 있어요.

생각 쑥쑥 기사를 읽고 다음 질문에 대한 나의 생각을 써 보세요.

성층권 여행 관광객은 특별한 훈련을 받을 필요가 없다고 하는데요, 그 이유가 무엇일까요?

프로야구에 '로봇 심판' 등장!

> **미리 보기 사전**
>
> **ABS(Automatic Ball-Strike) 시스템**
> 야구장에 설치된 전용 카메라로 공의 궤적과 각도 등을 파악해 컴퓨터가 자동으로 볼-스트라이크 판정을 내리는 시스템이에요.

　한국야구위원회(KBO)가 2024년부터 프로야구에 '로봇 심판'을 도입한다고 발표했어요. 이제 주심이 아닌 로봇이 볼-스트라이크 판정을 내리게 되었으니, 선수들이 볼 카운트 판정에 항의하는 일은 사라질까요?

진짜 로봇은 아니에요

　프로야구는 남녀노소가 모두 좋아하는 국민 스포츠예요. 지난해에는 5년 만에 800만 관중을 돌파하기도 했어요. 하지만 이런 인기에도 불구하고 그동안 판정 논란이 끊임없이 이어져 왔답니다. 특히 볼 카운트 판정 결과에 선수들과 팬들의 불만이 높았는데, 올해부터는 이런 볼 카운트 판정을 주심이 아닌 '로봇 심판'이 내리게 되었어요. 로봇 심판이라고 해서 진짜 로봇이 야구장에서 판정을 내리는 건 아니에요. ABS 시스템이 판단한 볼-스트라이크 여부를 주심이 이어폰을 통해 듣고 대신 전달만 하는 방식이에요.

로봇 심판은 어떻게 작동할까요?

　로봇 심판이라고 불리는 ABS는 전용 카메라 3대가 위치 정보를 바탕으로 투수가 던진 모든 공의 투구 궤적과 각도 등을 실시간으로 추적해요. 컴퓨터는 투수가 던진 공이 스트라이크 존을 통과하는지 분석하고, 볼-스트라이크 여부를 판정해 주심에게 알려 줘요. 이 과정은 순식간에 이루어진다고 하네요. 한국야구위원회는 "로봇 심판을 도입해 투수와 타자 모두에게 공정한 경기가 보장될 것"이라고 전했어요. 로봇 심판은 지난 3월 말 프로야구 개막과 함께 활약을 시작했어요.

OX 퀴즈 기사를 읽고 설명이 맞으면 O, 틀리면 X 표시를 해 보세요.

- 지난해 프로야구 관중이 1,000만 명을 돌파했어요. (   )
- ABS는 투수가 던진 공의 궤적과 각도를 실시간으로 추적해요. (   )

낱말 고르기 기사를 읽고 다음 괄호 안에 들어갈 알맞은 말을 골라 보세요.

로봇 심판이라고 해서 진짜 로봇이 야구장에서 판정을 내리는 건 아니에요. (ABS , ARS) 시스템이 판단한 볼-스트라이크 여부를 (주심 , 로봇)이 이어폰을 통해 듣고 대신 전달만 하는 방식이에요.

어휘 체크 기사의 문맥을 파악해 어휘와 뜻을 알맞게 연결해 보세요.

궤적	•	•	물체가 움직이면서 남긴 움직임을 알 수 있는 자국이나 자취.
심판	•	•	스포츠에서 규칙에 따라 승부를 판정하는 사람.
주심	•	•	판별하여 결정함.
판정	•	•	운동 경기에서, 주장이 되어 심판하는 사람.

한 줄 정리 괄호 안에 알맞은 말을 넣어 기사를 한 줄로 요약해 보세요.

한국야구위원회(KBO)가 올해부터 프로야구에 (   )을 도입한다고 밝혔어요. 볼 카운트 판정을 로봇이 내리게 됨에 따라 그동안 프로야구에서 자주 볼 수 있었던 볼 카운트 판정 (   )은 사라질 거예요.

생각 쑥쑥 기사를 읽고 다음 질문에 대한 나의 생각을 써 보세요.

로봇 심판 도입에 찬성하거나 반대한다면 그 이유는 무엇인가요?

_____
_____
_____

이그노벨상, 엉뚱해서 드립니다

> **미리 보기 사전**
>
> **이그노벨상**(Ig Nobel Prize)
> 상식을 뛰어넘는 특이하고 재밌는 연구나 업적을 내놓은 연구진에게 주는 상인데, 미국 하버드대학교의 한 과학 잡지에서 과학에 관심을 높이고자 1991년 만들었어요.

지난해 9월 제33회 이그노벨상 수상자가 발표됐어요. 10개 분야 수상자 중에는 한국인 과학자도 있었는데, 사람의 똥을 분석해 건강 상태를 체크해 주는 스마트 변기를 발명한 스탠퍼드 의대 비뇨기의학과 박승민 박사예요.

올해의 '괴짜 과학자'는?

이그노벨상은 세계적인 연구 업적을 남긴 사람에게 주는 상인 노벨상과 '품위 없다.'는 뜻을 지닌 영어 단어 '이그노블(ignoble)'이 합쳐진 이름이에요. 엉뚱하고 기발한 과학 연구를 내놓은 연구진에게 이 상을 줘요. 박승민 박사가  개발한 '스탠퍼드 변기'는 몸에서 빠져나오는 배설물을 살피는 의료 진단 기기예요. 변기에 내장된 카메라와 센서 등이 대소변 색깔과 모양 등을 분석해 자동으로 건강 상태나 질병 감염 여부를 파악해요. 박승민 박사는 이 스마트 변기로 이그노벨상 '공중보건상'을 받았어요.

상금이 10조라고요?

이 외에 이그노벨 의학상은 양쪽 콧구멍의 털 개수가 같은지 세어 본 어바인 캘리포니아대학이 받았고, 영양상은 음식에 소금을 넣지 않아도 짠맛을 느끼게 해 주는 전기 젓가락을 개발한 일본 팀이 받았어요. 엉뚱한 건 연구 내용뿐만이 아니에요. 이그노벨상 수상자에게는 상금으로 10조 짐바브웨 달러를 주는데, 엄청나게 많은 듯하지만 우리 돈으로 환산하면 겨우 4,070원이에요. 2020년에는 코로나19 때문이라면서 10조 짐바브웨 달러를 위조지폐로 주기도 했답니다. 엉뚱해도 정말 너무 엉뚱하죠?

OX 퀴즈 기사를 읽고 설명이 맞으면 O, 틀리면 X 표시를 해 보세요.

- 상식을 뛰어넘는 재미있는 연구에 주는 상을 이그노벨상이라고 해요. (   )
- 이그노벨상은 상금으로 10조 미국 달러를 수여해요. (   )

낱말 고르기 기사를 읽고 다음 괄호 안에 들어갈 알맞은 말을 골라 보세요.

박승민 박사가 개발한 '스탠퍼드 (변기   ,   세면대   )'는 몸에서 빠져나오는 배설물을 살피는 의료 진단 기기예요. 변기에 내장된 카메라와 센서 등이 (대소변   ,   항문   ) 색깔과 모양 등을 분석해 자동으로 건강 상태나 질병 감염 여부를 파악해요.

어휘 체크 기사의 문맥을 파악해 어휘와 뜻을 알맞게 연결해 보세요.

상식	•	•	어떤 물건을 속일 목적으로 진짜인 것처럼 꾸며서 만듦.
품위	•	•	유달리 재치가 뛰어나다.
기발하다	•	•	사물이 지닌 고상하고 격이 높은 인상.
위조	•	•	사람들이 보통 알아야 하는 일반적인 지식.

한 줄 정리 괄호 안에 알맞은 말을 넣어 기사를 한 줄로 요약해 보세요.

지난해 (   ) 공중보건상을 받은 박승민 박사가 개발한 스마트 변기는 몸에서 빠져나오는 (   )을 살피는 의료 진단 기기예요.

생각 쑥쑥 기사를 읽고 다음 질문에 대한 나의 생각을 써 보세요.

이그노벨상에 도전할 만큼 엉뚱하고 기발한 아이템을 생각해 보세요.

가짜 잡는 기술 등장 "너, 딱 걸렸어!"

미리 보기 사전

생성형 인공지능
글, 사진, 음성, 동영상 등 기존 콘텐츠를 스스로 학습해 비슷한 콘텐츠를 만들어 내는 인공지능(AI) 기술을 말해요.

생성형 인공지능이 일상 속으로 파고들면서 가짜 정보를 담고 있는 글과 사진, 동영상이 온라인상에 넘쳐 나고 있어요. 이에 가짜 뉴스를 가려내는 기술도 점점 발전하고 있어요.

혈류가 나타나지 않으면 '가짜'

최근 마이크로소프트와 구글 임원 등이 참여하는 온라인 기술개발 회의 '데브 터니티'가 취소되는 일이 있었어요. 발표자 명단에 포함된 애나 보이코라는 여성 때문인데, 알고 보니 이 여성은 생성형 인공지능이 만든 가짜였어요. AI가 만들어 내는 진짜 같은 가짜 동영상이 공유되는 것을 막으려고 인텔은 '페이크캐처'라는 새로운 기술을 선보였답니다. 인텔은 진짜 사람을 촬영한 동영상에는 얼굴에 미묘한 혈류가 나타나는데, AI가 만든 가짜 영상에는 이런 혈류가 포착되지 않는다는 것에 착안해 이 기술을 개발했어요. 페이크캐처는 96% 확률로 가짜 영상을 감지할 수 있어요.

가짜 프로필 사진도 가려내요

SNS 등에 올리는 가짜 프로필 사진을 판별하는 기술도 속속 개발되고 있어요. AI 소프트웨어 기업 V7 랩스는 '가짜 프로필 사진 판별 프로그램'을 개발했는데, 이 프로그램을 활용하면 가짜 인물 사진은 99% 가려낼 수 있다고 해요. 미국 매사추세츠공과대학교는 AI가 가짜 사진 또는 동영상을 만들지 못하도록 차단하는 '포토가드' 프로그램을 개발하기도 했어요. 기존 이미지나 동영상에 잡음 신호를 넣어 AI가 그 이미지로 학습하는 것을 방해하는 원리예요.

OX 퀴즈 기사를 읽고 설명이 맞으면 O, 틀리면 X 표시를 해 보세요.

- 생성형 인공지능은 사진이나 동영상을 스스로 학습하지 못해요. (   )
- '페이크캐처'는 혈류를 포착해 가짜 동영상을 가려내요. (   )

낱말 고르기 기사를 읽고 다음 괄호 안에 들어갈 알맞은 말을 골라 보세요.

인텔은 (가짜 , 진짜) 사람을 촬영한 동영상에는 얼굴에 미묘한 (혈류 , 미소) 가 나타나는데, AI가 만든 가짜 영상에는 이런 혈류가 포착되지 않는다는 것에 착안해 이 기술을 개발했어요.

어휘 체크 기사의 문맥을 파악해 어휘와 뜻을 알맞게 연결해 보세요.

감지	•	•	일의 옳고 그름이나 좋고 나쁨을 판단하여 구별함.
판별	•	•	느끼어 앎.
혈류	•	•	어떤 문제를 해결하는 실마리를 잡음.
착안	•	•	피의 흐름.

한 줄 정리 괄호 안에 알맞은 말을 넣어 기사를 한 줄로 요약해 보세요.

인공지능 기술이 발달해 가짜 정보가 늘어나면서 이를 감지하고 차단하는 기술도 속속 개발되고 있어요. (   )를 포착해 가짜 영상을 감지하는 '페이크캐처'나 이미지와 영상에 잡음을 넣어 인공지능의 학습을 (   )하는 '포토가드'가 대표적이에요.

생각 쑥쑥 기사를 읽고 다음 질문에 대한 나의 생각을 써 보세요.

생성형 인공지능을 이용해 가짜 정보를 계속해서 만든다면 또 어떤 문제가 생길까요?

산타가 우는 아이에게 선물을 안 주는 이유?

> **미리 보기 사전**
>
> **산타**
> 크리스마스 전날 밤에 어린이의 양말에 선물을 넣고 가는 노인을 뜻해요. 산타클로스라고도 해요.

전 세계 어린이는 약 3억 7,800만 명이라고 해요. 산타클로스가 하루 동안 선물을 주기에는 너무 많은 수죠. 산타클로스가 우는 아이에게 선물을 주지 않기로 한 것도 바로 이런 이유 때문이라는 재미있는 주장이 나왔어요!

많아도 너무 많은 산타의 업무량

과학커뮤니케이터 '궤도'에 따르면 산타클로스의 근로 시간을 8시간이라고 할 때 시차와 지구 자전을 고려하면 배달 시간을 32시간까지 확보할 수 있다고 해요. 하지만 3억 7,800만 명이나 되는 아이들에게 선물을 주기에는 턱없이 부족한 시간이죠. 1초당 822.6가구를 방문해야 하거든요. 선물의 무게도 엄청나요. 선물 하나를 1kg이라고 치더라도 약 37만 톤에 달하거든요. 이는 초고층빌딩 하나의 무게와 비슷해요. 산타클로스가 37만 톤이나 되는 무거운 보따리를 메고 다니는 것도 불가능하지만, 실제로 이 정도 무게를 끌려면 순록이 20억 마리는 있어야 한대요.

그래서 생긴 까다로운 조건

산타클로스가 전 세계 모든 어린이에게 선물을 주는 것이 불가능하기 때문에 궤도는 우는 아이에게 선물을 주지 않는다는 조건을 달았다고 주장했어요. 꽤 까다로운 조건을 걸어야 최대한 많은 아이를 제외할 수 있을 테니까요. 현실적으로 산타클로스가 선물을 줄 수 있으려면 지구상에 있는 대다수 아이를 제외해야 한다고 해요. 재미로 하는 이야기이지만 꽤 설득력 있죠?

OX 퀴즈 기사를 읽고 설명이 맞으면 O, 틀리면 X 표시를 해 보세요.

- 전 세계 어린이는 약 3억 7,800만 명이에요. (   )
- 산타클로스는 일 년 내내 아이들에게 선물을 줘요. (   )

낱말 고르기 기사를 읽고 다음 괄호 안에 들어갈 알맞은 말을 골라 보세요.

산타클로스의 근로 시간을 8시간이라고 할 때 시차와 지구 자전을 고려하면 배달 시간을 (32시간 , 24시간)까지 확보할 수 있어요. 하지만 3억 7,800만 명이나 되는 아이들에게 선물을 주기에는 턱없이 (충분한 , 부족한) 시간이죠.

어휘 체크 기사의 문맥을 파악해 어휘와 뜻을 알맞게 연결해 보세요.

시차	•	•	보자기에 물건을 싸서 꾸린 뭉치.
자전	•	•	남에게 선사하는 물건.
선물	•	•	지구가 고정된 축을 중심으로 회전하는 것.
보따리	•	•	세계 각 지역의 시간 차이.

한 줄 정리 괄호 안에 알맞은 말을 넣어 기사를 한 줄로 요약해 보세요.

(   )가 전 세계 아이들에게 선물을 배달하는 건 배달 시간과 선물의 양, 무게 등을 따져 봤을 때 불가능한 일이라서 아이들을 최대한 많이 제외하려고 (   )에게는 선물을 주지 않는다는 조건을 만들었다는 재미있는 주장이 나왔어요.

생각 쑥쑥 기사를 읽고 다음 질문에 대한 나의 생각을 써 보세요.

여러분은 산타클로스가 선물을 주는 조건이 합리적이라고 생각하나요?

이 식물의 원산지는 '달'입니다!

> **미리 보기 사전**
>
> **레골리스(Regolith)**
> 달의 토양을 말하는데 월면토라고도 불러요. 주로 먼지, 흙, 부서진 돌조각 등으로 이루어져 있어요.

중국은 최근 달의 흙을 모방한 인공 월면토에 특정 박테리아를 추가해 담뱃속 식물의 싹을 틔우는 데 성공했어요. 어쩌면 가까운 미래에 원산지를 '달'이라고 표기한 농산물을 보게 될지도 모르겠어요.

식물이 자라기엔 뭔가 부족해

2022년에는 미국에서도 달에서 가져온 토양에 애기장대 씨앗을 심어 싹을 틔우는 데 성공했어요. 하지만 애기장대는 성장 속도가 느렸어요. 뿌리도 잘 자라지 않았고 잎에는 스트레스를 받을 때 나타나는 붉은 반점까지 생겼죠. '레골리스'라고 불리는 달의 토양에는 식물이 자라는 데 필요한 미생물이나 영양분이 부족했기 때문이에요.

박테리아를 추가했더니 식물이 쑥쑥

중국 연구진은 레골리스를 모방한 인공 월면토에 식물의 필수 영양분인 '인'을 만드는 박테리아를 추가해 이 문제를 해결했어요. 인공 월면토에 박테리아 3종류를 추가했더니 토양이 산성화되었고, 그 과정에서 인산염이 녹아 식물이 자라는 데 필수 영양분인 '인'이 방출된 거예요. 박테리아를 추가한 인공 월면토에서 자란 식물은 일반 월면토에서 자란 식물보다 훨씬 잘 자랐어요. 줄기와 뿌리가 더 길고 무게도 4배나 더 나갔고요. 식물이 광합성을 하는 데 필요한 엽록소도 박테리아를 추가한 토양에서 자란 식물에서 훨씬 많이 발견되었다고 해요. 달의 토양에서 다양한 식물을 재배할 가능성이 열린 거예요.

OX 퀴즈 기사를 읽고 설명이 맞으면 O, 틀리면 X 표시를 해 보세요.

- 레골리스(Regolith)는 달의 흙을 말하며 월면토라고도 해요. (　　)
- 식물은 스트레스를 받으면 푸른 반점이 생겨요. (　　)

낱말 고르기 기사를 읽고 다음 괄호 안에 들어갈 알맞은 말을 골라 보세요.

중국 연구진은 레골리스를 모방한 인공 월면토에 식물의 필수 영양분인 '(인 , 황)'을 만드는 (박테리아 , 지렁이)를 추가해 이 문제를 해결했어요.

어휘 체크 기사의 문맥을 파악해 어휘와 뜻을 알맞게 연결해 보세요.

엽록소	•	•	녹색식물의 잎 속에 들어 있는 녹색 화합물.
미생물	•	•	눈으로는 볼 수 없는 아주 작은 생물.
반점	•	•	다른 것을 본뜨거나 본받음.
모방	•	•	동식물 등의 몸에 박혀 있는 얼룩얼룩한 점.

한 줄 정리 괄호 안에 알맞은 말을 넣어 기사를 한 줄로 요약해 보세요.

달의 토양에는 미생물이나 영양분이 부족해 식물이 잘 자라지 않지만, 중국 연구진은 인공 월면토에 인을 만드는 (　　　　　　) 3종류를 추가해 이 문제를 해결했어요.

생각 쑥쑥 기사를 읽고 다음 질문에 대한 나의 생각을 써 보세요.

달에서 식물을 재배할 수 있다면 어떤 식물을 키우고 싶나요? 이유도 함께 적어 보세요.

인공지능이 희토류를 찾았다!

> **미리 보기 사전**
>
> **희토류**
> '땅에서 나는 희귀한 광물'을 뜻해요. 특정 광물 하나만 지칭하는 게 아니라 네오디뮴과 란타넘, 이트륨, 에르븀 등 총 17개 원소가 희토류에 포함돼요.

희토류는 반도체를 비롯해 스마트폰, 전기차 배터리, 전투기 등 여러 첨단 장비를 만드는 데 핵심 소재로 쓰여요. 그래서 희토류를 '첨단 산업의 비타민'이라고 부르기도 하지요. 지난해 미국에서는 71년 만에 대규모 희토류 매장지가 발견되어 화제가 되었답니다.

인공지능으로 찾아낸 희토류

그 귀하다는 희토류 매장지를 찾아낸 주인공은 바로 인공지능이었어요. 일반적으로 희토류는 단단한 암석층에 매장되어 있어요. 미국 국립에너지기술연구소(NETL)는 암석층이 아닌 곳에서 희토류와 희귀 광물을 예측하는 인공지능 모델을 개발했는데, 이 인공지능 모델이 와이오밍주 북동부의 한 석탄 광산에 무려 110만 톤에 달하는 희토류가 묻혀 있을 것이라고 예측했어요. 이는 지난해 미국 희토류 소비량의 118배나 되는 엄청난 양이에요.

자원 의존도를 줄일 수 있을까?

예전에는 쓸모없는 광물이었던 희토류는 이제 첨단 산업에서 꼭 필요한 귀한 자원이랍니다. 우리가 일상적으로 사용하는 전자제품 가운데 희토류가 들어가지 않는 제품이 거의 없을 정도예요. 이런 점을 이용해서 중국은 희토류를 국제 외교에서 상대국을 압박하는 카드로 사용하기도 해요. 중국은 세계 희토류 생산의 60% 이상을 차지하거든요. NETL은 인공지능 모델을 이용해 다른 지역에서도 희토류를 찾아낼 계획이라고 밝혔어요. 이번 발견이 미국의 중국 자원 의존도를 줄이는 계기가 될까요?

OX 퀴즈 기사를 읽고 설명이 맞으면 O, 틀리면 X 표시를 해 보세요.

- 첨단 장비에 필요한 희토류는 중국에만 묻혀 있어요. (   )
- 미국은 희토류와 희귀 광물을 예측하는 인공지능 모델을 개발했어요. (   )

낱말 고르기 기사를 읽고 다음 괄호 안에 들어갈 알맞은 말을 골라 보세요.

희토류는 반도체를 비롯해 스마트폰, 전기차 배터리, 전투기 등 여러 첨단 장비를 만드는 데 (핵심 , 보조) 소재로 쓰여요. 그래서 희토류를 '(첨단 , 전통) 산업의 비타민'이라고 부르기도 하지요.

어휘 체크 기사의 문맥을 파악해 어휘와 뜻을 알맞게 연결해 보세요.

어휘	뜻
광물	어떤 것을 만드는 데 바탕이 되는 중요한 재료.
소재	자연에서 나며 질이 고르고 성분이 일정한 물질.
매장지	기술 수준이 매우 높고 관련 산업에 미치는 효과가 매우 큰 산업.
첨단 산업	원유나 가스, 석탄 등 지하자원이 묻혀 있는 곳.

한 줄 정리 괄호 안에 알맞은 말을 넣어 기사를 한 줄로 요약해 보세요.

지난해 미국 국립에너지기술연구소는 (   ) 모델을 이용해 와이오밍주 북동부의 한 석탄 광산에서 대규모 (   ) 매장지를 발견했어요. 이곳에 무려 110만 톤에 달하는 희토류가 묻혀 있을 것으로 예측돼요.

생각 쏙쏙 기사를 읽고 다음 질문에 대한 나의 생각을 써 보세요.

희토류는 다양한 전자제품을 만드는 데 쓰여요. 가정에서 희토류가 들어간 제품을 찾아 써 보세요.

미래의 에디슨은 나예요!

미리 보기 사전

전국학생과학발명품경진대회
학생의 창의적 아이디어를 구체화하는 과정을 거쳐 과학적 문제해결 능력을 기르고 발명 활동을 장려하고자 1979년부터 개최하는 대회예요.

지난해 9월 국립중앙과학관에서 과학기술정보통신부가 주최한 '제44회 전국학생과학발명품경진대회' 시상식이 열렸어요. 미래의 '에디슨'이 모두 모인 자리에서 가장 밝게 빛난 영광의 주인공은 누구일까요?

안전과 관련된 발명품에 주목

이번 대회에 전국 17개 시도에서 총 9,896명이 참가했고, 이 중 지역대회를 거쳐 선발된 300명이 본선에 진출했어요. 심사위원회는 창의성과 탐구성, 실용성 등을 기준으로 엄격하고 공정하게 심사해 최종 수상자를 선정했어요. 그 결과 대통령상은 '급발진 확인 장치'를 출품한 전남 송강고 국지성 학생이, 국무총리상은 '방향 지시를 할 수 있고 발밑이 보이는 구조용 들것'을 만든 서울 대치초 한도하 학생이 받았답니다.

앞으로 더 멋진 발명품 만들게요

'급발진 확인 장치'는 급발진 추정 사고 시 운전자가 실제 조작한 페달을 효과적으로 확인할 수 있는 발명품이에요. 브레이크와 가속 페달을 밟는 운전자의 동작과 압력 정도를 차량 정면 유리에 반사함으로써 블랙박스에 녹화되도록 한 장치예요. '방향 지시를 할 수 있고 발밑이 보이는 구조용 들것'은 재난 상황에서 부상자를 들것에 싣고 이동하는 구조대원의 활동에 도움을 주고자 발명한 작품이에요. 이번 대회 수상자들은 지난 11월 일본으로 해외 과학 문화 탐방을 다녀오기도 했어요. 미래의 에디슨을 꿈꾸는 학생들은 앞으로 "더욱 멋진 발명품을 만들겠다."는 포부를 밝혔답니다.

OX 퀴즈 기사를 읽고 설명이 맞으면 O, 틀리면 X 표시를 해 보세요.

- 국무총리상 수상작은 '급발진 확인 장치'예요. (   )
- 수상자들은 미국으로 해외 과학 문화 탐방을 다녀왔어요. (   )

낱말 고르기 기사를 읽고 다음 괄호 안에 들어갈 알맞은 말을 골라 보세요.

'급발진 확인 장치'는 급발진 추정 사고 시 (운전자   ,   보행자   )가 실제 조작한 페달을 효과적으로 확인할 수 있는 발명품이에요. 브레이크와 가속 페달을 밟는 운전자의 동작과 압력 정도를 차량 정면 (유리   ,   화면   )에 반사함으로써 블랙박스에 녹화되도록 한 장치예요.

어휘 체크 기사의 문맥을 파악해 어휘와 뜻을 알맞게 연결해 보세요.

급발진	•	•	주로 자동차가 운전자의 의도와 상관없이 고속으로 돌진함.
블랙박스	•	•	환자나 물건을 실어 나르는 기구.
들것	•	•	비행기나 차량에 비치하는, 비행 또는 주행 자료 자동 기록 장치.
포부	•	•	마음속에 지닌, 앞날에 이루고자 하는 계획이나 희망.

한 줄 정리 괄호 안에 알맞은 말을 넣어 기사를 한 줄로 요약해 보세요.

지난해 전국학생과학발명품경진대회에서 '(   ) 확인 장치'를 출품한 전남 송강고 국지성 군과 '방향 지시를 할 수 있고 발밑이 보이는 구조용 (   )'을 만든 서울 대치초 한도하 군이 각각 대통령상과 국무총리상을 받았어요.

생각 쑥쑥 기사를 읽고 다음 질문에 대한 나의 생각을 써 보세요.

여러분이 발명품경진대회에 나간다면 어떤 발명품을 만들고 싶나요? 숨겨 둔 멋진 아이디어가 있다면 공개해 주세요.

서울 하늘에 자동차가 떴다!

> **미리 보기 사전**
>
> **UAM**(Urban Air Mobility)
> 도심항공교통이라고도 하며, 교통 체증을 해결하려고 하늘을 이동 통로로 활용하는 미래의 도시 교통 수단을 말해요.

자동차는 1887년 처음 등장한 이후 지금까지 변화와 발전을 거듭했지만, 135년 동안 변하지 않는 한 가지가 있어요. 그건 바로 땅 위를 달린다는 점이에요. 그런데 공상과학영화 속에서만 볼 수 있던 하늘을 나는 자동차가 2025년쯤엔 현실이 될지도 모르겠어요.

자동차의 놀라운 변신

꽉 막힌 도로 위를 거북이처럼 엉금엉금 기어가는 자동차 안에 있으면 누구나 한번쯤 이런 상상을 할 거예요. '아, 하늘을 날아가고 싶다!' 2020년 국토교통부는 서울 여의도 한강공원에서 '드론 택시' 시범 비행에 성공했어요. 80kg들이 쌀 포대를 싣고 약 1.8km를 날아오른 거예요. 수직이착륙을 할 수 있는 드론이나 플라잉카 등 도심항공교통(UAM)을 이용하면 여의도에서 김포공항까지, 자동차로 1시간이 걸리는 거리를 20분이면 도착할 수 있어요. 또 전기를 이용하니까 환경오염을 줄이는 효과도 있을 거예요.

2025년엔 볼 수 있을까요?

기업들은 하늘을 나는 자동차를 운영할 지역을 선점하려고 서로 경쟁을 벌이고 있어요. 현대자동차와 KT 등의 기업으로 구성된 'K-UAM 원팀'은 인천시와 업무 협약을 맺었고, 한화시스템과 한국공항공사 등이 참여하는 'K-UAM 드림팀'은 신세계프라퍼티와 업무 협약을 체결했어요. UAM이 뜨고 내릴 수 있는 터미널, 즉 버티포트를 개발하는 데 집중하는 기업도 있어요. 국토교통부는 2025년까지 드론 택시를 상용화할 계획이라고 밝혔어요. 내년이면 정말 하늘을 나는 자동차를 볼 수 있을까요?

OX 퀴즈 기사를 읽고 설명이 맞으면 O, 틀리면 X 표시를 해 보세요.

- 국토교통부는 2030년까지 드론 택시를 상용화한다는 계획을 세웠어요. (   )
- 버티포트는 UAM이 뜨고 내릴 수 있는 터미널이에요. (   )

낱말 고르기 기사를 읽고 다음 괄호 안에 들어갈 알맞은 말을 골라 보세요.

자동차는 1887년 처음 등장한 이후 지금까지 변화와 (발전 , 퇴보)을/를 거듭했지만, 135년 동안 변하지 않는 한 가지가 있어요. 그건 바로 (땅 , 하늘) 위를 달린다는 점이에요.

어휘 체크 기사의 문맥을 파악해 어휘와 뜻을 알맞게 연결해 보세요.

상용화	•	•	물품 등이 일상적으로 쓰이게 됨.
선점	•	•	단체와 개인, 단체와 단체 사이에 특정 업무와 관련된 협정을 체결함.
업무 협약	•	•	남보다 앞서서 차지함.
수직이착륙	•	•	앞으로 내달리지 않고 수직으로 이륙과 착륙을 하는 것.

한 줄 정리 괄호 안에 알맞은 말을 넣어 기사를 한 줄로 요약해 보세요.

국토교통부는 2025년까지 드론 등을 활용한 도심항공교통(UAM)을 (   )할 계획이라고 밝혔어요. UAM을 이용하면 이동 시간 단축은 물론 (   )을 줄이는 효과도 있을 거예요.

생각 쑥쑥 기사를 읽고 다음 질문에 대한 나의 생각을 써 보세요.

2025년에 UAM이 상용화되면 우리의 일상생활은 어떻게 바뀔까요?

_____

_____

우리는 다시 달로 떠난다!

> **미리 보기 사전**
>
> **아르테미스(Artemis) 프로젝트**
> 미항공우주국(NASA)이 추진 중인 유인 달 탐사 계획이에요. NASA뿐만 아니라 32개국의 우주 기구와 민간 기업까지 연계된 거대 국제 프로젝트예요.

달을 향한 도전이 다시 시작되었어요! 1969년 처음으로 달에 도착한 이후 인류는 다시 한번 달에 발자국을 남길 수 있을까요? '아르테미스 프로젝트'의 성공을 함께 지켜보도록 해요.

아르테미스 1호 발사 성공

아르테미스 프로젝트는 1972년 아폴로 17호가 마지막으로 유인 달 탐사를 한 지 50여 년 만에 다시 유인 달 탐사를 하는 것이 목표예요. 2025년까지 달에 여성과 유색 인종을 포함한 우주비행사 4명을 보내고, 2028년까지 달에 인간이 거주할 수 있는 기지를 건설한다는 것이 핵심이에요. 이 목표를 달성하려고 NASA는 2022년 11월 우주선의 성능을 시험하고 비행 시스템을 확인하고자 아르테미스 1호를 발사했어요. 아르테미스 1호는 인체 모형을 본뜬 마네킹을 태워 달 궤도를 비행한 뒤 2022년 12월 성공적으로 귀환했답니다.

달을 '발판' 삼아 더 멀리!

인류가 달 탐사에 나서는 이유는 화성과 같은 태양계 내 다른 행성을 탐사하는 데 도움이 되기 때문이에요. 달은 지구와 가까우면서도 우주 탐사에 필요한 기술을 시험할 수 있는 최적의 환경을 제공하고 있어요. 그래서 화성 탐사 모의실험을 진행하기가 훨씬 수월하죠. 달 탐사는 더 먼 우주를 탐사하는 데 소중한 발판이 될 거예요. 우리나라를 포함해 총 32개국이 함께하는 아르테미스 프로젝트는 성공할 수 있을까요? 함께 지켜보며 응원하도록 해요!

OX 퀴즈 기사를 읽고 설명이 맞으면 O, 틀리면 X 표시를 해 보세요.

- 인류가 마지막으로 유인 달 탐사를 한 건 1972년이에요. (   )
- 우리나라도 아르테미스 프로젝트에 참여했어요. (   )

낱말 고르기 기사를 읽고 다음 괄호 안에 들어갈 알맞은 말을 골라 보세요.

인류가 달 탐사에 나서는 이유는 (화성   ,   태양   )과 같은 태양계 내 다른 행성을 탐사하는 데 도움이 되기 때문이에요. 달은 지구와 가까우면서도 우주 탐사에 필요한 기술을 시험할 수 있는 (최적   ,   최악   )의 환경을 제공하고 있어요.

어휘 체크 기사의 문맥을 파악해 어휘와 뜻을 알맞게 연결해 보세요.

유인	•	•	타원 궤도를 그리며 중심 별의 주위를 도는 천체.
거주	•	•	일정한 곳에 머물러 삶.
행성	•	•	실제의 것을 흉내 내어 그대로 해 봄.
모의	•	•	차, 비행기, 우주선 등에 그것을 운전하는 사람이 있음.

한 줄 정리 괄호 안에 알맞은 말을 넣어 기사를 한 줄로 요약해 보세요.

(   )는 미항공우주국이 추진하는 유인 달 탐사 프로젝트로, 2025년까지 달에 (   ) 4명을 보내고, 2028년까지 달에 인간이 거주할 수 있는 기지를 건설하는 게 목표예요.

생각 쑥쑥 기사를 읽고 다음 질문에 대한 나의 생각을 써 보세요.

달에서 화성으로 가는 것이 지구에서 가는 것보다 더 수월하다고 하는데, 그 이유가 무엇인지 생각해 보세요.

_____

_____

딩동~ "로봇이 책 배달 왔어요!"

> **미리 보기 사전**
>
> **컨소시엄(consortium)**
> 공통된 목적을 이루고자 조직된 협회나 조합을 말해요. 라틴어로 동반자 관계와 협력, 동지를 의미해요.

경기도 용인시의 동백도서관이 '자율주행 배달 로봇을 활용한 근거리 도서 배달 서비스'를 시범 운영하고자 안전 인증 절차를 밟고 있다고 전했어요. 이르면 오는 4월부터 로봇이 배달하는 책을 받아 볼 수 있을지도 몰라요!

로봇으로 책 배달한다

용인시는 지난해 첨단 모빌리티 시범 사업을 위해 다양한 기관과 기업이 참여한 컨소시엄을 구성해 지능형 로봇 배달 서비스를 추진해 왔답니다. 원래 컨소시엄의 첫 목표 사업은 동백지구 내 일부 구역에 피자 로봇 배달 서비스를 시작하는 것이었어요. 하지만 사업 추진 과정에서 피자보다는 좀 더 공공성 있는 품목을 배달하자는 의견이 많았어요. 그래서 배달 품목을 책으로 바꿨어요.

'안전 인증'은 필수!

로봇 배달 서비스를 시행하려면 꼭 거쳐야 하는 절차가 있는데, 바로 '안전 인증'이에요. 지난해 11월 개정 시행된 「지능형 로봇 개발 및 보급 촉진법」에 따라 로봇이 인도 등에서 주행하려면 필수적으로 안전 인증을 받아야 한답니다. 자율주행 로봇이 보행자나 자동차와 충돌하면 큰 사고로 이어질 수 있으니까요. 용인시는 3월까지 안전 인증 절차가 완료되면 4월부터 배달 서비스를 시작하는 것을 목표로 잡았어요. 우선 동백2동 거주자 가운데 임산부나 장애인 등 도서관을 이용하기 불편한 시민을 대상으로 도서 배달을 시행할 예정이에요. 2개월 정도 로봇 도서 배달 서비스를 시범 운영한 뒤 이용자 의견을 수렴해 서비스 확대 여부를 결정할 방침이라고 하네요.

OX 퀴즈 기사를 읽고 설명이 맞으면 O, 틀리면 X 표시를 해 보세요.

- 로봇이 인도에서 주행하려면 안전 인증이 꼭 필요해요. (   )
- 로봇 배달 서비스는 도서관을 이용하기 불편한 시민을 대상으로 먼저 시행할 예정이에요. (   )

낱말 고르기 기사를 읽고 다음 괄호 안에 들어갈 알맞은 말을 골라 보세요.

용인시는 지난해 첨단 모빌리티 시범 사업을 위해 다양한 기관과 기업이 참여한 컨소시엄을 구성해 지능형 로봇 (배달 , 포장) 서비스를 추진해 왔답니다. 원래 컨소시엄의 첫 목표 사업은 동백지구 내 일부 구역에 (피자 , 치킨) 로봇 배달 서비스를 시작하는 것이었어요.

어휘 체크 기사의 문맥을 파악해 어휘와 뜻을 알맞게 연결해 보세요.

조합	•	•	어떠한 문서나 행위가 정당한 절차로 이루어졌다는 것을 공적 기관이 증명함.
인증	•	•	공동의 목적을 이루려고 결합한 단체.
공공성	•	•	일반 사회 구성원 전체에 두루 관련되는 성질.
수렴	•	•	여럿으로 나뉜 것을 하나로 모아 정리함.

한 줄 정리 괄호 안에 알맞은 말을 넣어 기사를 한 줄로 요약해 보세요.

용인시 동백도서관이 (   ) 배달 로봇을 활용한 도서 배달 서비스를 운영하고자 안전 (   ) 절차를 밟고 있어요. 이를 마치면 도서관을 이용하기 불편한 시민을 대상으로 시범 운영한 뒤 서비스 확대 여부를 결정할 계획이에요.

생각 쑥쑥 기사를 읽고 다음 질문에 대한 나의 생각을 써 보세요.

자율주행 로봇을 이용한 배달 서비스가 많아지면 어떤 문제가 발생할 수 있을까요?

미래 농업은 어떤 모습일까요?

미리 보기 사전

스마트팜(smart farm)
인공지능과 사물인터넷, 빅데이터 등 정보통신 기술을 활용해 농작물 재배 환경을 자동으로 관리하는 농장을 말해요.

첨단기술과는 가장 거리가 멀 것 같은 농업이 다른 어떤 산업보다 첨단기술을 적극적으로 활용하고 있어요. 미래의 농업은 어떤 모습일지 살짝 구경해 볼까요?

드론이 파종하고 로봇이 수확해요

인공지능과 로봇이 인간이 하던 일의 일부를 대신하고 있어요. 드론을 사용해 농작물 씨앗은 물론이고 병해충을 막는 농약과 농작물의 성장을 돕는 비료도 공중에서 뿌

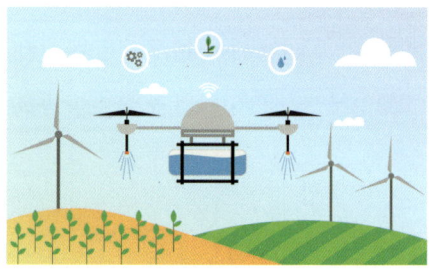

릴 수 있답니다. 자율주행 트랙터는 스스로 움직이면서 밭을 갈고, 한 고랑에서 작업을 끝내면 방향을 틀어 다른 고랑으로 이동해요. 미국 농기계 기업 디어앤드컴퍼니가 개발한 AI 제초기를 사용하면 제초제 사용량을 3분의 1로 줄일 수 있어요. 제초기가 잡초가 있는 곳을 찾아 필요한 만큼만 제초제를 뿌리거든요.

자연의 한계 극복한 사계절 농장

최근에는 실내에서 농작물을 기르는 '식물 공장'도 등장했어요. 식물 공장에서는 온도와 습도는 물론 조도와 이산화탄소 농도까지 일정하게 유지해 주기 때문에 날씨 걱정을 할 필요가 없어요. 장마, 태풍, 가뭄의 영향에서도 자유로워 사계절 신선한 채소를 기를 수 있어요. 스마트팜은 생산성이 높다는 장점도 있어요. 빅데이터를 활용해 농작물이 가장 잘 자랄 수 있는 환경을 만들어 주기 때문이죠. 농촌진흥청이 스마트팜에서 시험 재배한 결과 토마토 생산량은 14%, 딸기 생산량은 30%나 늘었다고 해요. 아직은 초기 단계이지만 이런 점에서 스마트팜은 기후 변화에 따른 식량 문제를 해결할 대안으로 주목받고 있어요.

OX 퀴즈 기사를 읽고 설명이 맞으면 O, 틀리면 X 표시를 해 보세요.

- 스마트팜은 생산성이 높아요. (   )
- AI 제초기를 사용하면 제초제 사용량을 줄일 수 있어요. (   )

낱말 고르기 기사를 읽고 다음 괄호 안에 들어갈 알맞은 말을 골라 보세요.

최근에는 (실내   ,   실외   )에서 농작물을 기르는 '식물 공장'도 등장했어요. 식물 공장에서는 온도와 습도는 물론 조도와 이산화탄소 농도까지 일정하게 유지해 주기 때문에 (날씨   ,   도둑   ) 걱정을 할 필요가 없어요.

어휘 체크 기사의 문맥을 파악해 어휘와 뜻을 알맞게 연결해 보세요.

빅데이터	•	•	논밭에 곡식의 씨앗을 뿌리는 일.
파종	•	•	잡초를 뽑아 없앰.
제초	•	•	기존 방법으로는 수집, 저장, 분석하기 어려울 만큼 많은 양의 정보.
조도	•	•	단위면적당 받는 빛의 양.

한 줄 정리 괄호 안에 알맞은 말을 넣어 기사를 한 줄로 요약해 보세요.

인공지능과 빅데이터 등의 정보통신 기술을 활용한 (   )은 생산성이 높아 기후 변화에 따른 식량 문제를 해결할 (   )으로 주목받고 있어요.

생각 쑥쑥 기사를 읽고 다음 질문에 대한 나의 생각을 써 보세요.

여러분이 생각하는 미래의 농업은 어떤 모습인가요? 떠오른 생각을 한번 묘사해 보세요.

연어인 듯 연어 아닌 연어 같은 너

대체육 미리 보기 사전
식물성 원료를 사용해 진짜 고기처럼 만든 인공 고기를 말해요.

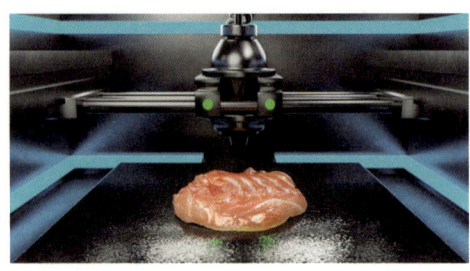

3D 프린터로 만든 '연어'가 세계 최초로 시중에 출시됐어요! 지난해 10월 오스트리아 푸드테크 기업 레보푸드가 만든 '더 필레'는 100% 식물성 단백질로 만든 생선 대체육이에요.

진짜 연어와 똑 닮은 식물성 연어

이 제품은 곰팡이에서 균 단백질을 추출한 뒤 3D 프린터를 이용해 마치 연어처럼 보이도록 만든 제품이에요. 조직이 실처럼 가느다란 형태라 실제 고기나 생선의 모습을 쏙 빼닮았다는 특징이 있어요. 마이코프로틴이라 불리는 균 단백질은 유럽에서 대체육의 주성분으로 많이 활용되고 있어요. '더 필레'는 실제 연어와 마찬가지로 단백질과 비타민, 오메가-3 지방산 등을 풍부하게 함유하고 있어요. 3D 프린터로 만든 식물성 해산물이 시중에 유통된 건 이번이 처음이랍니다.

"치킨 너깃 하나만 출력해 주세요!"

최근 이스라엘에서는 세계 최초로 바로 조리할 수 있는 세포배양 생선살을 개발했다고 발표했어요. KFC는 3D 프린터로 출력할 수 있는 치킨 너깃을 개발하고 있다고 밝히기도 했고요. 3D 프린터로 만든 대체육이 주목받는 이유는 급증하는 세계 인구의 식량 수요를 충족하는 데 도움이 되기 때문이에요. 또 진짜 고기나 생선으로 식품을 만드는 것보다 훨씬 환경친화적이라는 장점도 있어요. 바다에서 많이 자라는 해조류나 대량 번식시킨 곤충의 단백질을 활용하면 환경에 해를 끼치지 않고 영양 성분을 대량으로 확보할 수 있거든요. 어쩌면 곧 식당에서 이렇게 주문할 날이 올지도 모르겠어요. "치킨 너깃 하나만 출력해 주세요!"

OX 퀴즈 기사를 읽고 설명이 맞으면 O, 틀리면 X 표시를 해 보세요.

- 더 필레는 100% 비건 탄수화물로 만든 생선 대체육이에요. ( )
- 대체육은 환경오염을 일으킬 우려가 있어요. ( )

낱말 고르기 기사를 읽고 다음 괄호 안에 들어갈 알맞은 말을 골라 보세요.

3D 프린터로 만든 대체육이 주목받는 이유는 (급증 , 급감)하는 세계 인구의 식량 수요를 충족하는 데 도움이 되기 때문이에요. 또 진짜 고기나 생선으로 식품을 만드는 것보다 훨씬 (환경 , 기업)친화적이라는 장점도 있어요.

어휘 체크 기사의 문맥을 파악해 어휘와 뜻을 알맞게 연결해 보세요.

식물성	•	•	식물에서 얻어지는 것.
추출	•	•	전체에서 어떤 물건, 생각, 요소 등을 뽑아냄.
출력	•	•	어떤 기기나 장치에서 외부로 결과를 내는 일.
함유	•	•	물질이 어떤 성분을 포함하고 있음.

한 줄 정리 괄호 안에 알맞은 말을 넣어 기사를 한 줄로 요약해 보세요.

( )로 만든 '더 필레'는 곰팡이에서 추출한 균 단백질로 만든 생선 ( )이에요. 이렇게 만든 대체육은 손쉽게 영양 성분을 확보할 수 있고 친환경적이라는 장점이 있어요.

생각 쏙쏙 기사를 읽고 다음 질문에 대한 나의 생각을 써 보세요.

대체육 시장이 최근 급성장하고 있는데, 그 이유를 생각해 보세요.

_____
_____
_____

3D 프린터로 달에 집 짓기

미리 보기 사전

3D 프린터
도면을 바탕으로 3차원 입체 물품을 만드는 기계예요. 잉크가 아닌 플라스틱, 금속, 고무, 식품 등을 재료로 삼아요.

지난해 10월 미항공우주국(NASA)은 2040년까지 달에 일반인이 살 수 있는 주택 단지를 만들 계획이라고 밝혔어요. 그런데 달에 집을 짓는 방법이 꽤 독특하네요?

3D 프린터로 층층이 쌓아 올리면 돼요

NASA는 3D 프린터를 달로 가져가 집을 지을 계획이라고 해요. 달에 있는 광물이나 파편, 돌 등의 자원을 이용해 집을 층층이 쌓아 올리는 것이죠. 장난감이나 음식,

사람의 신체 부위 모형까지 3D 프린터로 출력하는 시대이지만, 집까지 프린터로 만든다니 정말 놀랍죠? 3D 프린터를 활용하면 도면을 바탕으로 집을 층층이 쌓아 올릴 수 있어 인력이 거의 들지 않고, 시간과 재료비 등을 절감하는 효과가 크다는 장점이 있대요. NASA는 이미 3D 프린팅 건설 업체와 계약을 체결했고, 주택 내부 인테리어와 가구 디자인을 위해 일부 대학 및 민간 기업과 논의하고 있어요.

달에 있는 자원을 활용할 거예요

실제로 미국에서는 2022년 2월 3D 프린터로 만든 주택이 처음으로 판매되기도 했어요. 방 3개, 화장실 2개를 갖춘 단독주택 한 채를 짓는 데 걸린 시간은 단 8일, 가격도 주변 다른 집의 절반 수준이었어요. 반면에 달 주택 건설을 우려하는 목소리도 나오고 있어요. 달 탐사에 많은 시간이 소요되는 점으로 미뤄 봤을 때 현실성이 떨어진다는 것이지요. 특히 먼지로 가득한 달 표면은 인류가 살기에 적합하지 않다는 의견도 있어요. SF영화 같은 이야기가 과연 현실에서 이뤄질까요?

OX 퀴즈 기사를 읽고 설명이 맞으면 O, 틀리면 X 표시를 해 보세요.

- NASA는 2040년까지 달에 주택을 건설한다는 목표를 세웠어요. (   )
- 3D 프린터로 집을 지으면 속도는 빠르지만 비용이 많이 들어요. (   )

낱말 고르기 기사를 읽고 다음 괄호 안에 들어갈 알맞은 말을 골라 보세요.

실제로 (미국 , 달)에서는 2022년 2월 3D 프린터로 만든 주택이 처음으로 판매되기도 했어요. 방 3개, 화장실 2개를 갖춘 단독주택 한 채를 짓는 데 걸린 시간은 단 8일, 가격도 주변 다른 집의 (절반 , 두 배) 수준이었어요.

어휘 체크 기사의 문맥을 파악해 어휘와 뜻을 알맞게 연결해 보세요.

어휘	뜻
도면	건축, 기계 등의 구조나 형태 등을 제도기를 사용해 기하학적으로 나타낸 그림.
인력	인간의 노동력.
적합	필요로 하거나 요구됨.
소요	일이나 조건 등에 꼭 알맞음.

한 줄 정리 괄호 안에 알맞은 말을 넣어 기사를 한 줄로 요약해 보세요.

NASA는 3D 프린터를 활용해 2040년까지 (   )에 (   )이 살 수 있는 주택을 건설하겠다는 계획을 밝혔어요. 3D 프린터를 활용하면 인력이 거의 들지 않고 시간과 재료비 등을 아낄 수 있다는 장점이 있어요.

생각 쑥쑥 기사를 읽고 다음 질문에 대한 나의 생각을 써 보세요.

1967년 100여 개 국가가 합의한 '우주조약'에 따라 특정 국가가 달을 소유하는 것을 금지하였어요. 이런 상황에서 달에 주택을 지으면 아무런 문제가 없을까요?

한 달 만에 또다시 화산이 펑!

미리 보기 사전

지각판
지구의 겉을 둘러싸고 있는, 두께 100km 안팎인 암석 판을 말해요. 지구에는 크고 작은 판 10개가 서로 맞닿아 있어요.

지난 1월 14일 오전 아이슬란드 남서부 그린다비크 인근에서 한 달 만에 다시 화산이 폭발했어요. 아이슬란드 정부는 화산이 폭발할 조짐을 발견해 주민을 미리 대피시켰고, 밤사이 지진 활동이 심해지자 남아 있던 일부 주민도 모두 대피했어요.

마을로 용암이 흘러들었어요

화산이 폭발한 건 오전 8시쯤이었어요. 분출된 용암은 수도 레이캬비크에서 남서쪽으로 40km 떨어진 바닷가 마을 그린다비크로 흘러내렸어요. 아이슬란드 정부는 지난해 12월 18일 화산 폭발 이후 용암이 마을로 흘러들지 못하도록 방어선을 구축했어요. 하지만 용암이 예상보다 빠르게 이동하고 지진까지 이어지면서 방어선이 뚫려 주택들이 불탔어요. 다행히 주민 모두 미리 대피해서 인명 피해는 없었답니다. 화산 폭발 이후 마을로 이어지는 도로가 폐쇄됐고, 유명 관광지도 문을 닫았어요. 다만 공항은 정상 운영했어요.

왜 이렇게 자주 일어나죠?

이번 화산 폭발은 지난해 12월 18일 이후 27일 만이에요. 아이슬란드는 유라시아판과 북아메리카 지각판이 갈라지는 지역에 있어 지진과 화산 활동이 활발해요. 가장 피해가 컸던 사례는 2010년 에이야프야틀라이외쿠틀(Eyjafjallajökull) 화산 폭발인데, 당시 화산재가 유럽 전역에 퍼지면서 항공편이 약 10만 편이나 결항하는 등 대혼란이 빚어졌어요. 아이슬란드 기상청은 용암이 이제 거의 멈췄지만, 땅 아래로 계속 흐르고 있어서 또 분출할 수도 있다고 경고했어요.

OX 퀴즈 기사를 읽고 설명이 맞으면 O, 틀리면 X 표시를 해 보세요.
- 화산 폭발 이후 마을로 이어지는 도로는 물론 공항까지 폐쇄됐어요. (　　)
- 아이슬란드 정부는 화산이 폭발할 조짐을 발견해 주민을 미리 대피시켰어요. (　　)

낱말 고르기 기사를 읽고 다음 괄호 안에 들어갈 알맞은 말을 골라 보세요.

아이슬란드 정부는 지난해 12월 18일 화산 폭발 이후 용암이 마을로 흘러들지 못하도록 (　방어선　,　공격선　)을 구축했어요. 하지만 (　용암　,　화산　)이 예상보다 빠르게 이동하고 지진까지 이어지면서 방어선이 뚫려 주택들이 불탔어요.

어휘 체크 기사의 문맥을 파악해 어휘와 뜻을 알맞게 연결해 보세요.

화산	•	•	땅속 깊은 곳의 마그마가 지표면으로 분출하여 생긴 지형.
인명	•	•	액체나 기체 물질이 솟구쳐서 뿜어져 나옴.
분출	•	•	사람의 목숨.
용암	•	•	화산의 분화구에서 분출된 마그마.

한 줄 정리 괄호 안에 알맞은 말을 넣어 기사를 한 줄로 요약해 보세요.

지난 1월 14일 오전 아이슬란드 남서부 그린다비크 인근에서 한 달 만에 또 (　　　)이 폭발했어요. 주민 모두 미리 대피해 인명 피해는 없었지만, 마을에 (　　　)이 흘러들어 주택이 불탔어요.

생각 쑥쑥 기사를 읽고 다음 질문에 대한 나의 생각을 써 보세요.

지진과 화산 활동은 지각판이 만나는 지역에서 자주 발생하는데, 왜 그럴까요?

AI 화학자 덕분에 화성에 산소가 생길지도!

> **미리 보기 사전**
> **촉매**
> 다른 물질의 반응 속도를 촉진 또는 지체시키는 물질을 뜻해요.

인류의 화성 방문 가능성이 커지고 있어요. 화성에서 생존할 수 있으려면 생명 유지와 로켓 추진체 등에 필요한 산소 등 필수 물질이 해결돼야 해요. 그런데 곧 이 문제가 해결될 것으로 보여요. 최근 화성 운석에서 산소 발생에 필요한 촉매를 만들어 내는 로봇 AI 화학자가 개발됐거든요!

화성에서 산소를 만들 수 있다?

중국과학기술대(USTC) 장준 박사 연구 팀이 개발한 로봇 AI 화학자는 화성 운석을 스스로 분석해요. 그리고 운석에 들어 있는 성분을 이용해 산소 발생 촉매를 만들죠. 이후 로봇 AI 화학자는 촉매 성능 테스트를 반복하면서 최적의 촉매를 찾아낸답니다. 모바일 로봇과 컴퓨팅 두뇌, 클라우드 서버, 14개 작업 스테이션으로 구성된 로봇 AI 화학자는 실제로 이 과정을 거쳐 화성 운석으로 산소 발생에 필요한 촉매를 만들었어요. 이 촉매는 화성 온도인 영하 37℃에서 장기간 산소를 안정적으로 생산할 수 있는 것으로 확인되었어요.

2,000년을 앞당긴 기술

로봇 AI 화학자는 최적의 촉매를 찾아내는 전 과정을 인간의 개입 없이 직접 수행했어요. 기계 학습을 이용해 운석 성분으로 만들 수 있는 300만 가지 이상의 촉매 중에서 최적의 촉매를 자동으로 빠르게 식별해 낸 거예요. 이는 인간 화학자 1명이 하면 2,000년이 걸리는 작업이라고 해요.

장준 박사는 "미래에 로봇 AI 화학자의 도움으로 화성에 산소 공장을 세울 수 있을 것"이라며 "이 획기적인 기술로 화성 유인 탐사와 이주의 꿈에 한발 더 다가서게 됐다."라고 전했어요.

OX 퀴즈 기사를 읽고 설명이 맞으면 O, 틀리면 X 표시를 해 보세요.

- 로봇 AI 화학자를 개발한 주인공은 중국과학기술대 연구 팀이에요. (   )
- 로봇 AI 화학자는 목성 운석에서 산소 발생에 필요한 촉매를 만들어 냈어요. (   )

낱말 고르기 기사를 읽고 다음 괄호 안에 들어갈 알맞은 말을 골라 보세요.

장준 박사는 "미래에 로봇 AI 화학자의 도움으로 (화성   ,   목성   )에 산소 공장을 세울 수 있을 것"이라며 "이 획기적인 기술로 화성 (유인   ,   무인   ) 탐사와 이주의 꿈에 한발 더 다가서게 됐다."라고 전했어요.

어휘 체크 기사의 문맥을 파악해 어휘와 뜻을 알맞게 연결해 보세요.

식별	•	•	다른 물질의 반응 속도를 촉진 또는 지체시키는 물질.
산소	•	•	지구에 떨어진 별똥.
운석	•	•	공기의 주성분이면서 맛, 빛깔, 냄새가 없는 물질.
촉매	•	•	분별해 알아봄.

한 줄 정리 괄호 안에 알맞은 말을 넣어 기사를 한 줄로 요약해 보세요.

로봇 AI 화학자는 화성 (   )을 분석해 자체적으로 (   ) 발생 촉매를 만들고 장기간 안정적으로 산소를 생산하는 기술을 선보였어요. 이 획기적인 기술로 화성 유인 탐사와 이주의 꿈에 한발 더 다가설 것으로 기대돼요.

생각 쑥쑥 기사를 읽고 다음 질문에 대한 나의 생각을 써 보세요.

로봇 AI 화학자가 또 어떤 기술을 발견하면 좋을까요?

내핵 안에 또 다른 핵이 있다

> **미리 보기 사전**
>
> **내핵**
> 지하 약 5,100km 깊이부터 지구 중심부까지 이르는 부분이에요. 지구의 사중 구조 중 가장 안쪽에 있어요.

고체로 이루어진 지구의 내핵 가장 깊은 곳에 반지름 약 650km에 달하는 금속 구체로 된 또 하나의 핵이 존재한다는 연구 결과가 나왔어요.

지구의 사중 구조

지구는 바깥부터 지각, 맨틀, 외핵, 내핵 등 사중 구조로 돼 있다는 것이 학계의 정설이었어요. 특히 가장 안쪽에 있는 내핵은 가장 뜨겁지만 큰 압력을 받기 때문에 고체 상태로 존재한다고 알려져 있죠. 그런데 최근 이 정설이 깨질 수도 있는 한 연구가 발표됐어요. 호주국립대학교(ANU) 흐르보예 트칼치치 박사 연구 팀이 지진파가 내핵을 통과했다가 돌아오는 시간 차이를 분석해 내핵 안의 제5 구조를 확인한 거예요!

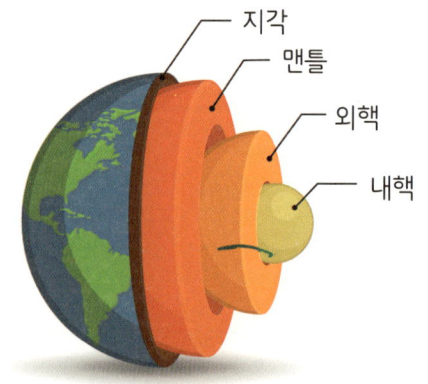

제5 구조를 발견한 과정은?

연구 팀은 지난 10년간 규모 6 이상인 지진 약 200건을 분석했어요. 기존에는 지진파가 지구 중심을 지나 진앙 반대쪽인 대척점에 도달한 뒤 한 차례 되돌아오는 것을 포착한 것이 전부였어요. 하지만 이번 연구에서는 처음으로 지진파가 다섯 차례나 오간 것을 포착했답니다. 이로써 지진파가 내핵을 통과하는 각도에 따라 느려지거나 빨라지는 것을 분석했고, 내핵 안에 뭔가 다른 구조가 존재한다고 추론한 거예요. 이번 연구를 두고 연구 팀은 내핵과 내핵 안의 구조를 들여다볼 수 있는 새로운 틀을 제공했다고 설명했어요.

OX 퀴즈 기사를 읽고 설명이 맞으면 O, 틀리면 X 표시를 해 보세요.

- 내핵은 지구 가장 안쪽에 있는 핵인데, 가장 뜨거운 고체 상태예요. (　　)
- 지구의 사중 구조 중 가장 바깥은 맨틀이에요. (　　)

낱말 고르기 기사를 읽고 다음 괄호 안에 들어갈 알맞은 말을 골라 보세요.

연구 팀은 (고주파 , 지진파)가 내핵을 통과하는 각도에 따라 느려지거나 빨라지는 것을 분석했고, 내핵 안에 뭔가 다른 구조가 존재한다고 (추론 , 확인)한 거예요.

어휘 체크 기사의 문맥을 파악해 어휘와 뜻을 알맞게 연결해 보세요.

고체	•	•	이미 확정하거나 인정한 설.
정설	•	•	부분이나 요소가 어떤 전체를 짜 이룸.
구조	•	•	일정한 모양과 부피가 있으며 쉽게 변형되지 않는 물질의 상태.
추론	•	•	미루어 생각하여 논함.

한 줄 정리 괄호 안에 알맞은 말을 넣어 기사를 한 줄로 요약해 보세요.

지구의 (　　　　) 가장 깊은 곳에 또 하나의 핵이 존재한다는 연구 결과가 나왔어요. 지진파의 속도 변화를 분석한 결과, 내핵 안에 뭔가 다른 구조가 있음을 (　　　　)한 거예요.

생각 쑥쑥 기사를 읽고 다음 질문에 대한 나의 생각을 써 보세요.

지구의 사중 구조처럼 널리 알려진 학계의 정설 중 친구들이 믿지 않거나 깨고 싶은 것이 있다면 무엇인가요?

_____

_____

2024 CES 주인공은 '투명 TV'

미리 보기 사전

국제전자제품박람회(CES)
매년 1월 라스베이거스에서 열리는 세계 최대 정보기술(IT)·가전 박람회이며, 다양한 기업이 참가해 최첨단 기술을 선보이는 행사예요.

지난 1월 라스베이거스에서 열린 세계 최대 정보기술(IT)·가전 박람회 'CES 2024'에서 LG전자의 투명 TV 'LG 시그니처 올레드 T'가 최고 제품으로 선정됐어요!

"함께 문제를 해결해요!"

CES 2024의 주제는 'All Together, All On'인데, 모든 기업의 첨단기술을 모아 인류의 문제를 해결하자는 의미를 담았어요. 전 세계 150개 이상 국가에서 3,500여 기업이 참여한 이번 박람회에서는 다른 모든 정보기술 분야와 밀접한 관계가 있는 인공지능 기술이 특히 주목을 받았답니다. 인공지능 기술이 모든 산업 영역에서 혁신을 불러일으키고 있는 지금의 상황이 그대로 반영된 거죠. 이 외에도 기업들은 자율주행과 전기차 등을 중심으로 한 자동차 관련 신기술과 기후 변화 등으로 대두된 식량 문제, 스마트 도시 건설 등과 관련된 다양한 첨단기술과 서비스를 선보였답니다.

'투명 TV'로 최고상 받았다

한편 LG전자는 CES 2024에서 TV 제품으로는 유일하게 최고상을 수상했어요. LG전자의 '시그니처 올레드 T'는 화면 너머를 볼 수 있는 투명한 스크린이 특징이에요. 검은 TV 화면과 비교할 때 개방감은 물론 주변 인테리어와 조화가 뛰어나다는 점이 관람객과 관계자의 이목을 사로잡았죠. 미국 매체 〈포브스〉는 "LG전자가 투명 올레드 TV로 CES 2024를 강타했다."라고 평가했어요.

OX 퀴즈 기사를 읽고 설명이 맞으면 O, 틀리면 X 표시를 해 보세요.

- CES는 세계 최대 자동차 박람회예요. ( )
- CES 2024에서 LG전자는 TV 제품으로는 유일하게 최고상을 수상했어요. ( )

낱말 고르기 기사를 읽고 다음 괄호 안에 들어갈 알맞은 말을 골라 보세요.

박람회에서는 다른 모든 정보기술 분야와 밀접한 관계가 있는 (인공지능 , 자율주행) 기술이 특히 주목을 받았답니다. (인공지능 , 자율주행) 기술이 모든 산업 영역에서 혁신을 불러일으키고 있는 지금의 상황이 그대로 반영된 거죠.

어휘 체크 기사의 문맥을 파악해 어휘와 뜻을 알맞게 연결해 보세요.

박람회	•	•	아주 가깝게 맞닿아 있거나 그런 관계에 있음.
밀접	•	•	주의나 관심.
혁신	•	•	관습이나 방법 등을 완전히 바꾸어서 새롭게 함.
이목	•	•	산업이나 문화를 소개하려고 그와 관련된 각종 사물이나 상품을 진열해 놓은 곳.

한 줄 정리 괄호 안에 알맞은 말을 넣어 기사를 한 줄로 요약해 보세요.

매년 1월 라스베이거스에서 열리는 세계 최대의 정보기술·가전 ( ) 'CES 2024'에서 LG전자의 ( ) TV 'LG 시그니처 올레드 T'가 TV 제품으로는 유일하게 최고 제품으로 선정됐어요.

생각 쑥쑥 기사를 읽고 다음 질문에 대한 나의 생각을 써 보세요.

기업이 국제전자제품박람회(CES) 같은 박람회에 참가하는 이유는 무엇일까요?

물건만 집으면 자동 계산된다고요?

> **미리 보기 사전**
> **완전 무인 매장**
> 사람이 없는 상점을 말하는데, 소비자가 물건을 고르고 직접 결제까지 진행하는 스마트 매장이에요.

　CU, GS25, 세븐일레븐, 이마트24 등 편의점 4사에 따르면 2022년 말 기준 무인 편의점은 2021년에 비해 55.8% 늘었어요. 높아진 인건비와 유지비, 코로나19 여파로 확산한 비대면 문화가 영향을 미쳤다는 분석이에요.

물건을 들고 키오스크 앞에 서기만 끝!

　최근에는 스마트 기술을 활용한 신개념 매장이 등장해 주목받고 있어요. 국내 기술로 만든 최첨단 무인 매장 '슈퍼 스위프트'는 앱 다운로드나 인증 절차 없이 물건을 집고 키오스크 앞에 서기만 하면 자동으로 결제돼요. 카메라와 컴퓨터 비전 AI 기술이 구매자의 움직임을 파악해 어떤 상품을 집어 들었는지 정확하게 포착하거든요. 단, 상품을 구입할 마음이 사라지면 원래 있던 자리에 정확히 가져다 놓아야 해요. 진열대 선반에 상품의 무게 변화를 측정하는 센서가 장착되어 있기 때문이에요.

완전 무인 시스템을 왜 도입하는 거예요?

　최근 오픈한 이마트24 스마트 매장에는 네이버 출입증을 도입했어요. 최초 1회 결제 수단을 등록하면 매장 입장부터 결제까지 자동으로 완료되는 시스템이에요. 키오스크 앞에 서 있어야 했던 단점까지 해결한 것이지요. GS25도 지난해 완전 무인 매장을 도입했어요. 무인 매장의 가장 큰 장점은 직원이 아예 필요 없거나 과거에 비교해서 직원 수를 줄일 수 있다는 거예요. 초기에 큰 투자 비용이 드는 것은 사실이지만, 급격히 오른 인건비를 생각하면 장기적으로는 오히려 부담이 낮아져요. 편의점 업계의 무인 매장 경쟁이 갈수록 치열해지고 있답니다.

OX 퀴즈 기사를 읽고 설명이 맞으면 O, 틀리면 X 표시를 해 보세요.

- 최근 들어 무인 매장이 점점 줄어들고 있어요. (   )
- 슈퍼 스위프트는 국내 기술로 만든 최첨단 무인 점포예요. (   )

낱말 고르기 기사를 읽고 다음 괄호 안에 들어갈 알맞은 말을 골라 보세요.

상품을 구입할 마음이 사라지면 원래 있던 자리에 정확히 가져다 놓아야 해요. 진열대 선반에 상품의 (　무게　,　개수　) 변화를 측정하는 (　카메라　,　센서　)가 장착되어 있기 때문이에요.

어휘 체크 기사의 문맥을 파악해 어휘와 뜻을 알맞게 연결해 보세요.

어휘	뜻
인건비	소리, 빛, 온도, 압력 등에 민감하게 반응하는 소자를 갖춘 기계 장치.
비대면	서로 얼굴을 마주 보고 대하지 않음.
키오스크	공공장소에 설치된 무인 정보 단말기.
센서	사람을 부리는 데 드는 비용.

한 줄 정리 괄호 안에 알맞은 말을 넣어 기사를 한 줄로 요약해 보세요.

최근 스마트 기술을 활용한 신개념 (　　　　　　　　　　　)이 늘어나고 있어요. 높아진 인건비와 유지비, 코로나19 여파로 확산한 (　　　　　　) 문화가 무인 매장 도입에 영향을 미쳤다는 분석이에요.

생각 쑥쑥 기사를 읽고 다음 질문에 대한 나의 생각을 써 보세요.

무인 매장이 과연 편하기만 할까요? 혹시 불편한 점은 없을지 한번 생각해 보세요.

_____
_____
_____

차세대 소형 2호, 국내 기술 성능 이상 무!

> **미리 보기 사전**
>
> **고성능 영상 레이더** (SAR: Synthetic Aperture Radar)
> 레이더를 쏜 뒤 반사돼 돌아오는 데이터를 합성해 영상을 만들어 내는 기술이에요. 빛의 영향을 받지 않아 날씨와 상관없이 영상을 만들 수 있다는 장점 때문에 전 세계에서 정찰 등의 목적으로 활용되고 있어요.

지난해 5월 3차 발사에 성공한 누리호에 차세대 소형 위성 등 실용 위성 8개가 실렸어요. 이 위성들은 고도 550km 상공에서 하루에 15바퀴씩 지구를 돌며 기후 변화와 우주 날씨 관측은 물론 우주 관련 기술 검증 임무를 수행해요.

국산 SAR 기술로 궂은 날씨에도 찰칵

2023년 12월 10일은 누리호 3차 발사가 성공한 지 200일이 된 날이에요. 그동안 지구를 3,000바퀴나 돈 차세대 소형 2호는 한반도부터 팔레스타인 가자지구까지 300건이 넘는 영상을 촬영했어요. 비록 해상도는 국제 수준과 다소 차이가 있지만, 국내 기술로 만든 첫 SAR 위성이고 성능이 검증된 셈이니 의미가 크답니다. 차세대 소형 2호로 SAR 위성 국산화 목표를 달성한 셈이지요.

편대 비행 성공할 도요샛

누리호 3차 발사 때는 '도요샛'이라는 10kg 이하 작은 위성 4기가 모인 군집 위성도 함께 실었어요. 우주 대기를 관측하는 도요샛은 편대 비행 시 개별 위성이 따로 모으는 데이터보다 훨씬 세밀하고 자세한 정보를 수집할 수 있어요. 하지만 발사 직후 3호기는 신호를 잃었고, 1호기는 전력량이 약해 통제하기 어려운 상황이에요. 한국천문연구원은 남은 2호기와 4호기의 거리를 10km로 좁히는 것을 목표로 삼았는데, 성공하면 편대 비행을 할 수 있을 것으로 기대하고 있어요.

OX 퀴즈 기사를 읽고 설명이 맞으면 O, 틀리면 X 표시를 해 보세요.

- 누리호 3차 발사 때 실용 위성 18개가 실렸어요. (   )
- 도요샛 위성은 4기 모두 정상적으로 작동하고 있어요. (   )

낱말 고르기 기사를 읽고 다음 괄호 안에 들어갈 알맞은 말을 골라 보세요.

누리호 3차 발사 때는 '도요샛'이라는 (100kg   ,   10kg   ) 이하 작은 위성 4기가 모인 (군집   ,   개별   ) 위성도 함께 실었어요.

어휘 체크 기사의 문맥을 파악해 어휘와 뜻을 알맞게 연결해 보세요.

편대	•	•	자세히 살핌.
정찰	•	•	비행기가 짝을 지어 대형을 갖추는 일.
군집	•	•	한곳에 모임.
성능	•	•	기계의 성질과 기능.

한 줄 정리 괄호 안에 알맞은 말을 넣어 기사를 한 줄로 요약해 보세요.

누리호 3차 발사 때 실었던 차세대 소형 2호 위성은 국산 (   ) 기술로, 궂은 날씨에도 영상을 촬영하고 있고, 우주 대기를 관측하는 (   )은 편대 비행을 목표로 하고 있어요.

생각 쑥쑥 기사를 읽고 다음 질문에 대한 나의 생각을 써 보세요.

SAR 위성 국산화 성공의 의미는 무엇일까요? 친구들의 생각을 써 보세요.

달의 흙은 제게 맡겨 주세요!

미리 보기 사전

탐사 차량
행성과 위성 등의 표면 위를 이동하면서 대기나 지형, 구성 성분 등을 조사하는 차량을 말해요.

호주우주국이 운영하는 우주개발 컨소시엄 'ELO2'가 달 표면을 굴러다닐 무인 탐사 차량 시제품을 개발했어요. 이는 미항공우주국(NASA)과 협력한 것인데, 아르테미스 계획의 일환이에요.

작지만 강한 탐사 차량

이번에 개발된 탐사 차량은 중량 약 20kg인 소형인데, 외부에 달린 바퀴 4개에 작은 톱니가 부착돼 거친 지형도 돌파할 수 있어요. 최대 속도는 초속 10cm이고, 주재료는 가볍고 강도 높은 티타늄이에요. 기본적으로는 스스로 움직이지만, 중요한 순간에는 인간의 판단에 따른 '반자율주행'을 할 수 있어요. 각종 장비가 오밀조밀하게 부착된 차량은 2008년에 개봉한 미국 애니메이션 〈월-E〉 속 주인공 로봇을 떠올리게 해요.

달 토양을 안전하게 운반하라!

무인 달 탐사 차량은 미래에 달 표면에 짓게 될 '산소 추출 공장'으로 달 토양을 운반하는 임무를 맡게 돼요. 달에 사람이 머물려면 산소가 꼭 필요한데, 달의 토양에 산소가 함유되어 있거든요. 달에서 지구로 돌아갈 로켓의 연료를 태우는 데도 산소가 꼭 필요해요. 이렇게 중요한 산소를 지구에서 가져가려면 로켓을 자주 띄워야 하니 엄청난 비용이 들겠죠? 그렇지만 달에서 직접 산소를 만들어 내면 이 비용을 줄이거나 없앨 수 있어요. 연구진은 달 표면과 비슷한 환경을 만들어 이 차량이 실제 달에서 겪을 수 있는 악조건을 이겨 내는 시험을 진행할 예정이에요. 이르면 탐사 차량은 2026년 달에 투입될 것으로 예상돼요.

OX 퀴즈 기사를 읽고 설명이 맞으면 O, 틀리면 X 표시를 해 보세요.

- 탐사 차량은 인간의 판단이 필요한 '반자율주행'만 가능해요. (　　　)
- 무인 달 탐사 차량은 달 토양을 '산소 추출 공장'으로 운반하는 임무를 맡게 돼요. (　　　)

낱말 고르기 기사를 읽고 다음 괄호 안에 들어갈 알맞은 말을 골라 보세요.

이번에 개발된 탐사 차량은 중량 약 20kg인 소형인데, 외부에 달린 바퀴 4개에 작은 (　톱니　,　가시　)가 부착돼 거친 지형도 돌파할 수 있어요. 최대 속도는 초속 10cm이고, 주재료는 가볍고 강도 높은 (　티타늄　,　플라스틱　)이에요.

어휘 체크 기사의 문맥을 파악해 어휘와 뜻을 알맞게 연결해 보세요.

일환	•	•	물건 등을 옮겨 나름.
부착	•	•	밀접한 관계가 있는 것 가운데 한 부분.
운반	•	•	붙이거나 닮.
탐사	•	•	알려지지 않은 사물이나 사실을 샅샅이 더듬어 조사함.

한 줄 정리 괄호 안에 알맞은 말을 넣어 기사를 한 줄로 요약해 보세요.

호주우주국이 개발한 무인 달 탐사 차량은 달 토양을 (　　　　　) 추출 공장으로 운반하는 임무를 수행하게 돼요. 이르면 2026년 달에 투입될 예정이에요.

생각 쑥쑥 기사를 읽고 다음 질문에 대한 나의 생각을 써 보세요.

달에서 산소를 생산한다면 어떤 일들을 할 수 있을까요?

어휘 한눈에 보기

과학 기사에 등장한 한자어와 순우리말 어휘를 정리했어요. 한자처럼 보이지만 순우리말인 경우도 있고 순우리말처럼 보이는 말이 한자어인 경우도 있으니 꼼꼼하게 살펴보세요.

 과학 기사에서 눈여겨보면 좋을 한자어

실시간
實 열매 실
時 때 시
間 사이 간

실제 흐르는 시간과 같은 시간.

연구
硏 갈, 벼루 연
究 연구할 구

어떤 일이나 사물을 깊이 조사하고 생각하여 진리를 따져 보는 일.

원리
原 언덕, 근원 원
理 다스릴 리(이)

사물의 근본이 되는 이치.

확보
確 굳을 확
保 지킬 보

확실히 보증하거나 가지고 있음.

광합성
光 빛 광
合 합할 합
成 이룰 성

식물이 빛을 이용해 이산화탄소와 수분으로 유기물을 합성하는 과정.

반도체
半 반 반
導 인도할 도
體 몸 체

상온에서 전기 전도율이 도체와 절연체의 중간 정도인 물질.

발명
發 필 발
明 밝을 명

아직까지 없던 기술이나 물건을 새로 생각하여 만들어 냄.

발전
發 필 발
展 펼 전

더 낫고 좋은 상태나 더 높은 단계로 나아감.

궤도
軌 바큇자국 궤
道 길 도

행성, 인공위성 등이 중력의 영향을 받아 다른 천체의 둘레를 돌면서 그리는 곡선의 길.

자율주행
自 스스로 자
律 법칙 률(율)
走 달릴 주
行 다닐 행

차량 스스로 도로에서 달림.

농도
濃 짙을 농
度 법도 도

용액 등의 진함과 묽음의 정도.

조직
組 짤 조
織 짤 직

짜서 이루거나 얽어서 만듦.

현실성
現 나타날 현
實 열매 실
性 성품 성

현재 실제로 존재하거나 실현될 수 있는 성질.

지진
地 땅 지
震 벼락 진

오랫동안 누적된 변형 에너지가 갑자기 방출되면서 지각이 흔들리는 일.

화학자
化 될 화
學 배울 학
者 놈 자

화학을 전문으로 연구하는 사람.

진앙
震 벼락 진
央 가운데 앙

지진이 처음 일어난 땅속 위치에서 수직으로 올라가 땅과 만나는 지점.

측정
測 헤아릴 측
定 정할 정

일정한 양을 기준으로 하여 같은 종류의 다른 양의 크기를 잼.

관측
觀 볼 관
測 헤아릴 측

육안이나 기계로 천체나 기상 상태, 변화 등을 관찰하여 측정하는 일.

🔍 과학 기사에서 눈여겨보면 좋을 **순우리말**

- **떠오르다**   솟아서 위로 오르다.
- **엉뚱하다**   상식적으로 생각하는 것과 전혀 다르다.
- **선보이다**   물건의 좋고 나쁨을 가려보이다.
- **틔우다**   싹이나 움 등을 트게 하다.
- **쓸모**   쓸 만한 가치.
- **차지하다**   사물이나 공간, 지위 등을 자기 몫으로 가지다.
- **거듭하다**   어떤 일을 자꾸 되풀이하다.
- **수월하다**   까다롭거나 힘들지 않아 하기가 쉽다.
- **고랑**   두둑한 땅과 땅 사이에 길고 좁게 들어간 곳.
- **미루다**   이미 알려진 것으로써 다른 것을 비추어 헤아리다.
- **맞닿다**   마주 닿다.
- **사로잡다**   생각이나 마음을 온통 한곳으로 쏠리게 하다.
- **띄우다**   물 위나 공중에 있게 하거나 위쪽으로 솟아오르게 하다.

빈대 잡는 '빈대 공주'가 나타났어요!

> **미리 보기 사전**
> **빈대**
> 노린재목 빈댓과 곤충이에요. 고약한 냄새를 풍기며 사람과 동물의 피를 빨아 먹어요.

코로나19 이후 해외여행이 다시 활발해지면서 프랑스 등 유럽에서 문제가 됐던 빈대가 국내에도 들어왔어요. 빈대가 전국으로 확산할 조짐이 보이자, 서울대 김주현 교수가 효과적인 빈대 퇴치법을 고안해 화제가 되었어요.

더 강해져서 돌아온 빈대

다행히 빈대는 모기나 벼룩처럼 다른 고약한 전염병을 옮기지는 않는다고 알려져 있어요. 하지만 모기보다 피를 훨씬 많이 빨아 먹기 때문에 가려움이나 피부 발진이 훨씬 심해요. 독성이 강한 살충제를 살포해 1970년대 이후 사라졌던 빈대가 40년 만에 다시 나타났는데, 돌아온 빈대는 살충제 내성까지 강해진 탓에 퇴치하기가 훨씬 어려워졌어요.

빈대 잡는 빈대 공주 등장!

이런 상황에서 지난해 서울대 의대 열대의학교실 김주현 교수가 살충제 내성을 가진 빈대에 효과적인 대체 살충제를 찾아 주목받았어요. 기존에 빈대 살충제로 쓰던 성분이 아니라 이미다클로프리드, 피프로닐 성분 살충제가 빈대 퇴치에 효과적이라는 연구 결과를 미국의 한 곤충학회지에 제출했는데, 이 성분들은 이미 농사나 동물용 구충제 등으로 사용되고 있어서 상용화하기가 쉽다고 해요. 김 교수는 빈대에게 직접 자신의 피를 내어 주며 연구했다고 알려져 화제가 되기도 했어요. 박사 후 연구 과정을 지도한 교수는 김 교수를 '빈대 공주'라고 부르기도 했대요. 흡혈 곤충을 연구하는 김 교수의 열정이 정말 대단하죠?

OX 퀴즈 기사를 읽고 설명이 맞으면 O, 틀리면 X 표시를 해 보세요.

- 빈대는 사람의 피를 빨아 먹지는 않지만 전염병을 옮겨요. (   )
- 다시 돌아온 빈대는 내성이 약해져서 퇴치하기가 쉬워요. (   )

낱말 고르기 기사를 읽고 다음 괄호 안에 들어갈 알맞은 말을 골라 보세요.

독성이 강한 (살충제   ,   제초제   )를 살포해 1970년대 이후 사라졌던 빈대가 40년 만에 다시 나타났어요. 돌아온 빈대는 살충제 내성까지 강해진 탓에 퇴치하기가 훨씬 (쉬워졌어요   ,   어려워졌어요   ).

어휘 체크 기사의 문맥을 파악해 어휘와 뜻을 알맞게 연결해 보세요.

조짐	생물이 독성 물질을 계속 사용하는 데 나타내는 저항성.
고안	어떤 일이 생길 기미가 보이는 현상.
내성	연구하여 새로운 것을 생각해 냄.
퇴치	물리쳐 아주 완벽히 없애 버림.

한 줄 정리 괄호 안에 알맞은 말을 넣어 기사를 한 줄로 요약해 보세요.

1970년대 이후 사라졌던 (   )가 40년 만에 다시 나타나 전국적으로 확산할 조짐이 보이자, 서울대 의대 김주현 교수는 살충제 (   )을 가진 빈대에 효과적인 대체 살충제를 개발했어요.

생각 쑥쑥 기사를 읽고 다음 질문에 대한 나의 생각을 써 보세요.

김주현 교수는 '빈대 공주'라고 불릴 정도로 곤충 연구에 엄청난 열정을 쏟아부었는데요, 여러분에게도 그렇게 관심이 가는 분야가 있나요?

아보카도가 숲을 파괴한다고?

> **미리 보기 사전**
>
> **아보카도**
> 멕시코와 중남미 지역이 원산지인 과일의 일종이에요. 지방 함량이 높고 각종 영양소가 풍부해 '숲속의 버터'라고도 불려요.

건강식품으로 알려진 아보카도 소비량이 늘어날수록 멕시코의 숲은 파괴되고 있어요. 점점 늘어나는 아보카도 수요를 따라잡느라 불법으로 나무를 베어 내고 있기 때문이래요.

아보카도 인기가 하늘을 찔러요

아보카도의 인기는 최근 몇십 년간 폭발적으로 증가하고 있어요. 아보카도가 건강식품의 대명사로 알려지면서 다양한 음식에 활용되기 때문이에요. 〈뉴욕타임스〉에 따르면 미국인의 아보카도 소비량은 20년 전과 비교해 3배 이상 증가했다고 해요. 미국에서 소비되는 아보카도의 90%는 멕시코에서 수입해요. 문제는 증가하는 아보카도 수요를 맞추느라 나무를 마구 베어 낸다는 점이에요.

멕시코 숲이 사라지고 있어요

멕시코의 아보카도 재배업자와 벌목업자는 농경지를 확보하려고 숲을 밀어 버리기도 해요. 그 과정에서 숲에 일부러 불을 지르기도 하는데, 이렇게 불을 질렀다가 대형 산불로 번지기도 했어요. 2021년 미국과 멕시코는 2030년까지 삼림 벌채를 중단하겠다는 유엔 협약에 서명했어요. 하지만 미국에서 소비되는 아보카도가 대부분 멕시코산인 상황에서 이러한 약속이 잘 지켜질지는 의문이에요. 멕시코 환경 당국은 불법으로 벌채한 곳에서 생산된 아보카도가 미국으로 수출되지 않도록 관련 협정을 개정하자고 제안했지만, 답변을 받지 못했다고 해요.

OX 퀴즈 기사를 읽고 설명이 맞으면 O, 틀리면 X 표시를 해 보세요.

- 미국인의 아보카도 소비량은 점점 줄어들고 있어요. (   )
- 아보카도 농장을 만들려고 숲에 일부러 불을 지르기도 해요. (   )

낱말 고르기 기사를 읽고 다음 괄호 안에 들어갈 알맞은 말을 골라 보세요.

아보카도의 인기는 최근 몇십 년간 폭발적으로 (증가 , 감소)하고 있어요. 아보카도가 (건강식품 , 패스트푸드)의 대명사로 알려지면서 다양한 음식에 활용되기 때문이에요.

어휘 체크 기사의 문맥을 파악해 어휘와 뜻을 알맞게 연결해 보세요.

수요	•	•	어떤 물건을 일정한 가격으로 사려고 하는 욕구.
재배	•	•	문서의 내용을 고쳐 바르게 함.
벌채	•	•	나무를 베어 냄.
개정	•	•	식물을 심어서 기름.

한 줄 정리 괄호 안에 알맞은 말을 넣어 기사를 한 줄로 요약해 보세요.

미국인의 아보카도 소비량이 급증하자 늘어나는 아보카도 수요를 따라잡을 농경지를 확보하려고 불법으로 (   )하고 숲에 불을 지르는 등 (   )의 숲이 파괴되고 있어요.

생각 쑥쑥 기사를 읽고 다음 질문에 대한 나의 생각을 써 보세요.

건강에 좋은 아보카도를 마음껏 먹으면서도 숲을 보호할 방법은 없을까요?

진짜 트리 vs 인조 트리, 나의 선택은?

> **미리 보기 사전**
> **탄소 배출량**
> 공기 중에 배출되는 이산화탄소의 양을 의미해요.

환경을 생각하는 사람들은 트리를 고를 때도 고민에 빠질 수밖에 없는데요. '진짜 나무를 잘라서 만든 트리'와 '플라스틱으로 만든 트리' 중 어느 쪽이 좀 더 친환경적일까요?

탄소 배출량을 비교해 보자

인조 트리는 만드는 과정에서 온실가스를 배출해요. 완성된 트리를 운송하는 과정에서도 탄소가 많이 배출되죠. 영국의 환경 단체에 따르면 2m 높이 인조 트리 하나당 이산화탄소가 약 40kg 배출된다고 해요. 반면 진짜 트리는 나무가 성장하는 동안 공기 중 탄소를 흡수하기 때문에 환경에 도움이 될 수 있어요. 하지만 나무를 베어 낼 때 그동안 저장했던 탄소가 다시 배출되기도 해요. 특히 진짜 나무로 만든 트리를 폐기할 때는 이산화탄소보다 훨씬 강력한 온실가스인 메탄이 배출된답니다.

여러분의 선택은 무엇?

환경 전문가들은 트리를 생산하고 배송하는 방법, 사용 기간과 재활용 등 다양한 경우의 수가 워낙 많아서 진짜 나무와 가짜 나무의 탄소 배출량을 비교하는 것은 매우 복잡한 문제라고 해요. 종합적으로 고려할 때 진짜 나무로 만든 트리가 인조 트리보다 환경적인 측면에서 더 나은 건 사실이에요. 단, 진짜 트리와 인조 트리의 탄소 배출량이 10배 정도 차이가 난다고 할 때, 트리를 10년 이상 사용한다면 인조 트리가 더 나은 선택이 될 수 있어요. 그러니까 인조 트리를 선택한다면 되도록 오래 사용하고, 진짜 트리를 선택한다면 가까운 지역에서 생산된 것을 구입하는 편이 좋다고 하네요.

OX 퀴즈 기사를 읽고 설명이 맞으면 O, 틀리면 X 표시를 해 보세요.

- 2m 높이 인조 트리 하나당 이산화탄소를 약 40kg 배출해요. (   )
- 트리를 10년 이상 사용한다면 인조 트리가 더 나은 선택이 될 수도 있어요. (   )

낱말 고르기 기사를 읽고 다음 괄호 안에 들어갈 알맞은 말을 골라 보세요.

진짜 트리는 나무가 성장하는 동안 공기 중 (탄소 , 산소)를 흡수하기 때문에 환경에 도움이 될 수 있어요. 하지만 나무를 베어 낼 때 그동안 저장했던 (탄소 , 산소)가 다시 배출되기도 해요.

어휘 체크 기사의 문맥을 파악해 어휘와 뜻을 알맞게 연결해 보세요.

친환경	•	•	생각하고 헤아려 보다.
인조	•	•	사물이나 현상의 한 부분. 또는 한쪽 면.
고려하다	•	•	사람이 만듦.
측면	•	•	자연환경을 오염하지 않고 자연 그대로의 환경과 잘 어울리는 일.

한 줄 정리 괄호 안에 알맞은 말을 넣어 기사를 한 줄로 요약해 보세요.

여러 측면을 종합적으로 고려할 때 진짜 트리가 인조 트리보다 더 (   ) 이지만 (   ) 트리를 10년 이상 사용한다면 더 나은 선택이 될 수 있어요.

생각 쑥쑥 기사를 읽고 다음 질문에 대한 나의 생각을 써 보세요.

여러분은 진짜 트리와 인조 트리 중 어떤 트리를 선택하고 싶나요? 그 이유는 무엇인가요?

_____
_____
_____

북극 바다에 얼음 구멍이 뻥!

> **미리 보기 사전**
> **제트기류**(jet stream)
> 약 10km 상공에서 서에서 동으로 부는 초속 25m 이상으로 강한 공기의 흐름을 말해요.

지난해 7월 북극 동시베리아해 주변 해빙에 커다란 구멍이 뚫렸어요. 보통은 얼음 가장자리부터 안쪽으로 녹아 들어가는데, 이번에는 해빙 가운데에서 구멍이 관측되었어요. 대체 왜 이런 일이 생겼을까요?

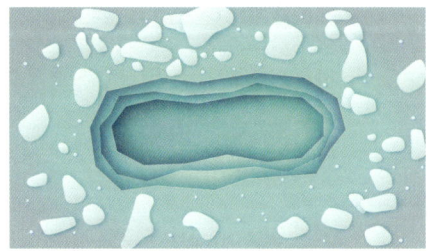

북극 해빙에 왜 구멍이 생겼을까?

북극 해빙은 계절에 따라 매년 얼고 녹기를 반복해요. 여름이 되어 날이 따뜻해지면 해빙 면적이 점점 줄어들고 겨울에는 바다가 온통 얼음으로 뒤덮이죠. 그런데 놀랍게도 지난해 7월에는 북극 해빙 안쪽에 우리나라 면적의 70%에 달하는 거대한 얼음 구멍이 생겼어요. 지구 온난화로 따뜻해진 바닷물이 해빙 안쪽으로 유입되면서 얼음을 가운데부터 녹인 거예요. 이런 현상을 '폴리냐(polynya)'라고 해요.

얼음이 녹으면 한파가 온다

북극의 얼음이 녹으면 우리나라의 겨울 날씨에도 큰 영향을 미쳐요. 북극 바다가 얼음 상태일 땐 태양 빛을 반사하지만, 얼음이 녹으면 햇빛을 반사하지 못하고 태양에너지를 그대로 흡수해요. 그러면 북극의 해수 온도가 상승하죠. 해수가 따뜻해지면 북극의 얼음이 더 많이 녹을 뿐만 아니라 겨울철에도 해수가 잘 얼어붙지 않는답니다. 북극 온도가 상승해 얼음이 녹으면 북극의 찬 공기를 틀어막고 있던 제트기류도 약해져요. 그러면 북극에 있던 찬 공기가 우리나라가 있는 중위도까지 내려오기도 하는데, 바로 이때 그 지역에 한파가 불어닥치는 거예요. 따라서 북극에 커다란 얼음 구멍이 생기면 그해 겨울은 예년보다 더 추워질 가능성이 높아요!

OX 퀴즈 기사를 읽고 설명이 맞으면 O, 틀리면 X 표시를 해 보세요.

- 빙하는 햇빛을 반사하지 않고 흡수해요. (   )
- 북극의 얼음이 녹는 것과 우리나라는 별다른 관계가 없어요. (   )

낱말 고르기 기사를 읽고 다음 괄호 안에 들어갈 알맞은 말을 골라 보세요.

북극 바다가 얼음 상태일 땐 태양 빛을 (반사   ,   흡수   )하지만, 얼음이 녹으면 햇빛을 반사하지 못하고 태양에너지를 그대로 흡수해요. 그러면 북극의 해수 온도가 (상승   ,   하강   )하죠.

어휘 체크 기사의 문맥을 파악해 어휘와 뜻을 알맞게 연결해 보세요.

한파 •	• 저위도와 고위도의 중간인 위도 20~50도를 이름.
해빙 •	• 겨울철에 기온이 갑자기 내려가는 현상.
해수 •	• 바닷물이 얼어서 생긴 얼음.
중위도 •	• 바닷물.

한 줄 정리 괄호 안에 알맞은 말을 넣어 기사를 한 줄로 요약해 보세요.

따뜻해진 바닷물이 북극 해빙 안쪽으로 유입되면서 커다란 (   ) 구멍이 생겼어요. 북극의 얼음이 녹으면 (   )가 약해져 북극의 찬 공기가 중위도까지 내려오게 되고 이때 한파가 발생해요.

생각 쑥쑥 기사를 읽고 다음 질문에 대한 나의 생각을 써 보세요.

북극의 얼음이 다 녹아 버린다면 지구는 어떻게 변할까요? 친구들이 상상한 지구를 간단하게 묘사해 보세요.

_____

_____

똥 굴리는 소똥구리가 돌아왔다!

> **미리 보기 사전**
>
> **소똥구리**
> 딱정벌레목 소똥구릿과 곤충이에요. 똥을 굴려 땅속 굴로 가져가 그 속에 알을 낳는 습성이 있어요.

멸종위기종복원센터는 지난해 9월 충남 태안군 신두리 해안 사구에 소똥구리 200마리를 방사했다고 밝혔어요. 1969년 이후 거의 찾아볼 수 없었던 소똥구리가 50년 만에 자연의 품으로 돌아올 수 있을까요?

'똥밭'이 없어서 사라졌어요

소똥구리는 소나 말의 똥을 둥근 모양으로 만들어 먹이로 삼고, 그 안에 알을 낳아 번식해요. 가축의 배설물을 처리해 주기 때문에 '자연의 청소부'라 불리기도 하죠. 그런데 제주도를 포함한 한반도 전역에서 서식하던 소똥구리가 1960~1970년대 사이 급격히 감소했어요. 도시가 개발되고 농촌은 공장형 축사로 바뀌면서 소똥구리가 좋아하는 똥밭이 줄어들었기 때문이에요. 또 농약이나 구충제를 많이 사용해 우리나라에서 소똥구리가 완전히 사라졌다고 알려졌어요.

몽골에서 들여온 소똥구리예요

이에 멸종위기종복원센터는 소똥구리를 멸종위기 야생생물 2급으로 지정하고 2017년부터 소똥구리 복원 사업을 시작했어요. 그리고 2019년 몽골에서 국내 토종 소똥구리와 같은 유전자를 지닌 소똥구리 들여오려고 노력해 왔지요. 2021년, 마침내 유전자 검사까지 받은 소똥구리 830마리를 들여와 연구를 진행했고 개체 수를 1,000여 마리까지 늘렸답니다. 이 소똥구리 중에서 태어난 지 한 달가량 지난 개체를 지난해 충남 태안군 신두리 해안 사구에 방사한 거예요. 소똥구리의 방사 성공 여부는 올 4월 말쯤 확인할 수 있을 거라고 해요.

OX 퀴즈 기사를 읽고 설명이 맞으면 O, 틀리면 X 표시를 해 보세요.

- 소똥구리는 가축의 배설물을 처리해 주기 때문에 '자연의 청소부'라고 불려요. (   )
- 이번에 방사한 소똥구리는 중국에서 들여왔어요. (   )

낱말 고르기 기사를 읽고 다음 괄호 안에 들어갈 알맞은 말을 골라 보세요.

제주도를 포함한 한반도 전역에서 서식하던 소똥구리가 1960~1970년대 사이 급격히 (감소 , 증가)했어요. 도시가 개발되고 농촌은 공장형 축사로 바뀌면서 소똥구리가 좋아하는 (똥밭 , 감자밭)이 줄어들었기 때문이에요.

어휘 체크 기사의 문맥을 파악해 어휘와 뜻을 알맞게 연결해 보세요.

해안 사구	•	•	생물의 한 종류가 모두 없어짐.
방사	•	•	가축을 가두지 않고 놓아서 기름.
축사	•	•	해안을 따라 발달한 모래 둔덕.
멸종	•	•	가축을 기르는 건물.

한 줄 정리 괄호 안에 알맞은 말을 넣어 기사를 한 줄로 요약해 보세요.

멸종위기종복원센터는 지난해 9월 충남 태안군 신두리 해안 사구에 (   ) 200마리를 (   )했어요. 방사 성공 여부는 올 4월쯤 알 수 있어요.

생각 쑥쑥 기사를 읽고 다음 질문에 대한 나의 생각을 써 보세요.

소똥구리가 잘 적응해 개체 수가 늘어난다면 어떤 점이 좋을까요?

_____
_____
_____
_____

우리가 만든 옷을 사지 마세요!

> **미리 보기 사전**
>
> **미세 플라스틱**
> 크기 5mm 이하로 아주 작은 플라스틱을 말해요. 바다나 강에 유입된 미세 플라스틱은 해양 생물의 생존을 위협해요.

"이 재킷을 사지 마세요."
이 문구는 2011년 미국의 한 의류 기업이 〈뉴욕타임스〉에 실은 광고예요. 많은 이의 눈길을 사로잡은 이 문구는 옷을 파는 것도 중요하지만 환경을 지키는 것은 더 중요하다는 메시지를 담고 있어요. 환경을 생각하는 그 기업은 바로 '파타고니아'예요!

환경을 생각하는 기업

파타고니아 창업자 이본 쉬나드는 어려서부터 산과 들에서 놀기를 좋아했어요. 아버지의 손재주를 닮아 무언가 만드는 일도 좋아했죠. 그는 고등학교를 졸업한 뒤 등산 장비를 만들려고 대장간에서 일하다가 1973년 파타고니아를 설립했어요. 쉬나드가 환경의 중요성을 생각하기 시작한 건 직원들이 "화학 물질 때문에 머리가 아프다."라고 얘기하는 걸 듣고부터예요. 그는 섬유가 환경에 미치는 영향을 조사하다가 목화 생산에 사용되는 살충제의 양이 지나치게 많다는 것을 발견하고 2년 안에 100% 유기농 목화만 사용해 옷을 만들겠다고 선언했어요.

국내 기업도 미세 플라스틱 줄이기에 동참

유기농 목화를 생산해 의류를 제작하면 비용이 많이 들고 이익이 줄어드는 건 당연해요. 하지만 환경을 생각하는 쉬나드의 결정에 많은 사람이 동참했어요. 그러다 보니 매출은 오히려 늘어났지요. 쉬나드는 옳은 일을 할 때마다 더 많은 이윤이 생긴다는 것을 깨달았답니다. 2022년 미국 라스베이거스에서 열린 국제전자제품박람회에서는 삼성전자와 파타고니아가 협력해 미세 플라스틱을 줄이는 기술을 개발하겠다고 밝히기도 했답니다.

OX 퀴즈 기사를 읽고 설명이 맞으면 O, 틀리면 X 표시를 해 보세요.

- 미세 플라스틱은 크기 5cm 이하로 아주 작은 플라스틱을 말해요. (　　)
- 파타고니아는 유기농 목화로 제작한 옷을 판매하고 있어요. (　　)

낱말 고르기 기사를 읽고 다음 괄호 안에 들어갈 알맞은 말을 골라 보세요.

그는 섬유가 환경에 미치는 영향을 조사하다가 목화 생산에 사용되는 (　살충제　,　영양제　)의 양이 지나치게 많다는 것을 발견하고 2년 안에 100% (　유기농　,　무기농　) 목화만 사용해 옷을 만들겠다고 선언하죠.

어휘 체크 기사의 문맥을 파악해 어휘와 뜻을 알맞게 연결해 보세요.

대장간	•	•	가늘고 긴 실 모양 물질로 만든 직물.
섬유	•	•	쇠를 달구어 온갖 연장을 만드는 곳.
살충제	•	•	어떤 모임이나 일에 함께 참여함.
동참	•	•	사람과 가축, 농작물에 해가 되는 벌레를 죽이거나 없애는 약.

한 줄 정리 괄호 안에 알맞은 말을 넣어 기사를 한 줄로 요약해 보세요.

미국의 의류 기업 파타고니아는 환경을 보호하고자 (　　　　　) 목화를 사용해 옷을 만들어요. 국내 기업과 함께 (　　　　　)을 줄이는 기술을 개발하겠다고 밝히기도 했어요.

생각 쑥쑥 기사를 읽고 다음 질문에 대한 나의 생각을 써 보세요.

기업은 이윤을 내려고 회사를 운영해요. 하지만 파타고니아는 왜 옷을 사지 말라는 광고를 냈을까요?

_____

_____

꿀벌 씨, 백신 맞으세요!

> **미리 보기 사전**
>
> **백신(vaccine)**
> 전염병에 대한 면역력을 키우려고 몸속에 주입하는 약한 바이러스나 세균을 말해요. 몸에 들어온 바이러스와 싸우면서 우리 몸은 면역력을 갖게 돼요.

'꿀벌이 사라지고 있다.'는 말을 들어 본 적 있나요? 전 세계적으로 꿀벌 개체 수가 급감하고 있는데, 미국 농무부가 세계 최초로 꿀벌용 백신 사용을 허가했다고 밝혔어요.

꿀벌이 점점 사라진다

5월 20일은 국제연합(UN)이 지정한 '세계 벌의 날'이에요. 벌의 가치를 알리고 보호하려고 지정한 날이죠. 그런데 최근 기후 변화와 환경오염 등으로 전 세계 꿀벌의 개체 수와 다양성이 급격히 줄어서 큰 문제가 되고 있어요. 우리나라에서도 지난해에만 꿀벌 100억 마리가 죽거나 사라진 것으로 추산하고 있어요. 꿀벌은 꽃가루를 옮겨 식물 간의 수정을 돕기 때문에 생물 다양성을 유지하고 농업 생산성을 높이는 데 큰 역할을 해요. 그래서 꿀벌이 사라지면 식량 위기가 닥칠지도 몰라요.

미국, 세계 최초 꿀벌용 백신 승인

지난해 미국에서는 꿀벌을 보호하려고 세계 최초로 꿀벌용 백신 사용을 허가했어요. 미국의 생명공학기업 '달란 애니멀 헬스'가 개발한 이 백신은 세균성 꿀벌 전염병인 '미국형 부저병'을 예방하는 백신이에요. 꿀벌 유충이 이 병에 감염되면 애벌레나 번데기가 썩고 벌집이 약화해 전체 꿀벌의 수가 크게 줄어든다고 해요. 하지만 꿀벌용 백신을 여왕벌이 먹는 로열젤리에 투입하면 로열젤리를 먹은 여왕벌의 몸에 백신 성분이 저장되고, 꿀벌 유충은 부화할 때부터 부저병에 면역력을 갖게 되는 거예요.

OX 퀴즈 기사를 읽고 설명이 맞으면 O, 틀리면 X 표시를 해 보세요.

- 꿀벌은 꽃가루를 옮겨 식물 간의 수정을 도와요. (   )
- 미국에서는 꿀벌용 백신 사용을 허가했어요. (   )

낱말 고르기 기사를 읽고 다음 괄호 안에 들어갈 알맞은 말을 골라 보세요.

꿀벌은 (꽃가루 , 철가루)를 옮겨 식물 간의 수정을 돕기 때문에 생물 다양성을 유지하고 농업 생산성을 높이는 데 큰 역할을 해요. 그래서 꿀벌이 사라지면 (식량 , 기후) 위기가 닥칠지도 몰라요.

어휘 체크 기사의 문맥을 파악해 어휘와 뜻을 알맞게 연결해 보세요.

면역력	•	•	외부에서 들어온 병원균에 저항하는 힘.
유충	•	•	유충을 기르려고 꿀벌이 분비하는 액체.
로열젤리	•	•	알을 깨고 밖으로 나옴.
부화	•	•	알에서 나온 후 아직 다 자라지 않은 벌레.

한 줄 정리 괄호 안에 알맞은 말을 넣어 기사를 한 줄로 요약해 보세요.

미국 농무부가 세계 최초로 꿀벌용 (   ) 사용을 허가했어요. 달란 애니멀 헬스가 개발한 이 백신은 세균성 꿀벌 전염병인 '미국형 (   )'을 예방해요.

생각 쑥쑥 기사를 읽고 다음 질문에 대한 나의 생각을 써 보세요.

꿀벌이 사라지면 식량 위기가 닥칠 수도 있다고 하는데, 그 이유가 무엇일까요?

_____
_____
_____

일회용 컵, 사용해? 말아?

미리 보기 사전

일회용 컵 보증금제
버려지는 용기의 재활용 비율을 높이려고 소비자가 컵을 반납하면 보증금 300원을 돌려주는 제도예요. 2022년 12월 2일부터 시범 시행했어요.

지난해 11월 7일 환경부가 경기 침체와 소상공인의 부담을 이유로 일회용품 규제 정책을 완화하겠다고 발표했어요. 이에 기후 위기 시대에 환경부 본래의 역할을 포기했다는 비판이 일었어요.

세계 최초의 제도였는데

일회용 컵 보증금제는 우리나라에서 2002년 세계 최초로 시행한 제도였어요. 환경부와 패스트푸드 7개 업체, 커피전문점 24개 업체가 자발적 협약을 맺어, 일회용 컵에 보증금 50~100원을 붙여 팔고 소비자가 컵을 반납하면 보증금을 돌려주는 식이었죠. 하지만 일회용 컵 회수율이 낮고 법적 근거도 없이 보증금이 부과된 탓에 2008년 폐지됐어요. 그러다 쓰레기 문제가 심각해지고 해외에도 비슷한 제도가 생기자, 법률을 개정해 2022년 12월부터 다시 시범적으로 시행했는데, 또다시 소상공인의 경제적 부담 등을 이유로 일회용품 규제 정책을 완화하겠다고 한 거예요.

성공한 지역도 있었다!

제주와 세종은 일회용 컵 보증금제 시범 시행 지역인데, 초기에는 어려움을 겪었지만 참여 매장이 빠르게 늘면서 제도 정착에 성공했다는 평가를 받았어요. 제주도의 일회용 컵 월별 반환율은 시행 초기 10%에서 지난해 11월에는 80.8%까지 증가했답니다. 하지만 환경부가 일회용품 규제 정책을 완화하면서 이런 성과가 물거품이 될까 봐 우려하고 있어요. 이랬다저랬다 하는 환경부의 태도에 일반 국민의 혼란도 커지고 있어요.

OX 퀴즈 기사를 읽고 설명이 맞으면 O, 틀리면 X 표시를 해 보세요.

- 일회용 컵 보증금제는 보증금 3,000원을 돌려주는 제도예요. (   )
- 일회용 컵 보증금제는 우리나라에서 2002년에 세계 최초로 탄생했어요. (   )

낱말 고르기 기사를 읽고 다음 괄호 안에 들어갈 알맞은 말을 골라 보세요.

제주와 세종은 (다회용 , 일회용) 컵 보증금제 시범 시행 지역인데, 초기에는 어려움을 겪었지만 참여 매장이 빠르게 늘면서 제도 정착에 (성공 , 실패)했다는 평가를 받았어요.

어휘 체크 기사의 문맥을 파악해 어휘와 뜻을 알맞게 연결해 보세요.

반납	•	•	계약을 이행하는 담보로 납입하는 돈.
시범	•	•	모범을 보임.
완화	•	•	도로 돌려줌.
보증금	•	•	긴장된 상태나 급박한 것을 느슨하게 함.

한 줄 정리 괄호 안에 알맞은 말을 넣어 기사를 한 줄로 요약해 보세요.

(   )는 법률을 개정해 2022년 다시 시행되어 시범 지역에서 성공적으로 운영되고 있었지만, 환경부가 (   )와 소상공인의 부담을 이유로 규제 정책을 완화하자 비판이 일었어요.

생각 쑥쑥 기사를 읽고 다음 질문에 대한 나의 생각을 써 보세요.

소상공인에게 부담이 가지 않으면서 환경도 지키는 방법은 무엇일까요?

_____
_____
_____

특산품 지도가 바뀌고 있어요!

> **미리 보기 사전**
>
> **아열대기후**
> 월 평균기온이 섭씨 10도 이상인 달이 한 해 8개월 이상이고, 가장 추운 달 평균기온이 18℃ 이하인 기후를 말해요.

우리나라는 원래 사계절이 뚜렷한 온대기후에 속해요. 하지만 최근 기온이 점점 높아지면서 아열대기후에 가까워지고 있어요. 이런 변화 속에서 국내 농작물 생산 지도도 바뀌고 있어요.

청송 사과, 제주 감귤은 옛말

세계기상기구(WMO)는 지난해 7월 1일부터 23일까지 전 세계 평균기온이 1979년 기상 관측을 시작한 이래 가장 높았다고 발표했어요. 기온이 올라가면서 농작물 재배 지역에도 변화가 생겼어요. 사과는 원래 청송과 안동 등 경북이 주산지였어요. 하지만 최근에는 재배 지역이 점점  북쪽으로 이동해 강원도 정선과 영월에서도 재배하고 있어요. 복숭아는 경북 남부 지역이 주산지였는데, 최근 충북과 강원 일부 지역이 주산지로 떠오르고 있죠. 제주 하면 떠오르는 감귤도 고흥과 통영 등 내륙지역으로 점점 확대되고 있어요.

한반도에 상륙한 열대 과일

예전에는 우리나라에서 키울 수 없었던 열대 과일을 재배하는 농가도 많이 생겨나고 있어요. 동남아가 원산지인 망고는 2001년까지는 제주에서만 생산됐는데, 지금은 전남, 경북 등 내륙으로 넓어져 전국 150여 농가에서 생산하고 있어요. 필리핀에서 수입하던 바나나도 전남 등 남부 지역을 중심으로 재배 면적이 넓어지고 있어요. 한반도가 점점 아열대기후로 바뀌면서 다양한 작물을 재배할 수 있게 되었지만, 장기적으로 보면 얻는 것보다 잃는 것이 많을 거라고 우려하는 목소리도 커지고 있어요.

OX 퀴즈 기사를 읽고 설명이 맞으면 O, 틀리면 X 표시를 해 보세요.

- 감귤은 제주의 특산품이며 제주에서만 재배되고 있어요. (   )
- 우리나라는 점점 기온이 높아지면서 온대기후에 가까워지고 있어요. (   )

낱말 고르기 기사를 읽고 다음 괄호 안에 들어갈 알맞은 말을 골라 보세요.

기온이 올라가면서 농작물 재배 지역에도 변화가 생겼어요. 사과는 원래 청송과 안동 등 (경북 , 경남)이 주산지였어요. 하지만 최근에는 재배 지역이 점점 (남쪽 , 북쪽)으로 이동해 강원도 정선과 영월에서도 재배하고 있어요.

어휘 체크 기사의 문맥을 파악해 어휘와 뜻을 알맞게 연결해 보세요.

특산품	•	•	기온, 비, 눈, 바람 등의 대기 상태.
기후	•	•	주로 생산되는 지역.
주산지	•	•	어떤 지역에서 특별히 생산되는 물품.
내륙	•	•	바다에서 멀리 떨어져 있는 육지.

한 줄 정리 괄호 안에 알맞은 말을 넣어 기사를 한 줄로 요약해 보세요.

우리나라가 점점 (   )에 가까워지면서 사과와 복숭아, 감귤 등 특정 지역에서 자라던 과일의 재배 면적이 점점 (   )으로 이동하고, 예전에는 자라지 않던 열대 과일을 재배하는 농가도 늘었어요.

생각 쑥쑥 기사를 읽고 다음 질문에 대한 나의 생각을 써 보세요.

기후 변화로 다양한 작물을 재배할 수 있게 된 것이 마냥 좋은 일일까요? 나쁜 점이 있다면 무엇일까요?

동해안에서 오징어가 사라졌다?

> **미리 보기 사전**
>
> **오징어**
> 머리 부분에 다리 다섯 쌍이 있고, 빨판으로 먹이를 잡는 연체동물이에요. 우리나라 동해안에서 많이 잡혀요.

동해안의 대표 어종인 오징어가 사라져 어민들의 시름이 깊어지고 있어요. 경북 포항시는 오징어가 2016년 대비 94% 급감했다고 발표했어요.

동해안 오징어 다 어디 갔어?

요즘 동해안에서 오징어를 찾아보기 힘들어졌어요. 2023년 11월까지 경북 포항시의 오징어 어획량은 899톤인데, 2016년 대비 94%나 급감한 양이에요. 최근 10년 사이로 범위를 넓혀 봐도 13% 수준까지 줄어들었어요. 강원도 동해안의 지난해 상반기 누적 어획량 역시 2021년 같은 기간의 65% 수준으로 낮아졌어요. 오징어를 못 잡으니 어민들의 수입도 그만큼 줄었어요. 기름값과 인건비 등 출어 비용은 느는데 잡을 오징어가 없으니, 배를 띄울수록 적자만 늘어나는 상황이에요. 오징어만 주로 잡는 '채낚기어선'이 경영 위기로 경매에 나오는 일도 생기고 있어요.

해수 온도 상승이 원인이에요

오징어가 급감하는 주요 원인은 급격한 해수 온도 상승으로 추정돼요. 지난 55년간 우리나라 해역의 수온은 약 1.36℃ 상승했는데, 이는 지구 평균 온도 상승 대비 2.5배 높은 수준이에요. 특히 동해안의 수온은 약 2~5℃나 상승했다고 확인되었어요. 동해안의 바닷물이 따뜻해지자 오징어가 다른 곳으로 이동한 것이죠. 이에 포항시는 오징어를 잡는 어민들에게 유류비를 지원하겠다고 발표했어요. 이제 동해안 명물 오징어는 옛말이 될까요?

OX 퀴즈 기사를 읽고 설명이 맞으면 O, 틀리면 X 표시를 해 보세요.

- 강원 동해안의 대표 어종인 문어가 사라져 어민들의 시름이 깊어지고 있어요. (   )
- 경북 포항시의 오징어 어획량은 2016년 대비 94%가량 급증했어요. (   )

낱말 고르기 기사를 읽고 다음 괄호 안에 들어갈 알맞은 말을 골라 보세요.

경북 포항시의 오징어 어획량은 899톤인데, 2016년 대비 94%나 (급감   ,   급증   )한 양이에요. 최근 10년 사이로 범위를 (좁혀 봐도   ,   넓혀 봐도   ) 13% 수준까지 줄어들었어요.

어휘 체크 기사의 문맥을 파악해 어휘와 뜻을 알맞게 연결해 보세요.

어민	•	•	물고기 잡는 일을 직업으로 하는 사람.
어종	•	•	고기를 잡으러 배가 나감.
출어	•	•	물고기의 종류.
유류비	•	•	기름 종류를 사는 데 드는 비용.

한 줄 정리 괄호 안에 알맞은 말을 넣어 기사를 한 줄로 요약해 보세요.

동해안의 대표 어종인 오징어 (   )이 2016년 대비 94% 급감한 주요 원인은 (   )으로 추정돼요.

생각 쑥쑥 기사를 읽고 다음 질문에 대한 나의 생각을 써 보세요.

동해안 해수 온도가 상승해 오징어 어획량이 감소하면 오징어 가격은 어떻게 될까요?

_____
_____
_____
_____

소똥으로 로켓을 날려 볼까?

> **미리 보기 사전**
>
> **바이오 메탄**(bio methane)
> 미생물이 가축 분뇨 등의 유기물을 발효, 분해할 때 만들어지는 메탄가스를 말해요. 천연가스와 성질이 비슷한 친환경 에너지원이에요.

일본의 한 우주 기업이 소똥에서 추출한 가스를 활용해 로켓을 연소하는 실험에 성공했어요. 가까운 미래엔 소똥으로 만든 연료를 사용해 로켓을 우주로 날려 보내는 장면을 볼 수 있을지도 모르겠어요.

소똥으로 만든 바이오 메탄

일본의 인터스텔라테크놀로지스는 최근 홋카이도 우주 공항에서 '제로 로켓' 연소 실험을 진행했어요. 제로 로켓은 이 기업이 개발 중인, 친환경 연료를 사용하는 저궤도용 로켓이에요. 이 실험에 사용된 액체 바  이오 메탄은 놀랍게도 근처 농장 두 곳에서 받아 온 소똥을 사용해 만들었다고 해요. 실험 이후 이 기업은 "소똥에서 추출한 액체 바이오 메탄 연료를 제로 로켓 추진체에서 10초 동안 연소시키는 데 성공했다."라고 발표했어요. 소똥을 연료로 사용해 로켓을 우주로 날려 보낼 가능성이 열린 거예요. 제로 로켓은 2025년 홋카이도 우주 공항에서 발사될 예정이에요.

로켓도 날리고, 환경도 지키고!

인터스텔라테크놀로지스의 최고경영자는 "환경에 미치는 영향이 적은 연료를 만드는 일은 그만큼 친환경적인 로켓을 만들 수 있다는 것을 의미한다."라고 설명했어요. 소의 배설물에서 추출한 바이오 메탄은 전 세계적으로 활용되고 있답니다. 인도 서부의 한 도시에서는 버스를 운행하는 데 바이오 메탄을 사용하고 있대요. 바이오 메탄과 같은 신재생에너지는 농업에서 발생하는 막대한 온실가스를 줄이는 데 큰 도움이 될 거예요.

OX 퀴즈 기사를 읽고 설명이 맞으면 O, 틀리면 X 표시를 해 보세요.

- 제로 로켓은 친환경 연료를 사용하는 저궤도용 로켓이에요. (   )
- 실험에 사용한 액체 바이오 메탄은 소똥에서 추출한 가스로 만들었어요. (   )

낱말 고르기 기사를 읽고 다음 괄호 안에 들어갈 알맞은 말을 골라 보세요.

이 실험에 사용된 (고체 , 액체) 바이오 메탄은 놀랍게도 근처 농장 두 곳에서 받아 온 소똥을 사용해 만들었다고 해요. 실험 이후 이 기업은 "소똥에서 추출한 액체 바이오 메탄 연료를 제로 로켓 추진체에서 10초 동안 (발효 , 연소)시키는 데 성공했다."라고 발표했어요.

어휘 체크 기사의 문맥을 파악해 어휘와 뜻을 알맞게 연결해 보세요.

어휘	뜻
발효	고온 고압 가스를 분출하는 반동으로 추진하는 장치나 비행물.
로켓	불이 붙어 탐.
연소	효모나 세균 등이 미생물의 작용으로 유기물이 분해되는 작용.
저궤도	인공위성 등이 다른 천체의 둘레를 낮게 돌면서 그리는 곡선의 길. 고도가 지상에서 160~2,000km인 궤도.

한 줄 정리 괄호 안에 알맞은 말을 넣어 기사를 한 줄로 요약해 보세요.

일본의 인터스텔라테크놀로지스가 (   )에서 추출한 액체 (   )을 이용한 '제로 로켓' 연소 실험에 성공했어요.

생각 쑥쑥 기사를 읽고 다음 질문에 대한 나의 생각을 써 보세요.

바이오 메탄을 또 어떤 분야에서 이용하면 좋을까요?

바다 콧물이 뭐예요?

> **미리 보기 사전**
>
> **바다 콧물**(sea snot)
> 바다에 사는 식물성 플랑크톤이 배출하는 점액 물질을 가리켜요.

2021년 튀르키예 북서부와 아시아 사이에 있는 바다 마르마라해에서 흔히 '바다 콧물'이라고 불리는 해양 점액이 둥둥 떠다니는 일이 발생했어요. 한 항구가 거대한 바다 콧물로 뒤덮여 물고기 수천 마리가 폐사하기도 했어요.

식물성 플랑크톤이 배출해요

바다 콧물은 바다에 사는 식물성 플랑크톤이 배출한 점액 물질이에요. 식물성 플랑크톤이 지나치게 많이 번식하면 점액 물질의 양도 많아져 바다를 뒤덮게 돼요. 그 모습이 꼭 끈적끈적한 콧물처럼 보여서 바다 콧물이라고 불러요. 이름은 콧물이지만 실제로는 발로 밟아도 형태가 유지될 정도로 단단하고 두꺼워요. 바다 콧물이 이렇게 대량으로 생겨난 이유는 해양 오염과 수온 상승으로 식물성 플랑크톤이 엄청나게 증가했기 때문이라고 해요. 식물성 플랑크톤이 많으면 당연히 이들이 배출하는 점액 물질의 양도 많아질 테니까요.

바다에 어떤 영향을 미치나요?

바다 콧물 자체는 해롭지 않아요. 문제는 바다 콧물이 바다 표면을 뒤덮으면 바닷속에 산소가 공급되지 않아 해양 생물이 대량으로 죽을 수 있다는 거예요. 또 바다 콧물이 세균이나 독성 미생물 등이 번식하는 서식지가 될 수 있다는 점도 문제예요. 배의 모터를 망가뜨리거나 그물을 엉키게 만들어 어업 활동을 방해하기도 하고요. 바다 콧물은 18세기 지중해에서도 주기적으로 관찰되었다는 기록이 있는 현상이지만, 최근 지구 온난화가 심해지면서 더욱 자주 발생하는 추세랍니다.

OX 퀴즈 기사를 읽고 설명이 맞으면 O, 틀리면 X 표시를 해 보세요.

- 바다 콧물은 동물성 플랑크톤이 배출한 점액 물질이에요. (   )
- 바다 콧물은 최근에 갑작스럽게 발생한 이상 현상이에요. (   )

낱말 고르기 기사를 읽고 다음 괄호 안에 들어갈 알맞은 말을 골라 보세요.

바다 콧물 자체는 (이롭지 ,   해롭지   ) 않아요. 문제는 바다 콧물이 바다 표면을 뒤덮으면 바닷속에 (산소   ,   탄소   )가 공급되지 않아 해양 생물이 대량으로 죽을 수 있다는 거예요.

어휘 체크 기사의 문맥을 파악해 어휘와 뜻을 알맞게 연결해 보세요.

점액	•	•	생물이 일정한 곳에 자리를 잡고 사는 곳.
폐사	•	•	끈끈한 액체.
플랑크톤	•	•	물속에 떠다니는 미생물의 총칭.
서식지	•	•	주로 짐승이나 어패류가 갑자기 죽음.

한 줄 정리 괄호 안에 알맞은 말을 넣어 기사를 한 줄로 요약해 보세요.

(   )은 (   )이 배출한 점액 물질로, 실제로는 단단하고 두꺼우며, 대량으로 생기면 해양 생물이 죽는 등 문제가 발생해요.

생각 쑥쑥 기사를 읽고 다음 질문에 대한 나의 생각을 써 보세요.

바다 콧물이 발생하는 걸 막기 위해 우리가 할 수 있는 일은 무엇일까요?

_____
_____
_____

극심한 가뭄 속 뜻밖의 발견

> **미리 보기 사전**
>
> **유적**
> 건축물이나 싸움터, 역사적인 사건이 벌어졌던 곳 등 과거 인류가 남긴 자취를 말해요.

세계 곳곳에서 기록적인 폭염과 가뭄이 발생하면서 물에 잠겼던 유적들이 모습을 드러냈어요. 극심한 더위로 저수지나 강이 바짝 마르면서 벌어진 현상이에요.

저수지가 마르자 유적이 나타났다?

지난해 6월 18일 멕시코 치아파스주 네우알코요틀 저수지에서 460년 전에 지어진 케출라 교회가 모습을 드러냈어요. 이 교회는 1966년 저수지가 완공되면서 30.5m 깊이 물에 완전히 잠겼어요. 2009년과 2015년에 저수지 수위가 낮아지면서 교회 일부가 수면 위로 노출된 때도 있었어요. 하지만 이번처럼 완전하게 모습을 드러낸 건 20년 만이에요. 수십 년간 물에 잠겨 있던 케출라 교회가 온전한 상태로 모습을 드러내자 관광객이 몰려들었고, 지역 주민들은 배를 타고 교회를 오가는 관광 상품까지 만들었어요.

극심한 가뭄이 이어지고 있어요

기록적인 폭염과 가뭄으로 강이나 저수지가 마르면서 유적지가 모습을 드러낸 게 이번이 처음은 아니에요. 지난해 여름에는 양쯔강 수위가 150년 만에 최저치를 기록하면서 600년 전 만든 것으로 추정되는 불상이 나타났고, 이탈리아 북서부 피에몬테에서는 저수지가 마르면서 고대 마을의 유적이 모습을 드러내기도 했어요. 이런 현상이 이어지는 것은 그만큼 가뭄이 극심하다는 뜻이기도 해요. 이걸 기뻐해야 할까요, 슬퍼해야 할까요?

OX 퀴즈 기사를 읽고 설명이 맞으면 O, 틀리면 X 표시를 해 보세요.

- 케출라 교회는 1966년 저수지가 완공되면서 물에 잠겼어요. (   )
- 기록적인 폭염과 가뭄으로 유적지가 모습을 드러낸 건 케출라 교회가 처음이에요. (   )

낱말 고르기 기사를 읽고 다음 괄호 안에 들어갈 알맞은 말을 골라 보세요.

케출라 교회가 온전한 상태로 모습을 드러내자 (관광객 , 종교인)이 몰려들었고, 지역 주민들은 배를 타고 교회를 오가는 (관광 상품 , 미끼 상품)까지 만들었어요.

어휘 체크 기사의 문맥을 파악해 어휘와 뜻을 알맞게 연결해 보세요.

자취	물을 모아 두려고 하천이나 골짜기를 막아 만든 큰 못.
저수지	공사를 완성함.
수위	바다, 강, 호수, 댐 등의 수면 높이.
완공	어떤 것이 남긴 표시나 자리.

한 줄 정리 괄호 안에 알맞은 말을 넣어 기사를 한 줄로 요약해 보세요.

기록적인 폭염과 가뭄으로 저수지나 강이 바짝 마르면서 멕시코 네우알코요틀 (   ) 에서 460년 전에 지어진 케출라 교회가 모습을 드러냈고, 중국과 이탈리아 등에서도 물에 잠겼던 (   )이 모습을 드러냈어요.

생각 쑥쑥 기사를 읽고 다음 질문에 대한 나의 생각을 써 보세요.

전 세계적으로 극심한 폭염과 가뭄이 이어지는 이유가 무엇일까요?

흑두루미 돌아오자 도시가 살아났어요

미리보기 사전

순천만
세계 5대 연안 습지이자 대한민국 최대 갈대 군락지인 이곳은 갯벌 면적만 2,644만㎡(800만 평)에 이르러요.

지난해 전라남도 순천에서 열린 '2023 순천만 국제정원박람회'에 980만 명이나 다녀갔어요. 자연과 공존하는 방법을 고민하며 정원을 가꿨더니 철새가 찾아오고 관광객이 몰리면서 지역 경제까지 살아났어요. 어떤 이야기인지 한번 들어 볼래요?

흑두루미를 위해 전봇대를 뽑았다고?

순천만은 세계에서 유일하게 온전한 모습으로 남아 있는 연안 습지예요. 이곳은 특별한 철새인 흑두루미가 찾아오는 곳으로도 잘 알려져 있어요. 안타까운 건 조류독감에 걸려 죽는 흑두루미보다 전선에 걸려서 죽는 흑두루미가 더 많다는 사실이었어요. 이에 순천시는 흑두루미를 보호하고자 지역 주민의 동의를 얻어 전봇대 282개를 없앴답니다. 그뿐만이 아니에요. 순천만을 잘 보존하도록 차량 통행을 막고 도로에 잔디를 깔아 멋진 정원을 조성했어요. 그러자 더 많은 흑두루미가 순천만을 찾아왔어요.

공존을 선택했더니 도시가 살아났어요!

지난해 바로 이곳에서 국제정원박람회가 열렸어요. 정원박람회에서는 맨발로 걷기, 유람선 타고 순천만 돌아보기, 정원에서 캠핑하기 등 다양한 체험 이벤트가 열렸어요. 정원박람회를 보려고 순천을 방문한 사람만 7개월 동안 980만 명에 이르렀지요. 지방 도시에 관광객이 몰리니 일자리가 늘어났어요. 환경이 좋아지니까 거주하는 사람이 늘면서 인구 소멸 문제도 조금씩 해결되기 시작했고요. 자연과 공존하는 길을 선택했더니 도시 전체가 살아난 거예요!

OX 퀴즈 기사를 읽고 설명이 맞으면 O, 틀리면 X 표시를 해 보세요.

- 순천만은 세계 5대 연안 습지예요. (   )
- 순천시가 전봇대를 없애자 흑두루미가 점점 줄어들고 있어요. (   )

낱말 고르기 기사를 읽고 다음 괄호 안에 들어갈 알맞은 말을 골라 보세요.

순천만은 세계에서 유일하게 온전한 모습으로 남아 있는 연안 (습지   ,   저수지   )예요. 이곳은 특별한 (텃새   ,   철새   )인 흑두루미가 찾아오는 곳으로도 잘 알려져 있어요.

어휘 체크 기사의 문맥을 파악해 어휘와 뜻을 알맞게 연결해 보세요.

공존	•	•	사라져서 없어짐.
철새	•	•	서로 도와서 함께 존재함.
연안 습지	•	•	계절에 따라 이리저리 옮겨 다니며 사는 새.
소멸	•	•	강이나 호수, 바다 주변에 형성된 습지.

한 줄 정리 괄호 안에 알맞은 말을 넣어 기사를 한 줄로 요약해 보세요.

'2023 (   ) 국제정원박람회'에 무려 980만 명이나 되는 관광객이 다녀갔어요. 흑두루미와 순천만을 (   )하려고 노력했더니 더 많은 사람이 몰려들었고 도시 경제가 살아났어요.

생각 쑥쑥 기사를 읽고 다음 질문에 대한 나의 생각을 써 보세요.

내가 사는 지역의 자연을 보호하려면 무엇을 해야 할까요?

_____
_____
_____

스팸 메일 삭제하고 지구 지키자

> **미리 보기 사전**
>
> **스팸 메일**(spam mail)
> 인터넷에서 일방적으로 대량 전달되는 광고성 메일을 말해요. 세계적으로 매일 약 2,000억 개나 스팸 메일이 발송된다고 해요.

　불필요한 메일을 삭제하는 것만으로도 환경을 지킬 수 있다는 사실을 알고 있나요? 불필요한 이메일 1기가를 삭제하면 이산화탄소 배출이 약 14.9kg이나 감소한다고 해요.

메일이 쌓이면 탄소가 배출돼요

　이메일은 정보를 저장하는 과정에서 전력이 소모되어 디지털 탄소가 발생해요. 디지털 탄소란 디지털 기기를 사용하는 과정에서 발생하는 탄소를 말해요. 데이터를 전송하거나 데이터를 저장하는 데이터 센터를 냉각하는 데 전력이 소모되면서 발생하는 이산화탄소가 바로 디지털 탄소예요. 메일함에 쌓여 있는 이메일 한 통은 이산화탄소를 약 4g 배출하고, 데이터 1메가를 사용하면 이산화탄소 11g이 발생한대요. 스팸 메일을 보관하는 데는 이산화탄소가 연간 1,700만 톤이나 발생한다고 하니, 정말 어마어마하죠?

디지털 탄소 다이어트, 함께 하실 분?

　이렇게 불필요한 데이터를 처리하고 전송, 보관하는 데도 엄청난 전력이 사용되고 디지털 탄소가 배출된답니다. 바로 이런 이유 때문에 스팸 메일을 삭제하는 것만으로도 지구를 지킬 수 있어요. 개인이 디지털 탄소를 줄이는 대표적인 방법은 '메일함 비우기'예요. 전문가들은 받은 메일함을 정리하고, 스팸 메일을 삭제하는 것만으로도 디지털 탄소 다이어트에 큰 효과가 있다고 설명했어요. 우리 정부도 2021년 12월 '탄소 중립 주간'을 설정하고 불필요한 이메일을 삭제하자는 캠페인을 벌이기도 했어요.

OX 퀴즈 기사를 읽고 설명이 맞으면 O, 틀리면 X 표시를 해 보세요.

- 디지털 탄소란 디지털 기기를 사용하는 과정에서 발생하는 탄소를 말해요. (   )
- 데이터 1기가를 사용하면 이산화탄소 11g이 발생해요. (   )

낱말 고르기 기사를 읽고 다음 괄호 안에 들어갈 알맞은 말을 골라 보세요.

개인이 디지털 (탄소 , 산소)를 줄이는 대표적인 방법은 '메일함 비우기'예요. 전문가들은 받은 메일함을 정리하고, 스팸 메일을 (삭제 , 허용)하는 것만으로도 디지털 탄소 다이어트에 큰 효과가 있다고 설명했어요.

어휘 체크 기사의 문맥을 파악해 어휘와 뜻을 알맞게 연결해 보세요.

배출	•	•	단위 시간에 사용되는 전기 에너지의 양.
전력	•	•	탄소를 배출하는 만큼 탄소를 제거하여 실질 배출량을 '0'으로 만드는 일.
소모	•	•	써서 없앰.
탄소 중립	•	•	안에서 밖으로 밀어 내보냄.

한 줄 정리 괄호 안에 알맞은 말을 넣어 기사를 한 줄로 요약해 보세요.

스팸 메일을 삭제하는 것만으로도 불필요한 데이터를 처리하고 전송, 보관하는 과정에서 발생하는 (   )를 줄일 수 있어요.

생각 쏙쏙 기사를 읽고 다음 질문에 대한 나의 생각을 써 보세요.

스팸 메일을 삭제하는 것 외에 디지털 탄소를 줄이는 일에는 무엇이 있을까요?

_____
_____
_____

고기를 적게 먹으면 환경이 좋아질까?

> **미리 보기 사전**
> **반추동물**
> 소나 양, 기린, 낙타처럼 한번 먹은 것을 다시 게워 내어 씹어 먹는 특성을 가진 동물인데, 되새김 동물이라고도 해요.

축산업은 전 세계 온실가스 배출량의 18%를 차지하는데, 그중에서 50%가 동물이 내뿜는 트림과 방귀에 섞인 메탄가스라고 해요.

소의 트림과 방귀가 문제야!

이런 이유로 축산 농가에서 키우는 가축이 지구 온난화의 주범으로 지목되고 있어요. 특히 반추동물은 한번 삼킨 먹이를 게워 내 다시 씹기를 반복하는 특성이 있는데, 이 과정에서 메탄가스가 다량 생성된답니다. 소 한 마리가 1년 동안 방출하는 메탄가스 양은 70~120kg이나 된다고 해요. 이는 소형차 한 대가 1년간 내뿜는 온실가스의 양과 거의 같죠. 사실 대기 중의 메탄가스 농도는 이산화탄소에 비하면 양이 아주 적어요. 하지만 메탄가스는 이산화탄소보다 23배나 높은 온실효과를 일으킨다는 점이 문제예요. 소 트림에 세금을 물리겠다는 나라도 있을 정도니까요.

육류 소비를 줄여 보는 건 어때?

소가 메탄가스를 많이 뿜는다고 해서 소만 탓할 수는 없는 노릇이에요. 문제는 지구상에서 소를 너무 많이 기르고 있다는 거예요. 미국 농무부의 발표에 따르면 2020년 전 세계 소 사육 두수는 무려 9억 8,700만 마리예요. 쇠고기 수요가 계속 증가하는 만큼 사육하는 소의 마릿수도 늘어나고 메탄가스도 많이 발생하는 거죠. 목축업자들은 소의 트림에서 나오는 메탄가스의 양을 줄이려고 사료에 첨가제를 넣는 등 다양한 노력을 하고 있어요. 근본적으로는 육류 소비를 줄여 소와 같은 가축의 사육 두수를 줄이려는 노력도 필요하겠죠?

OX 퀴즈 기사를 읽고 설명이 맞으면 O, 틀리면 X 표시를 해 보세요.

- 닭이나 오리 등은 반추동물에 속해요. (   )
- 소 한 마리가 1년간 방출하는 메탄가스 양은 소형차 한 대와 비슷해요. (   )

낱말 고르기 기사를 읽고 다음 괄호 안에 들어갈 알맞은 말을 골라 보세요.

(반추동물· ,   반려동물   )은 한번 삼킨 먹이를 게워 내 다시 씹기를 반복하는 특성이 있는데, 이 과정에서 (메탄가스   ,   이산화탄소   )가 다량 생성된답니다. 소 한 마리가 1년간 방출하는 메탄가스 양은 70~120kg이나 된다고 해요.

어휘 체크 기사의 문맥을 파악해 어휘와 뜻을 알맞게 연결해 보세요.

온실가스	•	•	지구 대기를 오염시켜 온실효과를 일으키는 가스를 통틀어 이르는 말.
축산	•	•	가축을 길러 생활에 유용한 물질을 생산하는 일.
방출	•	•	소, 말, 돼지 등 동물의 마릿수.
두수	•	•	비축하여 놓은 것을 내놓음.

한 줄 정리 괄호 안에 알맞은 말을 넣어 기사를 한 줄로 요약해 보세요.

축산업은 전 세계 온실가스 배출량의 18%를 차지하며, 특히 소나 낙타 같은 (   )이 내뿜는 메탄가스는 이산화탄소보다 23배나 강한 (   )를 일으키고 있어요.

생각 쑥쑥 기사를 읽고 다음 질문에 대한 나의 생각을 써 보세요.

여러분은 환경을 보호하기 위해 육류 소비를 줄일 생각이 있나요?

잠들었던 '고대 바이러스'가 깨어난다면?

> **미리 보기 사전**
>
> **영구 동토층**
> 월평균 기온이 영하인 달이 6개월 이상 계속되어 1년 내내 언 상태로 있는 토양층을 말해요.

지난해 역사상 최악의 폭염이 시베리아를 덮쳤어요. 50~70년 만에 기온이 37.7°C를 넘어서는 등 시베리아 지역에 이상 고온 현상이 계속되면서 영구 동토층이 녹아 그 속에 있는 바이러스가 깨어날 수 있다는 우려의 목소리가 나오고 있어요.

영구 동토층이 녹아내려요

시베리아 기온이 영상 30°C 이상을 기록하는 경우는 자주 있지만, 본격적으로 여름이 시작되지도 않은 6월에 40°C에 가까운 폭염은 보기 드문 현상이에요. 폭염은 시베리아의 영구 동토층을 녹일 수 있어요. 영구 동토층이 녹아내리면 그 속에 잠들어 있을 것으로 추정되는 고대 바이러스나 세균이 유출될 수도 있죠. 2016년에는 시베리아에서 순록이 2,000마리 넘게 죽는 일이 발생했어요. 전문가들은 탄저균에 감염된 동물 사체가 드러나면서 병원균이 퍼졌기 때문이라고 분석했어요.

고대 바이러스가 깨어난다면?

실제로 2022년 프랑스의 한 연구진은 시베리아 전역에서 영구 동토층 7곳의 샘플을 채취해 연구했는데, 그 속에서 새로운 바이러스 13종을 발견하기도 했어요. 이 중에는 약 4만 8,500년 전 호수 밑에 묻혔다고 추정되는 바이러스도 있었어요. 연구진이 되살린 바이러스는 모두 세포를 감염시킬 능력이 있는 것으로 알려졌어요.

수만 년 동안 춥고 어두운 땅속에 잠들어 있었는데도 여전히 감염성이 있다는 사실이 밝혀진 거예요. 물론 이런 바이러스가 모두 인간에게 질병을 일으킬지는 알 수 없지만, 위험이 늘어나고 있는 건 사실이에요.

OX 퀴즈 기사를 읽고 설명이 맞으면 O, 틀리면 X 표시를 해 보세요.

- 시베리아는 50~70년 만에 기온이 37.7°C를 넘었어요. (   )
- 영구 동토층이 녹아내리면 그 안에 있는 고대 바이러스나 세균이 유출될 수 있어요. (   )

낱말 고르기 기사를 읽고 다음 괄호 안에 들어갈 알맞은 말을 골라 보세요.

2016년에는 시베리아에서 (순록   ,   북극곰   )이 2,000마리 넘게 죽는 일이 발생했어요. 전문가들은 탄저균에 (감염   ,   오염   )된 동물 사체가 드러나면서 병원균이 퍼졌기 때문이라고 분석했어요.

어휘 체크 기사의 문맥을 파악해 어휘와 뜻을 알맞게 연결해 보세요.

바이러스	•	•	세균처럼 감염병을 일으키면서도 세균과는 달리 혼자서 살 수 없는 물질.
탄저균	•	•	탄저병의 원인이 되는 세균.
샘플	•	•	질병이 전파되는 성질.
감염성	•	•	전체의 상태 등을 알아보려고 일부를 뽑아 놓거나 미리 선보이는 물건.

한 줄 정리 괄호 안에 알맞은 말을 넣어 기사를 한 줄로 요약해 보세요.

역사상 최악의 (   )으로 시베리아 지역의 기온이 37.7°C를 넘어서는 등 이상 기온 현상이 이어지면서 (   )이 녹으면 그 속에 잠들어 있던 고대 바이러스가 깨어날 수도 있어요.

생각 쑥쑥 기사를 읽고 다음 질문에 대한 나의 생각을 써 보세요.

만약 인간에게 질병을 일으킬 수 있는 고대 바이러스가 깨어난다면 무슨 일이 일어날까요?

보도블록으로 변신한 '굴 껍데기'

미리 보기 사전

굴
굴과의 연체동물을 통틀어 이르는 말이에요. 겨울이 제철이며 '바다의 우유'라고 불릴 정도로 영양소가 풍부해요.

경남의 한 기업과 통영시가 폐기된 굴 껍데기를 재활용해 통학로 보도블록을 깔면서 호평을 받았어요. 굴 껍데기가 대부분 산업 폐기물로 처리되는 상황에서 친환경 모범 사례로 인정받은 거예요.

굴 껍데기를 어떻게 처리하지?

통영시 벽방초등학교 앞 약 100m 구간은 겉보기에는 보통 통학로와 다름없지만 재료를 하나하나 뜯어 보면 보도블록 공사를 할 때 일반 시멘트가 아니라 굴 껍데기를 사용했음을 알 수 있어요. 통영은 국내 굴 생산의 약 70%를 담당할 정도로 대표적인 굴 생산지예요.

그런 만큼 한 해에만 약 20만 톤에 이르는 굴 껍데기가 생겨 골칫거리이기도 하죠. 경남의 한 기업이 굴 껍데기의 주성분인 탄산칼슘이 물과 만나면 시멘트처럼 단단해지는 원리를 보도블록에 적용하면서 그동안 버려지던 굴 껍데기를 활용할 방법을 찾은 거예요.

물 빠짐이 좋아 안전해요

굴 껍데기로 만든 보도블록은 물이 잘 빠지는 기능 덕분에 미끄럼 사고를 줄일 수 있어서 특히 통학로에 안성맞춤이에요. 보도블록 바닥에도 모래 대신 굴 껍데기를 절반 정도 채워 투수력을 높이고 바닥의 흔들림도 줄였어요. 아이들이 학교를 오갈 때 안전하니 학교는 물론 학부모의 만족도도 높다고 해요. 굴 껍데기로 만든 보도블록을 통학로에 적용한 통영시는 지난해 12월 행정안전부가 선정한 '제13회 어린이안전대상'에서 대통령상을 수상했답니다.

OX 퀴즈 기사를 읽고 설명이 맞으면 O, 틀리면 X 표시를 해 보세요.

- 통영은 우리나라 대표적인 굴 생산지예요. (   )
- 굴 껍데기의 주성분인 탄산칼슘이 물과 만나면 흐물흐물해져요. (   )

낱말 고르기 기사를 읽고 다음 괄호 안에 들어갈 알맞은 말을 골라 보세요.

경남의 한 기업이 굴 껍데기의 주성분인 탄산칼슘이 (물   ,   불   )과 만나면 시멘트처럼 단단해지는 원리를 보도블록에 적용하면서 그동안 버려지던 굴 (껍데기   ,   알맹이   )를 활용할 방법을 찾은 거예요.

어휘 체크 기사의 문맥을 파악해 어휘와 뜻을 알맞게 연결해 보세요.

어휘	뜻
제철	보행자가 통행하는 길에 깔도록 만든 덩어리.
보도블록	알맞은 시절.
호평	물이 빠지는 능력.
투수력	좋게 평가함.

한 줄 정리 괄호 안에 알맞은 말을 넣어 기사를 한 줄로 요약해 보세요.

경남의 한 기업과 통영시가 폐기된 (   )를 재활용해 만든 보도블록을 통학로에 깔았더니 물이 잘 빠지는 기능 덕분에 (   ) 사고를 줄일 수 있어서 호평 받았어요.

생각 쑥쑥 기사를 읽고 다음 질문에 대한 나의 생각을 써 보세요.

굴 껍데기 주성분인 탄산칼슘은 물과 만나면 시멘트처럼 단단해진다고 하는데요, 보도블록 말고 또 어떤 곳에 활용하면 좋을까요?

229

탄소를 꿀꺽 삼키는 블루카본에 주목해

미리 보기 사전

블루카본 (blue carbon)
파란색과 탄소의 합성어인데, 해양생태계가 흡수하는 탄소를 의미해요. 갯벌과 염습지, 해초지 등이 대표적인 블루카본이에요.

블루카본이라는 말 들어 본 적 있나요? 블루카본의 탄소 흡수 속도는 육상생태계보다 최대 50배 이상 빠르고, 탄소 저장 능력도 5배 더 뛰어나다고 알려져 있어요. 지구 온난화가 심각한 문제로 떠오른 지금, 블루카본이 주목받는 이유랍니다.

염습지와 해초지는 어떤 곳이에요?

최근 염습지와 해초지가 복원되면서 블루카본이 증가하자 국내 해양 생물들도 돌아왔어요. 염습지란 바닷물이 드나들어 염분 변화가 큰 습지를 말해요. 주로 거머리말, 해조류 등 염생식물이 자생하는 지역이며, 국내에서는 순천만과 낙동강 하구 등이 대표적이에요. 해초지는 바다나 강어귀 환경에 적응해 꽃을 피우는 식물군 지역을 말해요. 염습지는 이산화탄소를 저장하는 역할을 하고, 해초지는 이산화탄소를 흡수하고 산소를 방출하는 역할을 한답니다.

블루카본에 주목하는 이유

해양생태계는 바닷물에 잠겨 있기 때문에 탄소 흡수 속도가 육상생태계보다 훨씬 빠르고 저장 효율도 높아요. 육상에서는 유기물 분해 과정에서 산소가 사용되고 이산화탄소가 배출되기도 해요. 하지만 바닷속에서는 산소가 차단되어 유기물이 분해되지 못하고, 이산화탄소도 방출되지 못해요. 이런 이유로 국내에서도 대표적인 블루카본인 해초지와 염습지를 확대하고자 노력하고 있어요. 국립공원공단이 2016년부터 지금까지 복원한 해초지와 염습지는 축구장 25개 면적에 달한다고 해요.

OX 퀴즈 기사를 읽고 설명이 맞으면 O, 틀리면 X 표시를 해 보세요.

- 블루카본은 육상생태계가 흡수하는 탄소를 의미해요. (   )
- 블루카본의 탄소 흡수 속도는 육상생태계보다 훨씬 빨라요. (   )

낱말 고르기 기사를 읽고 다음 괄호 안에 들어갈 알맞은 말을 골라 보세요.

염습지란 (강물   ,   바닷물   )이 드나들어 염분 변화가 큰 습지를 말해요. 주로 거머리말, 해조류 등 염생식물이 자생하는 지역이며, 국내에서는 (순천만   ,   진주만   )과 낙동강 하구 등이 대표적이에요.

어휘 체크 기사의 문맥을 파악해 어휘와 뜻을 알맞게 연결해 보세요.

탄소	•	•	들인 노력과 얻은 결과의 비율.
효율	•	•	숯을 이루는 물질. 지구 온난화의 원인이 되기도 함.
유기물	•	•	생물체의 몸을 구성하거나, 생물체가 만들어 낸 화합물.
복원	•	•	본디 그대로 회복함.

한 줄 정리 괄호 안에 알맞은 말을 넣어 기사를 한 줄로 요약해 보세요.

(   )의 탄소 흡수 속도는 육상생태계보다 최대 50배 이상 빨라
(   )가 심각한 문제로 떠오른 지금 매우 주목받고 있어요.

생각 쏙쏙 기사를 읽고 다음 질문에 대한 나의 생각을 써 보세요.

우리나라의 대표적인 염습지인 순천만, 낙동강 하구, 강화 남부 갯벌을 지도에서 찾아보세요.

어휘 한눈에 보기

환경 기사에 등장한 한자어와 순우리말 어휘를 정리했어요. 한자처럼 보이지만 순우리말인 경우도 있고 순우리말처럼 보이는 말이 한자어인 경우도 있으니 꼼꼼하게 살펴보세요.

환경 기사에서 눈여겨보면 좋을 한자어

살포
撒 뿌릴 살
布 베 포
액체, 가루 등을 흩어 뿌림.

벌목
伐 칠 벌
木 나무 목
산이나 숲의 나무를 벰.

폐기
廢 폐할, 버릴 폐
棄 버릴 기
못 쓰게 된 것을 버림.

반사
反 돌이킬, 돌아올 반
射 쏠 사
일정한 방향으로 나아가던 파동이 다른 물체의 표면에 부딪쳐 방향을 반대로 바꾸는 현상.

유전자
遺 남길 유
傳 전할 전
子 아들 자
생물체 개개의 유전 형질을 발현시키는 원인 인자.

유기농
有 있을 유
機 틀 기
農 농사 농
화학 비료나 농약을 쓰지 않고 유기물을 이용하는 농업 방식.

다양성
多 많을 다
樣 모양 양
性 성품 성
모양, 빛깔, 형태, 양식 등이 여러 가지로 많은 특성.

규제
規 법 규
制 억제할 제
규칙이나 규정에 따라 일정한 한도를 정하거나 그 한도를 넘지 못하게 막음.

원산지
原 언덕, 근원 원
産 낳을 산
地 땅 지
물건의 생산지. 동식물이 맨 처음 자라난 곳.

어획량
漁 고기 잡을 어
獲 얻을 획
量 헤아릴 량(양)
수산물을 잡거나 채취한 수량.

온난화
溫 따뜻할 온
暖 따뜻할 난
化 될 화
지구의 기온이 높아지는 현상.

추세
趨 달릴 추
勢 기세 세
어떤 현상이 일정한 방향으로 나아가는 경향.

폭염
暴	사나울	폭
炎	불꽃	염

매우 심한 더위.

보존
保	지킬	보
存	있을	존

잘 보호하고 간수하여 남김.

세균
細	가늘	세
菌	버섯	균

생물체 가운데 가장 미세하고 하등에 속하는 단세포 생활체.

질병
疾	병	질
病	병들	병

몸의 온갖 병.

재활용
再	다시	재
活	살	활
用	쓸	용

폐품 등을 용도를 바꾸거나 가공하여 다시 씀.

자생
自	스스로	자
生	날	생

자기 자신의 힘으로 살아감.

🔍 환경 기사에서 눈여겨보면 좋을 순우리말

- **고약하다** 맛, 냄새 등이 비위에 거슬리게 나쁘다.
- **가장자리** 둘레나 끝에 해당되는 부분.
- **품** 따뜻한 보호를 받는 환경을 비유적으로 이르는 말.
- **꽃가루** 종자식물 수술의 화분낭 속에 들어 있는 꽃의 가루.
- **닥치다** 어떤 일이나 대상 등이 가까이 다다르다.
- **물거품** 노력이 헛되게 된 상태를 비유적으로 이르는 말.
- **시름** 마음에 걸려 풀리지 않고 항상 남아 있는 근심과 걱정.
- **미치다** 영향이나 작용 등이 대상에 가하여지다.
- **가뭄** 오랫동안 계속하여 비가 내리지 않아 메마른 날씨.
- **탓하다** 핑계나 구실로 삼아 나무라거나 원망하다.
- **드물다** 흔하지 아니하다.
- **갯벌** 밀물 때는 물에 잠기고 썰물 때는 물 밖으로 드러나는 모래 점토질의 평탄한 땅.

정답

경제

01 OX 퀴즈 O, X 낱말 고르기 소비자, 기분
어휘 체크
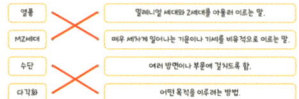
한 줄 정리 짧은(한정된) 기간, 이점

02 OX 퀴즈 X, O 낱말 고르기 가면, 화가
어휘 체크

한 줄 정리 경매, 소송

03 OX 퀴즈 X, O 낱말 고르기 통계청, 노년층
어휘 체크

한 줄 정리 가사 노동, 맞벌이

04 OX 퀴즈 O, X 낱말 고르기 낮춰, 인상
어휘 체크
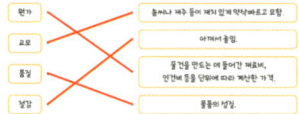
한 줄 정리 간접적, 슈링크플레이션

05 OX 퀴즈 O, X 낱말 고르기 희소성
어휘 체크

한 줄 정리 화폐, 안전

06 OX 퀴즈 O, X 낱말 고르기 경쟁, 낙찰
어휘 체크

한 줄 정리 경매, 공급량

07 OX 퀴즈 X, X 낱말 고르기 투자, 질문
어휘 체크

한 줄 정리 주주총회, 성장

08 OX 퀴즈 X, X 낱말 고르기 동화, 이상적인
어휘 체크

한 줄 정리 골디락스, 이상적인

09 OX 퀴즈 X, O 낱말 고르기 뱅크런
어휘 체크
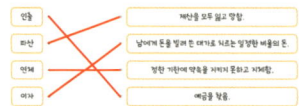
한 줄 정리 은행, 예금자 보호 제도

10 OX 퀴즈 O, X 낱말 고르기 사실
어휘 체크
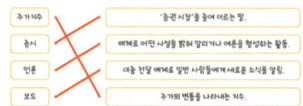
한 줄 정리 딥페이크, 주가지수

11 OX 퀴즈 O, X 낱말 고르기 투자, 육성
어휘 체크

한 줄 정리 펫코노미

12 OX 퀴즈 O, X 낱말 고르기 많아지다, 축소
어휘 체크

한 줄 정리 핀테크, 소외계층

13 OX 퀴즈 O, O 낱말 고르기 식생활, 허기
어휘 체크

한 줄 정리 라면, K문화

14 OX 퀴즈 O, X 낱말 고르기 크기, 얕아져
어휘 체크

한 줄 정리 상승, 기후플레이션

15 OX 퀴즈 O, X 낱말 고르기 적은, 시추선
어휘 체크

한 줄 정리 산유국, 수출국

16 OX 퀴즈 X, O 낱말 고르기 오르면서, 늘어났죠
어휘 체크

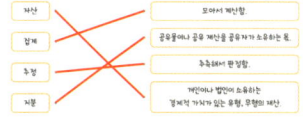

한 줄 정리 주가, 자산

17 OX 퀴즈 O, X 낱말 고르기 사려고, 올라가면
어휘 체크

한 줄 정리 엔저

18 OX 퀴즈 O, X 낱말 고르기 약자, 많아지면서
어휘 체크

한 줄 정리 돌봄, 보편적

01 OX 퀴즈 O, O 낱말 고르기 언어, 빨라졌거든요
어휘 체크

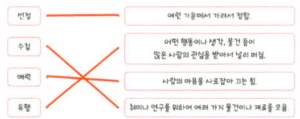

한 줄 정리 리즈, 언어

02 OX 퀴즈 O, X 낱말 고르기 95년, 저작권
어휘 체크

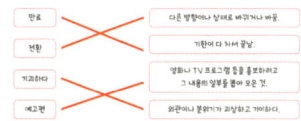

한 줄 정리 퍼블릭 도메인

03 OX 퀴즈 O, O 낱말 고르기 불안감, 경제
어휘 체크

한 줄 정리 선거, 폴리코노미

04 OX 퀴즈 O, X 낱말 고르기 영어, 비난
어휘 체크

한 줄 정리 투봉법, aeroport

05 OX 퀴즈 X, O 낱말 고르기 동전, 속설
어휘 체크

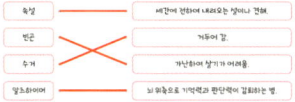

한 줄 정리 트레비 분수, 기부

06 OX 퀴즈 X, X 낱말 고르기 중국, 자연
어휘 체크

한 줄 정리 판다 외교, 번식

07 OX 퀴즈 X, X 낱말 고르기 저작권, 인간
어휘 체크

한 줄 정리 저작권

08 OX 퀴즈 O, X 낱말 고르기 문화유산
어휘 체크
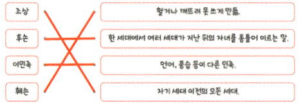
한 줄 정리 문화유산(문화재)

09 OX 퀴즈 X, O 낱말 고르기 추진, 수출
어휘 체크

한 줄 정리 기적

10 OX 퀴즈 O, O 낱말 고르기 붉은색, 눈
어휘 체크
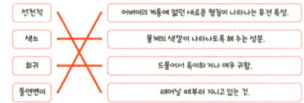
한 줄 정리 백변종

11 OX 퀴즈 X, O 낱말 고르기 현재, 어휘
어휘 체크

한 줄 정리 한류

12 OX 퀴즈 O, O 낱말 고르기 인정, 정식
어휘 체크

한 줄 정리 게임

13 OX 퀴즈 O, X 낱말 고르기 다이아몬드, 크다고
어휘 체크
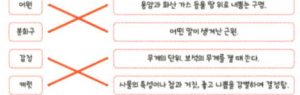
한 줄 정리 분화구, 캐럿

14 OX 퀴즈 X, O 낱말 고르기 승리, 분쟁
어휘 체크

한 줄 정리 수교, 탄압

15 OX 퀴즈 O, X 낱말 고르기 폭포, 상업
어휘 체크
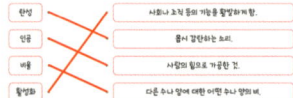
한 줄 정리 폭포, 머무는

16 OX 퀴즈 X, O 낱말 고르기 도덕적, 검사
어휘 체크

한 줄 정리 변호사, 검사

17 OX 퀴즈 X, O 낱말 고르기 매각, 기부
어휘 체크
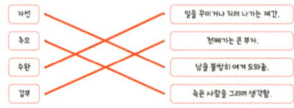
한 줄 정리 기부, 추모

18 OX 퀴즈 X, O 낱말 고르기 5,400원, 적자
어휘 체크

한 줄 정리 조찬, 헌신

19 OX 퀴즈 O, X 낱말 고르기 디지털, 통신망
어휘 체크

한 줄 정리 스타링크, 비판

20 OX 퀴즈 O, O 낱말 고르기 문자, 구어
어휘 체크
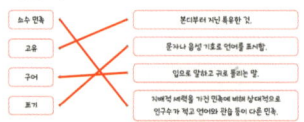
한 줄 정리 찌아찌아족, 한글

사회 문화

01 OX 퀴즈 O, X 낱말 고르기 갑진년, 60개
어휘 체크
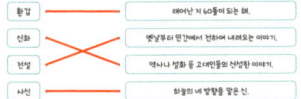
한 줄 정리 갑진년, 청룡

02 OX 퀴즈 X, O 낱말 고르기 손, 폭력적인
어휘 체크

한 줄 정리 당근칼, 소지 금지

03 OX 퀴즈 O, X 낱말 고르기 불매, 동참
어휘 체크

한 줄 정리 불매운동, 아이스크림

04 OX 퀴즈 X, O 낱말 고르기 설탕, 이색
어휘 체크

한 줄 정리 당, 악영향

05 OX 퀴즈 O, X 낱말 고르기 오늘, 사흘
어휘 체크

한 줄 정리 파악, 문해력

06 OX 퀴즈 O, X 낱말 고르기 저출산, 부족
어휘 체크

한 줄 정리 80억 명, 합계출산율

07 OX 퀴즈 X, O 낱말 고르기 훼손, 자연경관
어휘 체크

한 줄 정리 경복궁, 반달리즘

08 OX 퀴즈 X, O 낱말 고르기 청년, 낮고
어휘 체크
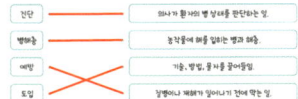
한 줄 정리 청년, 유출

09 OX 퀴즈 X, O 낱말 고르기 현대사, 긍정적
어휘 체크

한 줄 정리 12.12 군사 반란, 저널리즘

10 OX 퀴즈 O, X 낱말 고르기 식물학자
어휘 체크

한 줄 정리 병들면(아프면), 자격증

11 OX 퀴즈 O, X 낱말 고르기 염분, 소화 기관
어휘 체크

한 줄 정리 마라탕, 염분

12 OX 퀴즈 X, X 낱말 고르기 중건, 100년
어휘 체크

한 줄 정리 광화문 월대, 서수상

13 OX 퀴즈 X, O 낱말 고르기 사용, 저작권
어휘 체크

한 줄 정리 도안, 한국은행

14 OX 퀴즈 O, X 낱말 고르기 법정공휴일, 일요일
어휘 체크

한 줄 정리 국경일, 법정공휴일

15 OX 퀴즈 X, O 낱말 고르기 호텔, 반려
어휘 체크

한 줄 정리 반려식물, 육성

16 OX 퀴즈 X, X 낱말 고르기 운영, 기부
어휘 체크

한 줄 정리 더 기빙 플레지, 확산

17 OX 퀴즈 X, X 낱말 고르기 대관람차, 최대
어휘 체크

한 줄 정리 서울 트윈아이, 랜드마크

18 OX 퀴즈 O, X 낱말 고르기 조선, 기증
어휘 체크

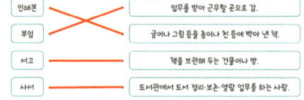

한 줄 정리 직지심체요절

19 OX 퀴즈 O, O 낱말 고르기 학생, 퇴학
어휘 체크

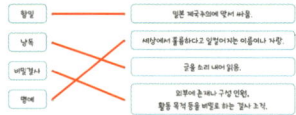

한 줄 정리 독립운동

20 OX 퀴즈 O, X 낱말 고르기 윤리적, 친환경
어휘 체크

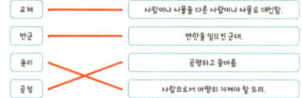

한 줄 정리 오래, 분쟁

21 OX 퀴즈 X, O 낱말 고르기 저출산, 증가
어휘 체크

한 줄 정리 펫팸족, 저출산

22 OX 퀴즈 O, O 낱말 고르기 어렵고, 지적
어휘 체크

한 줄 정리 디자인, 시각 약자

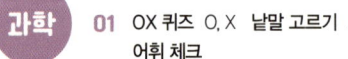

01 OX 퀴즈 O, X 낱말 고르기 가벼운, 가벼워서
어휘 체크

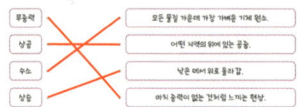

한 줄 정리 풍선, 상업

02 OX 퀴즈 X, O 낱말 고르기 ABS, 주심
어휘 체크

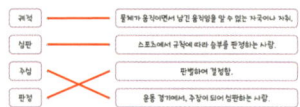

한 줄 정리 로봇 심판, 논란

03 OX 퀴즈 O, X 낱말 고르기 변기, 대소변
어휘 체크

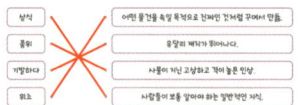

한 줄 정리 이그노벨상, 배설물

04 OX 퀴즈 X, O 낱말 고르기 진짜, 혈류
어휘 체크

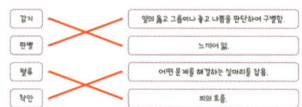

한 줄 정리 혈류, 방해

05 OX 퀴즈 O, X 낱말 고르기 32시간, 부족한
어휘 체크

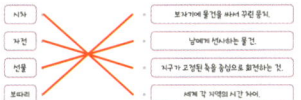

한 줄 정리 산타클로스(산타), 우는 아이

06 OX 퀴즈 O, X 낱말 고르기 인, 박테리아
어휘 체크

한 줄 정리 박테리아

07 OX 퀴즈 X, O 낱말 고르기 핵심, 첨단
어휘 체크

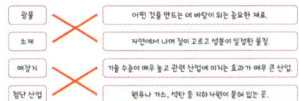

한 줄 정리 인공지능, 희토류

08 OX 퀴즈 X, X 낱말 고르기 운전자, 유리
어휘 체크

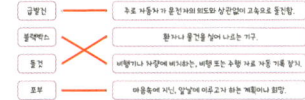

한 줄 정리 급발진, 들것

09 OX 퀴즈 X, O 낱말 고르기 발전, 땅
어휘 체크

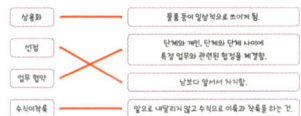

한 줄 정리 상용화, 환경오염

10 OX 퀴즈 O, O 낱말 고르기 화성, 최적
어휘 체크

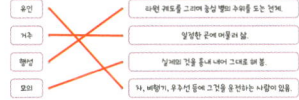

한 줄 정리 아르테미스 프로젝트, 우주비행사

11 OX 퀴즈 O, O 낱말 고르기 배달, 피자
어휘 체크

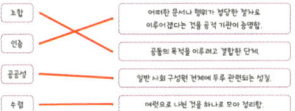

한 줄 정리 자율주행, 인증

12 OX 퀴즈 O, O 낱말 고르기 실내, 날씨
어휘 체크

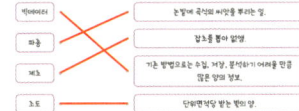

한 줄 정리 스마트팜, 대안

13 OX 퀴즈 X, X 낱말 고르기 급증, 환경
어휘 체크

한 줄 정리 3D 프린터, 대체육

14 OX 퀴즈 O, O 낱말 고르기 미국, 절반
어휘 체크

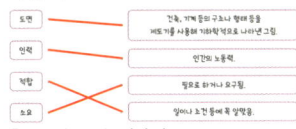

한 줄 정리 달, 일반인

15 OX 퀴즈 X, O 낱말 고르기 방어선, 용암
어휘 체크

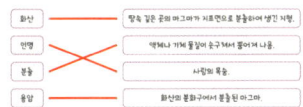

한 줄 정리 화산, 용암

16 OX 퀴즈 O, X 낱말 고르기 화성, 유인
어휘 체크

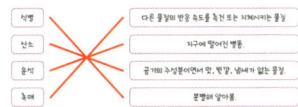

한 줄 정리 운석, 산소

17 OX 퀴즈 O, X 낱말 고르기 지진파, 추론
어휘 체크

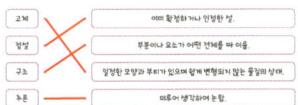

한 줄 정리 내핵, 추론

18 OX 퀴즈 X, O 낱말 고르기 인공지능, 인공지능
어휘 체크

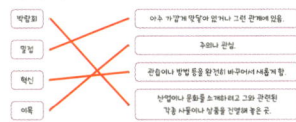

한 줄 정리 박람회, 투명

19 OX 퀴즈 X, O 낱말 고르기 무게, 센서
어휘 체크

한 줄 정리 완전 무인 매장, 비대면

20 OX 퀴즈 X, X 낱말 고르기 10kg, 군집
어휘 체크

한 줄 정리 고성능 영상 레이더, 도요샛

21 OX 퀴즈 X, O 낱말 고르기 톱니, 티타늄
어휘 체크

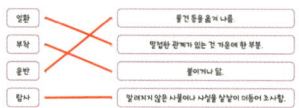

한 줄 정리 산소

환경

01 OX 퀴즈 X, X 낱말 고르기 살충제, 어려워졌어요
어휘 체크

한 줄 정리 빈대, 내성

02 OX 퀴즈 X, O 낱말 고르기 증가, 건강식품
어휘 체크

한 줄 정리 벌채, 멕시코

03 OX 퀴즈 O, O 낱말 고르기 탄소, 탄소
어휘 체크

한 줄 정리 친환경적, 인조

04 OX 퀴즈 X, X 낱말 고르기 반사, 상승
어휘 체크

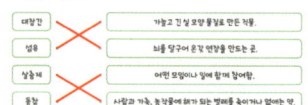

한 줄 정리 얼음, 제트기류

05 OX 퀴즈 O, X 낱말 고르기 감소, 똥밭
어휘 체크

한 줄 정리 소똥구리, 방사

06 OX 퀴즈 X, O 낱말 고르기 살충제, 유기농
어휘 체크

한 줄 정리 유기농, 미세 플라스틱

07 OX 퀴즈 O, O 낱말 고르기 꽃가루, 식량
어휘 체크

한 줄 정리 백신, 부저병

08 OX 퀴즈 X, O 낱말 고르기 일회용, 성공
어휘 체크

한 줄 정리 일회용 컵 보증금제, 경기 침체

09 OX 퀴즈 X, X 낱말 고르기 경북, 북쪽
어휘 체크

한 줄 정리 아열대기후, 북쪽

10 OX 퀴즈 X, X 낱말 고르기 급감, 넓혀 봐도
어휘 체크

한 줄 정리 어획량, 해수 온도 상승

11 OX 퀴즈 O, O 낱말 고르기 액체, 연소
어휘 체크

한 줄 정리 소똥, 바이오 메탄

12 OX 퀴즈 X, X 낱말 고르기 해롭지, 산소
어휘 체크

한 줄 정리 바다 콧물, 식물성 플랑크톤

13 OX 퀴즈 O, X 낱말 고르기 관광객, 관광 상품
어휘 체크

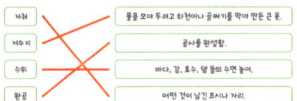

한 줄 정리 저수지, 유적(들)

14 OX 퀴즈 O, X 낱말 고르기 습지, 철새
어휘 체크

한 줄 정리 순천만, 보호

15 OX 퀴즈 O, X 낱말 고르기 탄소, 삭제
어휘 체크

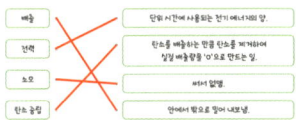

한 줄 정리 디지털 탄소

16 OX 퀴즈 X, O 낱말 고르기 반추동물, 메탄가스
어휘 체크

한 줄 정리 반추동물, 온실효과

17 OX 퀴즈 O, O 낱말 고르기 순록, 감염
어휘 체크

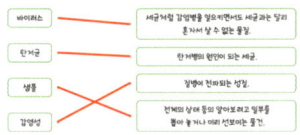

한 줄 정리 폭염, 영구 동토층

18 OX 퀴즈 O, X 낱말 고르기 물, 껍데기
어휘 체크

한 줄 정리 굴 껍데기, 미끄럼

19 OX 퀴즈 X, O 낱말 고르기 바닷물, 순천만
어휘 체크

한 줄 정리 블루카본, 지구 온난화

신문 어휘 찾아보기

아래 어휘들이 어떤 기사에서 어떻게 쓰였는지 확인해 보세요.

ㄱ

가동	42
가뭄	218
가사 노동	20
가장자리	200
각도	142
각색	58
간절하다	108
갈등	112
감미료	106
감사	106
감염성	226
감정	80
감지	154
갑부	88
개선	132
개입	92
개정	196
개척	50
갯벌	230
거듭나다	122
거듭하다	164
거래	26
거주	166
건의	104
경관	132
경기	24
경사	126
경쟁	26
계열사	104
계좌	38
고랑	170

고려하다	198
고령화	140
고안	194
고약하다	194
고유	94
고체	180
골드러시	24
골칫거리	34
공공성	168
공급	26
공문	102
공방	18
공습	92
공식	80
공유	38
공적	104
공정	138
공존	220
과도하다	60
관수	128
관측	186
광물	160
광합성	158
교감	128
교묘	22
교체	138
구두쇠	88
구어	94
구제	86
구조	180
구호	92
국면	30
군집	186

권리	68
권위적	124
권장	120
궤도	166
궤적	150
규모	36
규정	62
규제	208
극심	28
금일	108
급감	42
급발진	162
기괴하다	58
기념	126
기발하다	152
기부	130
기술	72
기증	134
기후	210
꼼수	22
꽃가루	206
끊기다	92

ㄴ

낙찰	26
낭독	136
내놓다	60
내륙	210
내성	194
노선	142
논란	124

ㄴ	
농도	170
누리꾼	62
늘리다	24
늘어나다	20

ㄷ	
다각화	16
다양성	206
닥치다	206
대명사	120
대세	120
대장간	204
대책	114
도면	174
도안	124
도입	118
돌연변이	74
돌파	110
동나다	90
동참	204
두수	224
둔화	42
드물다	226
들것	162
등재	76
떠오르다	148
띄우다	188
띠	100

ㄹ	
로스쿨	86
로열젤리	206
로켓	214

ㅁ	
마냥	38
마련하다	138
만료	58
맞닿다	176
맞벌이	20
맞붙다	78
매력	56
매장지	160
매진	78
며칠	126
면역력	206
멸종	202
명소	64
명시	68
명예	136
모국어	62
모노레일	132
모방	158
모방 범죄	112
모의	166
무단	124
무분별	62
무중력	148
무효	18
문제의식	106
문해력	108
물가	28
물거품	208
미루다	174
미생물	158
미치다	214
민간인	82
민감	74
밀접	182

ㅂ	
바이러스	226
박람회	182
반군	138
반납	208
반도체	160
반사	200
반영	142
반점	158
반환	66
발간	72
발명	162
발전	164
발효	214
방사	202
방출	224
방침	112
배럴	44
배출	222
번식	66
벌목	196
벌채	196
범위	114
법률	114
병역	108
병해충	118
보도	34
보도블록	228
보따리	156
보복	82
보존	220
보증금	208
보편적	50
보험료	32
복구	112
복원	230
부양	110

부임	134
부착	188
부추기다	112
부화	206
분석	56
분쟁	82
분주	70
분출	176
분화구	80
블랙박스	162
비대면	184
비밀결사	136
비율	84
비중	140
빅데이터	170
빈곤	64
빌리다	32
빗대다	112

ㅅ

사로잡다	182
사료	36
사명감	86
사서	134
사신	100
사육사	66
산소	178
살충제	204
살포	194
상공	148
상승	148
상식	152
상용화	164
색소	74
샘플	226
생성	68

서고	134
서식지	216
선거	60
선물	156
선보이다	154
선심성	60
선점	164
선정	56
선천적	74
설문	104
섬유	204
섭취	120
성능	186
세균	226
센서	184
소멸	220
소모	222
소송	18
소수 민족	94
소요	174
소재	160
소지	102
소통	122
속설	64
손꼽히다	84
손주	20
솔깃하다	64
수거	64
수교	82
수단	16
수렴	168
수소	148
수완	88
수요	196
수월하다	166
수위	218
수직이착륙	164
수집	56

수출	40
스타트업	130
시각 약자	142
시름	212
시범	208
시중	38
시차	156
시추	44
식물성	172
식별	178
식생활	40
신조어	128
신화	100
실시간	150
심리적	140
심심하다	108
심판	150
쓰임새	118
쓸모	160

ㅇ

안정세	30
알츠하이머	64
애도	90
약탈	24
양육	140
어민	212
어엿하다	78
어원	80
어종	212
어획량	212
어휘	76
어휘력	108
언론	34
언박싱	102
얼얼하다	120

업데이트	76	원조	72	일컫다	128
업무 협약	164	위상	40	일환	188
엉뚱하다	152	위조	152	임금	38
엔화	48	유권자	60	임용	86
역대	86	유기농	204	임자	80
연구	152	유기물	230		
연령	114	유래	30	**ㅈ**	
연봉	78	유류비	212		
연소	214	유발	116	자리매김	132
연안 습지	220	유언	130	자부심	62
연체	32	유인	166	자산	46
열대	42	유전자	202	자생	230
열풍	16	유출	114	자선	88
엽록소	158	유충	206	자율주행	168
영감	18	유행	56	자전	156
영향	76	육박	48	자취	218
예고편	58	육성	36	장악	116
예금	48	윤리	138	재건	72
예방	118	융통성	124	재배	196
예상가	26	의뢰	112	재활용	228
오르다	76	의사	92	저궤도	214
온난화	216	이목	182	저널리즘	116
온실가스	224	이민족	70	저수지	218
완공	218	이별	66	저출산	110
완화	208	이상적	30	적극적	36
외교	66	이색	106	적용	68
요구	18	이자	32	적합	174
용암	176	이체	38	전략	22
우려	106	인건비	184	전력	222
운반	188	인공	84	전례	72
운석	178	인권	138	전설	100
운영	16	인력	174	전환	58
운하	42	인명	176	절감	22
원가	22	인쇄본	134	점액	216
원금	32	인조	198	접어들다	30
원리	154	인증	168	정설	180
원산지	210	인출	32	정유	44
원유	44	일삼다	24		

정전	122
정찰	186
정책	50
제재	102
제정	128
제철	228
제초	170
제패	78
조도	170
조상	70
조성	122
조직	172
조짐	194
조찬	90
조합	168
종목	28
좌판	90
주가지수	34
주력	36
주산지	210
주심	150
주주총회	28
중건	122
중고	26
중위도	200
증가	48
증시	34
지배	24
지분	46
지원	92
지적	102
지점	38
지진	176
지표	30
진단	118
진앙	180
질병	226
집계	46

집안일	20
징계	136
짚다	134

ㅊ

차지하다	160
착안	154
창작물	68
창제	126
채택	78
철거	122
철새	220
첨단 산업	160
청구	112
촉매	178
총선	60
총통	60
추가	76
추론	180
추모	88
추세	216
추정	46
추진	132
추출	172
축사	202
축산	224
출력	172
출어	212
측면	198
측정	184
치르다	82
치솟다	32
친밀감	140
친환경	198

ㅋ

캐럿	80
쿠데타	116
키오스크	184

ㅌ

탄성	84
탄소	230
탄소 중립	222
탄압	82
탄저균	226
탐사	188
탓하다	224
테두리	140
통계	20
통풍	128
퇴치	194
투수력	228
투자	28
특산품	210
틔우다	158

ㅍ

파산	32
파악	142
파종	170
판단	68
판별	154
판정	150
퍼지다	34
편대	186
폐교	110
폐기	198

폐사	216
폐지	62
포부	162
폭염	218
폭우	42
표기	94
품	202
품위	152
품질	22
플랑크톤	216

한계	50
한파	200
함유	172
항의	104
항일	136
해당	126
해빙	200
해수	200
해안 사구	202
행성	166
향신료	120
허기	40
헌법	126
헌신	90
혁신	182
현실성	174
혈류	154
형편	90
호소	50
호평	228
화산	176
화학자	178
확보	156
확장	50

환갑	100
환산	20
환원	130
환율	48
환차익	48
활성화	84
효율	230
후손	70
훼손	70
흥행	116
희귀	74
MZ세대	16

아이스크림 어린이신문 ❶

1판 1쇄 발행 2024년 2월 28일
1판 2쇄 발행 2024년 5월 20일

글 손지연

펴낸이 이윤석
출판사업본부장 신지원
출판기획팀장 오성임 **책임편집** 남영주 **마케팅** 김민지·김찬별
편집 김우람 **디자인** KL Design
펴낸곳 아이스크림북스
출판등록 2013년 8월 26일 제2013-000241호

주소 (06771) 서울시 서초구 매헌로 16 하이브랜드빌딩 18층
전화 02-3440-4604
이메일 books@i-screamedu.co.kr
인스타그램 @iscreambooks

ⓒ 손지연, 2024

※ 아이스크림북스는 ㈜아이스크림에듀의 출판 브랜드입니다.
※ 이 책을 무단 복사·복제·전재하면 저작권법에 저촉됩니다.
※ 잘못 만들어진 책은 구입하신 곳에서 교환해 드립니다.

ISBN 979-11-6108-630-9(74700)
     979-11-6108-629-3(74700) (세트)

어린이제품 안전특별법에 의한 품질 표시
KC마크는 이 제품이 공통안전기준에 적합하였음을 의미합니다.